대학은
어떻게
운영되는가

대학은 어떻게 운영되는가

존 V. 롬바르디
윤영섭 옮김

KU PRESS
고려대학교
출판문화원

How Universities Work
by John V. Lombardi

몰리, 알렉산드라, 그리고 사만다를 위해

옮긴이의 말

이 책의 저자는 미국의 여러 유명 대학들에서 최고경영자로 일한 경험을 토대로 대학이 연구중심대학(research university)으로 성공하려면 어떻게 운영되어야 하는가를 설명한다. 연구중심대학은 교육이라는 본연의 기능과 함께 연구를 또 하나의 주된 사명으로 삼는 대학을 일컫는데, 사실상 연구의 글로벌 시장에서 치열하게 경쟁할 수 있는 능력을 가진 대학을 말한다.

대학의 천년 역사에서 교육 이외에 연구가 대학의 또 하나의 주된 사명이 된 것은 19세기 초 베를린대학을 시초로 독일 대학들에 의해서라고 알려져 있다. 훔볼트대학이라 불리게 된 이런 형태의 대학은 대체로 지금 "우리가 알고 있는 대학"이다. 20세기 중반 이후부터는 실용연구를 강조한 미국대학들이 연구의 상용화에 성공하면서 풍부한 재정과 괄목할 만한 연구실적으로 글로벌 대학랭킹에서 최상위권을 차지하는 연구중심대학들이 되었다.

연구중심대학이 미국에서 과연 몇 개가 되고, 우리나라는 몇 개 정도가 될 것인가? 카네기 고등교육기관 분류(Carnegie Classification of Institutions of Higer Education)는 미국의 연구중심대학을 대표적으로 R1(매우 높은 연구활동)과 R2(높은 연구활동)의 두 그룹으로 나눈다. 2019년 자료에 의하면, R1이 131개, R2이 135개이다. 미국 4년제 대학 약 2,500개 중에서 R1대학은 5%, R1와 R2을 합한 대학은 11% 정도를 차지한다. (특히, R1대학은 글로벌 대학랭킹 20위 내 약 50%, 50위 내 약 40%를 차지하는 최상위권 명문대학이다.) 우리나라 4년제 대학 약 200개에 같은 비율을 적용한다면, 연구중심대학은 20개 정도로 추정해 볼 수 있다.

우리는 왜 이렇게 작은 수 그리고 작은 등록학생 수를 가진 연구중심대학들에 주목해야 하는가? 그 이유를 저자는 이렇게 말한다. "연구중심대학들의 교수들이나 스태프가 국가의 연구과제를 정의하는 데 도움을 주고, 그들의 학부, 대학원 또는 그 이후의 교육에 대한 접근방법이 나머지 고등교육산업이 따르는 표준을 정한다." "글로벌 공동체에서 경쟁력 있는 연구중심대학들은 국가의 힘이 되고, 연구중심대학들이 실행하는 연구는 경제성장의 바탕이 되며, (…) 그 대학들이 설정하는 교육과 연구에 대한 접근방법은 다른 대학들이 따르는 표준이 된다."

경영이란 기업이든 비영리조직이든 정부든 조직을 운영하는 것이다. 경영은 조직이 목표와 실천전략을 세우고, 재무적, 인적, 기술적 자원을 동원하여 이를 여러 책임단위들에 배분하고, 그에 따르는 성과를 측정하며, 성과에 따라 보상을 하는 일련의 과정을 말한다. 근대 최고의 경영학자인 피터 드러커는 경영의 기본적 사명을 생산물의 혁신이라 하였다. 이는 주어진 자원을 가지고 최대 최고 품질의 재화와 용역을 가장 낮은 비용을 들여 생산하는 것이다.

이러한 경영 방식이 대학에도 필요할 것인가? 여기에는 크게 두 가지 견해가 있을 수 있다. 하나는 대학이 지금까지 잘되어 왔는데 무슨 새로운 운영 방식이 필요하겠느냐는 것이고, 다른 하나는 대학도 사람이 모이는 집합체이기 때문에 기업식 경영 방식이 필요하다는 것이다. 미국 대학의 괄목할 성공사례들이 후자를 지지해 주고, 이 책의 내용이 이를 뒷받침한다. 이 책에서 대학은 처음부터 학술기업(academic enterprise)이고 연구기업(research enterprise)이다. 이 책의 내용 중 특별히 눈에 띄는 열 가지만 추려 본다.

- 대학은 교육과 연구를 담당하는 교수길드(faculty guild) 중심의 학술조직과 장기계획, 예산, 인사, 모금, 지적재산권 관리, 도서관 운영 등의 경영조직으로 구성된다. 경영원리는 경영조직에만 적용되는 것이 아니고 학술조직에도 적용되어야 한다.
- 대학의 핵심 경영원리는 세 가지로 요약된다. 첫째, 돈이 중요하다. 둘째, 성과는 소중하다. 셋째, 시간은 '금'이다.

- 대학은 “질 엔진(quality engine)”이다. 대학의 목적을 졸업생, 연구물, 공공서비스와 같은 생산물을 외부에 제공하는 것이라 생각하기 쉬우나, 대학의 목적은 티칭과 연구에서 최고의 내부 질을 생산함으로써 대학의 가치를 높이는 것이다. 이는 디즈니월드가 오락프로그램이 아니라 오락의 최고 질을 파는 것으로 가치를 높이는 것과 같다.
- 연구의 질은 다른 대학과의 비교가 아니고 국제적 표준과 대비한 측정이어야 한다. 최근 UN대학과 미국의 대학성과측정센터가 협업으로 개발한 글로벌연구벤치마킹시스템(General Research Benchmarking Systems)이 글로벌 기준을 가지고 연구 성과를 측정한 좋은 예이다.
- 티칭의 질은 학생들의 배움이 개인화되어 있기 때문에 측정하기가 매우 어렵다. (국가의 무능으로) 교육의 질에 대한 국가적 표준이 거의 완전히 없다. 학생의 강의설문조사는 사실상 교육의 질에 대해 말해 주는 것이 거의 없고, 강사가 얼마나 인기 있는지에 대해 조금 말해 줄 뿐이다.
- 대학이 교육과 연구에서 개선을 원한다면, 주요 측정치(Key Performance Index: KPI)를 개발해야 한다. 이때 다수가 아닌 소수의 주요 측정치를 개발하는 것이 매우 중요하며, 측정은 데이터에 기반한 명확하고 일관된 것이어야 한다.
- 개선과 확장을 위해 노력하는 대학들에게 대학 재무에 대한 이해는 필수적이다. 대학은 비영리조직으로서 매년

얼마의 이익을 남겼는지를 보고하는 데 집중하지는 않지만, 돈이 어디에서 얼마가 들어오고 그 돈을 어떻게 사용하는지, 특히 교육과 연구에 각각 얼마가 배분되고 사용되는지를 파악하는 것은 매우 중요하다.

- 예산은 비교를 위해 5년을 기간으로 하여 작성하는 것이 효율적이다. 매년 작성하는 연 예산은 95%는 같은 활동을 지원하고, 5%가 대학의 우선순위를 바꾼다. 이 5%에 주의를 기울일 필요가 있다.
- 향후, 대학은 기술혁신, 인구변화, 국제경쟁 등으로 큰 변화를 겪을 것이다. 비엘리트 사립대학들과 소규모 공립대학들(5,000명 이하)이 가장 큰 도전에 직면할 것이다. 콘텐트와 콘텍스트가 분리되는 교육이 확장될 것이다. 예로서, 새로운 기술을 습득하기 원하는 직장인들과 이직자들과 같은 비정규 학생들을 대상으로 하는 콘텍스트 없는 콘텐트 교육이 온라인 형태로 확대될 것이다.
- 대학도 결국 사람기업이고, 따라서 리더십은 중요하다. 그러나 대학도 다양한 그룹들이 여러 이슈들에 대해 협상하고 음모하고 시위하는 미시정치의 세계이다. 그러나 대다수의 구성원들은 공정과 효과성이 실현되기를 원한다.

지금 전 세계 대학들은 큰 변환의 시기로 넘어가는 과도기에 있다. 1100년경 유럽의 교회를 중심으로 생긴 중세기 대학을 제1세대 대학, 1800년대에 들어와 독일을 중심으로 한 훔볼트대학을 제2세대 대학이라 할 때, 20세기 후반 인터넷혁명과 그 이후 인공지능, 가상 및 증강현실, 사물인터넷, 블록체인 등 새로운 4차산업혁명 기술의 발달과 함께 등장하고 있는 새로운 형태의 대학을 제3세대 대학이라 한다. 어떤 저자들은 이 제3세대 대학을 기업형 대학(entrepreneurial university) 또는 혁신적 대학(innovative university)이라 부르는데, 이 책이 지향하는 방향과 같다. 앞서가는 일부 대학들, 특히 미국과 영국의 명문 대학들은 제3세대 대학으로 진입한 지 이미 오래다.

지금은 많이 알려진 내용이지만, 기업형 대학의 특징을 세 가지만 언급한다. 첫째, 지식의 응용 또는 연구의 상용화, 그중에서도 대학의 창업 기능이 교육과 연구 이외에 대학의 제3의 미션이 된다. 둘째, 전공을 망라한 학제간 융합 교육 및 연구가 확대된다. 셋째, 새로운 기술의 도입으로 개인화된 맞춤형 교육이 강화되고, 대학경영의 투명성이 높아진다.

우리 대학들은 지금 어떤 지점에 와 있을까? 아마도 우리 대학들은 아직 위와 같은 변화들을 직시하고 적절히 대응해 가고 있는 것 같지 않다. 우리가 해야 할 일은, 이미 제3세대 대학에 진입했거나 진입하는 과정에 있는 글로벌 연구중심대학들의 성공 사례들을 검토하고, 이로부터 우리 대학들이 참고할 수 있는 실천적 과제들을 준비해 가는 것이다.

코로나 팬데믹이 지금 우리 삶의 모든 면에서 어떻게 비즈니스를 하고, 어떻게 소통하며, 어떻게 가르치고 배우며, 어떻게 놀고 여행하고 쇼핑하며, 심지어는 어떻게 투자하고 투표하는지에 이르기까지 디지털전환을 극적으로 확장시키고 있다. 그 속도가 너무나 빨라 앞으로 어떤 일이 일어날지 예측하기 매우 어렵다. 아마도 이러한 "파괴적 혁신"은 대학에도 점차적으로 큰 영향을 미칠 것이다. 우리 대학들이 아직은 답이 없어 보이는 미래를 향해 "디지털 플랜"을 세우고 교육, 연구 및 경영 면에서 새로운 혁신을 준비해 가기를 기대한다. 이를 위해서는 대학들 자신은 물론 정부 교육정책 담당자들이 새로운 비전과 자원을 빨리 만들어 가야 할 것이다. "시간은 금이다."

이 책의 저자는 오랜 경험을 통해 대학에 대한 상세하고 풍부한 지식을 갖고 있다. 그가 때때로 섞는 유머스러운 풍자는 매우 흥미롭다. 그는 대학경영을 미국 대학의 예를 가지고 설명하나, 그 기본적 원리는 우리 대학에도 시간이 지나면서 적용되고 강화될 것으로 본다. 이러한 대학경영의 개선을 바탕으로 우리 대학들이 앞으로 불게 될 디지털혁명의 바람에 보다 빨리 올라 탈 수 있기를 기대한다.

이 책의 곳곳에 독자의 이해를 돕는 데 필요하다고 생각한 내용을 추가하였음을 밝힌다. 여러 곳에 주로 용어의 설명을 위해 주석을 달았고, 각 장의 마지막 페이지에 요점을 정리하였으며, 책의 맨 뒷부분에 부록을 첨부하고, 고등교육을 개인적으로 공부하면서 도움이 되었던 책, 보고서, 논평 등을 출판 연도 순으로 정리하여 참고문헌을 추가하였다.

끝으로, 이 번역본을 출판해 주기로 한 고려대출판문화원의 김상용 원장과 직원 여러분들께 감사 말씀을 전한다.

2022년 7월
윤영섭

서문

이 책은 대학경영의 세계를 소개한다. 많은 사람들이 고등교육기관의 경영에 참여하게 된다. 그 사람들이 한때 대학생이었음은 물론 다른 복잡한 조직들에서 상당한 경험을 가졌다 하더라도, 대학을 성공시키는 과정에 대한 적절한 준거기준(frame of reference)을 갖고 있지 않을지 모른다. 이사들, 교수진, 학생들, 입법가들, 동문들, 새로 임명된 학과장들 및 학장들, 그리고 다소의 경험을 가진 직원들에게 이 책이 도움이 될 것이다.

이 책, 《대학은 어떻게 운영되는가》는 연구중심대학, 즉 학술연구의 치열한 경쟁세계에 비중 있게 참여하는 기관을 강조한다. 연구중심대학이 전체 고등교육기관 수에서 상대적으로 작은 비율을 차지하고, 학생 수에서 전체 학생인구 중 크지 않는 부분을 등록시키지만, 가장 권위 있는 대학들 중 다수를 차지한다. 연구중심대학들의 교수들이나 직원들이 국가의 연구과제를 정의하는 데 도움을 주고, 그들의 학부, 대학원 또는 그 이후의 교육에 대한 접근방법이 대학마다 차이는 있으나 나머지 고등교육산업이 따르는 표준을 정한다. 박사학위를 가진 교수진과 경영자들이 대부분 연구중심대학들에서 얻은 대학원 경험을 통해 그들의 학술적 가치를 성취하기도 한다.

미국 연구중심대학들은 글로벌 대학시장에서 경쟁하고 아마도 그 시장을 주도할 것이다. 더 많은 국가들이 이 경쟁에 참여하면서, 성공적인 연구중심대학들의 테크닉과 운영방식이 더욱 중요해지고 있다. 대부분의 국가들은 글로벌 경제적 번영이 역동적인 대학 분야의 발전과 운영에 적극적으로 투자하는 데 달려 있다는 것을 안다. 그 국가들은 국가의 연구중심대학들이 만드는 성공적인 성과가 글로벌 경제 경쟁에 가장 힘있게 참여할 수 있게 만드는 능력을 상징한다고 믿는다. 또한 국가들은 학술 분야의 경쟁적 성취가 국제적 활동의 모든 영역에서 더욱 강한 국가적 존재감에 이르게 하고, 국가 공동체 가운데서 힘과 중요함의 상징으로 작용한다고 믿는다. 이러한 믿음을 반영하여, 국가적 연구프로그램의 탁월성을 측정하려는 국제적 노력이 점차 주목을 받게 되고, 연구 생산성과 질을 측정하는 최선의 방법에 대한 기술적 논쟁이 세련되어 가고 매우 치열해지고 있다.

《대학은 어떻게 운영되는가》는 이러한 글로벌 이슈들에 대한 해결책을 직접적으로 제시하지는 않지만, 이 책의 접근 방법은 더 큰 대화를 불러일으키고, 미국 연구중심대학들을 이 콘텍스트 안에서 성공하게 만드는 효과적 방법들이 무엇인가에 초점을 맞춘다. 이 책은 대학 경영자들을 위한 요리책(cookbook)이 아니고, 이 대단한 기관들의 구조와 역동성을 이해하는 데 필요한 실용적 접근을 담는다. 물론, 많은 대학들이 이 책에 포함된 의견과 관점에 동의하지 않을지 모른다. 그러나 이 책이 지속적인 토의의 결과인 것처럼 그것 또한 도움이 될 것이다. 더 많은 비평이 우리의 이해를 높일 것이다.

미국 전역에서, 모든 형태의 대학들이 경쟁, 가변적인 공공적 지원, 등록금에 대한 저항, 대학생활의 다양한 측면에서의 불만, 책무감에 대한 끊임 없는 요구, 재무적 제약, 그리고 넓은 범위의 기술적 관료적 조직적 도전들을 이해하고 그런 것들에 적응하려고 노력한다. 동시에, 대학들은 대부분의 미국인들이 소위 '좋은 삶(good life)'이라 생각하는 것을 성취하는 데 있어 대학이 전례 없이 더 중요하다는 사실도 안다. 거듭된 많은 연구가 대학교육이 중산층 지위에 접근하는 데 필수적 조건이라는 것을 보여 준다.

부모들은 자녀들을 위해 가장 초기의 기회에서 교육 이점들을 찾는다. 이로 인해 유치원부터 대학원과 전문대학원 프로그램에 이르기까지 모든 교육 수준에서 권위 있는 대학들의 입학경쟁은 치열하다. 인구가 확장하는 지역은 주민들의 대학교육 접근에 대한 늘어나는 수요를 충족시키는 데 노력을 경주한다. 한편, 다른 지역은 전통적 대학생들의 수가 현상 유지되거나 감소하는 추세에 적응한다. 국가는 글로벌 경제의 경쟁력을 높이기 위해 대학의 연구가 지속적으로 성장하기를 기대하고, 모든 지방과 주(state)들은 번영을 증진시키고 주민들에게 고임금 일자리를 약속하는 지역 경제발전을 지원하기 위해 대학들을 바라본다.

이런 맥락에서, 대학경영은 언제나 과학이라기보다 예술로서 창의성과 책임에 도전하는 것이다. 교수진은 더 높은 보수, 더 큰 안정, 그리고 더 많은 독립성을 추구한다. 학생 고객들은 대학이 더 높은 질, 더 낮은 비용을 실현하고, 그들의 기대에 더 큰 관심을 가져 주기를 원하고, 더 많은 쾌적한 환경을 요구한다. 입법부 내 관계자들과 대중은 더 낮은 비용에 질 높은 교육을 요구한다. 동문과 기부자들은 모든 분야(이기는 스포츠팀을 포함하여)에서 국가적으로 가장 뛰어난 프로그램들을 갖기를 기대한다.

이러한 기대가 대학과 대학사람들, 그리고 대학의 경영수단들에 보상압력(countervailing pressures)을 생산한다, 대학은 자금의 전통적 원천(source)이 축소되어도 더 효과적(effective)이고 효율적(efficient)이 되어야 한다. 대학은 저비용에 대한 압력이 더 강해지더도 질에 대한 의식을 더욱 강화해야 한다. 대학은 일반 대중이 대학 가치의 더 나은 증명을 요구하더라도 더 큰 지원을 찾아야 한다. 매우 선택적인 몇 연구지향 대학들은 뛰어난 능력을 가진 최고의 교수들과 학생들을 위해, 그리고 이 재능 있는 사람들이 기대하는 여러 프로그램들을 지원하기 위한 돈을 위해 서로 경쟁해야 한다.

대학들은 이 도전들에 각기 다른 방식으로 접근한다. 어떤 대학들은 대중이 대학의 특징을 표현하는 대학 목적의 지속적인 혼란스러움에 지치게 될 것을 기대하면서, 대학경영에 대한 복잡하고 혼란스러운 토론의 정면(façade) 뒤로 사라진다. 그 대학들은 대학 개혁에 대한 공공적 외침이 빨리 지나가기를 바란다. 많은 대학 경영자들은 이에 필요한 기법을 세밀한 기술로(to a fine art) 개발한다. 그들은 아무것도 아닌 것 또는 잘못된 것을 측정하는 복잡한 측정치를 창출한다. 프로그램들과 활동들을 나누고 또 나눔으로 차별화된 생산물의 급격한 증식으로 보이게 함으로써, 외부 관찰자들이 프로그램들과 활동들의 비교 효과성(comparative effectiveness)을 측정하기 어렵게 만든다. 무엇보다도, 그들은 가치와 철학에 초점을 맞춘 소리 요란한 목표를 세련되게 만들고, 대부분의 경우 결과를 측정하는 확실한 방법을 제시하지 않은 채 기술적 마법들에 대한 현재의 유행에 참여한다.

다른 대학들은 변화에 대한 압력을 미국의 훌륭한 국제적 산업들이 도전해 왔던 글로벌 경쟁력 증가로 인한 자연스럽고 필연적인 결과로 인식한다. 이 대학들은 이러한 변화들을 직면하고 변화들에 직접적이고 분명하게 반응해야 하며, 그렇지 않으면 조만간 정체하거나 하락한다는 것을 안다.

이 책은 공립 및 사립 연구중심대학들에 강조점을 두고 어떻게 경쟁력의 도전을 맞아들여야 하는가에 초점을 맞춘다. 좋은 경영이 필요불가결하다는 가정하에 대학의 효과적 운영과 관련된 여러 주제들을 탐색한다. 이 책은 경쟁력 있는 성공적인 대학들은 높은 질과 높은 생산성을 추구해야 달성될 수 있다는 인식에서 출발한다. 개선을 추구하는 대학들은 그 질과 생산성을 측정해야 하고, 이 책은 대학의 조직적 구조적 특징에 초점을 맞추는데, 그것이 대학의 경영과 개선에 어떤 영향을 미칠 것인가에 특별히 강조점을 둔다.

이 책은 돈을 좇는다(This book follows the money). 대학들은 수입과 비용을 관리하면서 그들의 가치들을 명확하게 표현한다. 대학들은 돈을 좇을 때, 그들의 개선된 성과에 투자하기 위해 질과 생산성을 측정해야 한다. 이러한 주제들이 어떤 하나의 최적 전략을 제공하기보다는 분석과 행동의 수단들을 개발하는 데 더 도움을 준다. 대학들은 각각 다른 역사를 가지고 있고, 크게 다른 경제적 정치적 조직적 공간에 위치해 있다. 그러나 모든 대학들은 같은 이슈들과 문제들에 맞서야 하고, 이 책에서 논의되는 수단들은 모든 종류의 대학들의 관심사에 도움을 주는 역할을 한다.

감사의 말

대학생활은 광범위하게 다양한 기능(skill), 능력과 관심을 가진 사람들과 같이 일하는 놀라운 기회를 제공한다. 여러 해에 걸쳐, 인디애나대학 캠퍼스, 존스홉킨스대학, 플로리다대학, 매사추세츠대학 애머스트 캠퍼스, 그리고 루이지애나대학 시스템 캠퍼스들의 동료들은 나에게 대학을 이해하는 데 본보기, 영감과 지도를 제공했다. 도서관 사서들과 기업인들, 행동가들과 정치인들, 기부자들과 스포츠팬들, 동문들과 이사들, 그리고 특별히 학생들, 교수진과 이 기관들의 스태프는 통찰력과 조망을 나와 공유하였다. 생활 그 자체와 같이, 대학 경험은 고무적인 것으로부터 실망스러운 것까지 뻗어 있으나, 이 기관들에 참여하는 대부분의 사람들이 갖는 에너지, 역동성 및 헌신은 이 장소들이 갖는 근본적 힘을 증거한다.

대학은 어떻게 운영되는가에 대한 이 책은 플로리다대학에서 베티 필립스(Betty Phillips)(이전에는 카팔디Capaldi)와 같이 출발한 일련의 대학원 과목들과 함께 시작되었고 매사추세츠와 루이지애나에서 계속되었다. 또한 플로리다대학의 너그러운 동문인 루이스 숏(Lewis Schott)의 특별한 지원에 의해 창설된 대학성과측정센터(Center for Measuring University Performance: MUP센터)의 작업으로부터 많은 도움을 받았다. 지난 10여 년 동안 MUP센터의 스태프, 자문가들, 그리고 해설자들은 대학 경쟁, 성과 및 개선과 연관된 광범위한 범위의 주요 이슈들을 제기해왔다. 베티 필립스의 협업 리더십으로 인해, MUP센터는 대학 이슈들과 도전들에 대한 국제적 대화에 능동적으로 계속 참여하고 있다. 이 책은 MUP센터 동료들의 연구로부터 혜택을 받았을 뿐만 아니라 MUP 스태프인 크레이그 애비(Craig Abbey), 다이앤 크레이그(Diane Craig)와 린 콜리스(Lynne Collis)의 검토와 의견, 그리고 현 자문단의 로이드 암스트롱(Lloyd Armstrong), 아트 코언(Art Cohen), 라리 골드스타인(Larry Goldstein), 제라르도 곤잘레스(Gerardo Gonzales), 로저 카우프만(Roger Kaufman)과 리처드 스탠리(Richard Stanley)의 주의 깊은 협조로부터도 많은 혜택을 받았다. 특별히 제1장에서, 그러나 책 전반을 통틀어 MUP센터의 작업과 출판의 영향은 분명히 나타난다.

존 암스트롱(John Armstrong), 폴 도어티(Paul Doherty), 진 아이젠버그(Gene Isenberg), 고든 오크스(Gordon Oakes) 등 매사추세츠대학 애머스트 캠퍼스의 친구들이 지원, 조언과 통찰력을 제공하였고, 그들은 이사들, 자원봉사자들과 기부자들의 자리에서 그들의 대학 참여가 어떤 개인적 또는 정치적 약속을 뛰어 넘어서는 큰 일을 수행하였다. 시간이 지나면서 여러 대학들에서, 시간, 지성과 재산을 대학의 개선을 위해 헌납하는 많은 이사들, 자원봉사자들과 기부자의 질이 대학 동료들이 더 높은 수준의 성과를 내도록 동기를 부여하는 데 공헌한다.

이 감사의 글에서 특별한 자리를 차지할 사람은 존 라이언(John Ryan, 1929–2011)이다. 1967년부터 2011년까지 그의 우정, 지혜와 지원이 많은 것들을 가능케 했고, 인디애나대학, 뉴욕주립대학과 다른 국내외 대학들에서 그의 학술적 리더십은 대학의 책무에 있어 매우 높은 수준을 설정했다.

거의 반세기에 걸쳐, 베네수엘라의 유명한 역사학자이며 교수인 게르망 카레라 다마스(German Carrera Damas)는 그와 내가 나눈 수많은 대화에서 그의 광범위한 국제적 조망과 깊은 학술적 지적 과제에 대한 이해를 공유해 주었고, 그것이 이 책의 여러 부분에서 반영되었다.

대학 총장들(presidents and chancellors)의 확대된 가족이 대학생활의 때로는 신비스러운 면들을 이해하는 데 도움을 주었다. 그들 중 오하이오주립대학 총장 고든 기(Gordon Gee)는 고등교육 리더십의 표준을 지속적으로 설정해 주었고 이 프로젝트에 도움을 주었다. 조지워싱턴대학 명예총장인 스티브 트라크텐버그(Steve Trachtenberg)는 이 책이 완성되도록 격려해 주었으며, 애리조나주립대 총장 마이클 크로(Michael Crow)는 지원을 아끼지 않았다. 윌리엄 패터슨대학 총장 캐시 월드론(Kathy Waldron)과 뉴욕주립대 포츠담 캠퍼스(SUNY Potsdam) 총장 존 슈

월러(John Schwaller)는 우리가 같이 인디애나대학에 있었을 때부터 그들의 경험을 나눠 주었다. 매사추세츠대학 시스템 총장 윌리엄 버글러(William Burgler)는 그의 재직 시 경험한 많은 이슈들에 대해 중요한 통찰력을 제공해 주었다.

위에 언급한 동료들 이외에, 이 책은 샬레나 세이모어(Charlena Seymour, 시몬스대학), 폴 코스테키(Paul Kostecki, 매사추세츠대학 애머스트), 레이 라모니카(Ray Lamonica, 루이지애나 주립대학), 웬디 사이모노(Wendy Simoneaux, 루이지애나 주립대학 시스템), 마이크 가르가노(Mike Gargano, 텍사스대학 건강과학센터, 샌 안토니오), 조 코르소(Joe Corso, 루이지애나대학 시스템)의 조언과 주의 깊은 논평으로부터 혜택을 받았다. 나와 오랜 우정을 나눈 폴 로벨(Paul Lobell, 플로리다대학)은 이 책과 다른 프로젝트를 위해 고등교육 모금과 동문 지원에 대한 가치 있는 조망을 제공했고, 존 로던(John Lordan, 포드햄대학)은 존스홉킨스대학에서 같이 근무한 이후 지속적으로 그의 전문성을 공유해 주었다. 캐롤린 로버츠(Carolyn Roberts)는 플로리다 고등교육 공동체 내 보기 드문 이사이며 오랜 리더로서 많은 것들 중에 이 프로젝트에 항상 관대한 지원을 제공해 주었다.

근년에는, 《고등교육 안에서는(Inside Higher Ed)》지가 대학에 있는 우리 모두에게 소중한 정보와 논평의 원천이 되어 왔다. 이 전문지의 편집인 더그 레더먼(Doug Lederman)과 그의 동료들 덕에 블로그 "현실 체크(Reality Check)"와 때로는 다른 기여를 통해 참여하는 것은 기쁨이었다. 《고등교육 안에서는》 항목들

중 다수가 이 책에서 다시 메아리 되어 울린다.

매사추세츠대학 애머스트에서, 현 총장 컴블 수바스워미(Kumble Subbaswamy)는 도서관 사서 제이 셰퍼(Jay Schafer)와 함께 이 책의 마지막 준비 기간 동안 중요한 지원을 제공했다. 존스홉킨스대학 출판부의 편집부와 스태프, 그리고 특별히 편집인 그레그 브리튼(Greg Britton)은 이 책을 존재하게 만드는 데서 너그러움과 전문성을 보여 주었다. 또한, 특별한 감사를 편집작업을 슬기롭게 진행해 준 키라 베넷(Kira Bennett)에게, 그리고 책이 완성되도록 보살펴 준 존스홉킨스대학 출판부의 선임 편집인 킴 존슨(Kim Johnson)에게 드린다. 음악인, 도서관사서, 역사학자, 전기 작가, 찾아보기 작성자, 그리고 학술적 문화적 기관들의 지속 참여자이며 옵서버인 루차나 롬바르디(M. Luciana Lonbardi)는 이 책의 찾아보기를 준비하는 전문가 서비스를 제공해 주었다.

반세기 동안의 대학 생활 동안, 캐스린 롬바르디(Kathryn Lombardi)는 지속적인 파트너이면서 참가자였다. 그녀가 가진 대학사람들의 혈기와 열성을 잡아내는 놀라운 능력은 우리를 여러 학술현장으로 인도하고 수없이 많은 기회들을 만드는 파트너십을 창출했다. 그녀의 협업이 없었더라면, 이 책이 반영하는 경험은 일어나지 않았을 것이다.

2013년 봄

차례

HOW UNIVERSITIES WORK

대학은 어떻게 운영되는가

1장

질 엔진

미국 연구중심대학 모형

연구중심대학들(research universities)이 조직의 디테일에서 어리둥절할 만큼 다양성을 가짐에도 불구하고, 그 모든 대학들은 공통된 기관적 모형(institutional prototype)을 갖고 있다. 이 모형은 어느 특정 기관의 운영을 상세하게 묘사하지는 않지만, 연구중심대학의 행동을 조직으로서 모형화한다. 연구중심대학들은 대부분의 고등교육기관들과 같이 티칭과 연구에 참여하는 복수의 미션을 추구한다. 가장 강하게 경쟁력 있고 성공적인 연구중심대학들조차 꽉 찬 학부교육 프로그램을 운영한다. 미국 연구중심대학들이 교육과 서비스를 강조하는 대학들과는 차별화되는 뚜렷한 성향을 갖고 있지만 거의 모든 대학들이 공통된 학부 구조와 목적을 갖는다. 그럼에도 불구하고, 최고의 미국 연구중심대학들에 대한 명확한 이해는 그들의 선도

(lead)를 따르는 훨씬 더 많은 수의 대학들이 자신들의 행동을 명확히 하는 데 도움을 준다.

여기서 제시되는 모형은 연구중심대학을 두 개의 연관되고 밀접하게 연결된, 그러나 운영상으로는 상대적으로 독립된 조직으로 본다.

- 첫 번째는 학술조직(academic core)으로, 학술 콘텐트와 대학(기업)의 질(quality of the enterprise)에 대한 주된 책임을 지는 교수길드(faculty guild)* 그룹으로 구성된다.
- 두 번째는 경영조직(administrative shell)으로, 자원의 획득과 배분 및 대학(기업, enterprise)의 경영에 책임을 지는 그룹으로, 대학의 경영은 이사회와 정치적 기관들의 외부 지배구조와의 상호작용뿐만 아니라 교수길드를 지원하는 것이다.

학술조직

교수길드는 대학의 학술적 본질을 정의하고 만들기 때문에 대학의 가장 중요한 부분이다. 길드는 교육과 연구와 관련된 대학의 여러 기능들을 수행한다. 전공적 관점에서 이 길드를 화

---

* 길드란 원래 목적이 같은 기능인들의 조합으로, 중세 시대 상공업자들이 만든 상호부조 조합에서 출발하였다. 이 책에서 말하는 교수길드는 같은 전공의 교수그룹, 즉 지금의 단과대학 또는 전공학과에 해당한다. 제1장에서는 교수길드가 속한 학술조직을 학술핵심(academic core), 학술조직을 지원하는 조직을 경영외피(administrative shell)라 표현한다.(옮긴이)

학, 역사학, 물리학, 심리학, 철학, 의학 및 법학으로 정의한다.

더구나, 대학 내에서 각각의 길드는 같은 전공의 전국 길드의 특정 지역 지부의 역할을 한다. 예를 들어, 대학 역사학과 소속 모든 교수들은 특정 지역 대학에 의해 고용되지만 같은 전국 길드에 소속된다. 전국 길드는 교수들이 하는 일의 지적 표준을 설정하고, 특정 지역 대학은 그들의 고용과 일할 과제를 다룬다.

화학자들, 심리학자들, 그리고 다른 길드의 멤버들에게도 같은 것이 적용된다. 각 길드는 소속 회원들이 그들의 전공 분야에 적용하는 지적 방법론에 의해서 자기 길드를 정의한다. 예를 들어, 역사학자들은 과거 사건에 대한 설명을 개발하는 데 역사적 증거를 사용하는 어떤 방법론을 가지고 있다.

이 방법들에 기반한 표준에 대한 길드의 정의, 그리고 그 표준에 의한 질의 평가가 길드의 책임을 정의하는 것이다. 길드의 회원들은 이런 학술적 방법론적 표준을 따라야 하고, 그렇지 않으면 길드가 그들 작업의 정당성을 인정하지 않을 것이다.

중세기 이후 모든 길드에 흔히 있는 일이지만, 방법론적 표준이 길드 멤버들의 생산물이 길드의 기준을 따른다는 것을 보증한다. 한 예로서, 만일 길드가 인증한 역사학자가 시몬 볼리바르*의 일대기를 쓴다면, 우리는 제시된 해석이 역사학 길

* 시몬 볼리바르(Simón Bolívar, 1783–1830)는 베네수엘라 군사 · 정치 지도자요 남아메리카의 독립운동가이다. 지금의 베네수엘라, 볼리비아, 콜롬비아, 에콰도르, 페루 및 파나마를 스페인제국으로부터 독립시키고 첫 독립국가 연합

드의 정확성과 신뢰성 표준에 맞추어 문서와 증거를 사용한다는 신뢰를 가질 수 있다. 길드가 그 결과적인 해석의 옮음(correctness)을 보증하지는 않고, 단지 길드에서 인증된 역사학자가, 길드의 다른 전문가들이 그 작업을 리뷰하고 확인하도록 허락한 대로, 옳은 방법론을 적절하게 사용했다는 것을 보증하는 것이다.

이것은 과학에서도 같은데, 과학이 아마도 더 나은 설명을 제공할 것이다. 과학자들은 자신들의 작업을 수행하고, 그 결과를 보고하고 유효화(validate)하기 위한 정확한 방법론들을 갖고 있다. 물리학자들이 자신들의 작업 결과를 제시할 때, 일반 사람들은 발표된 결과에 도달하기 위해 사용된 과정의 과학적 유효성을 평가할 만한 전문성이 부족하다. 그 대신, 대중은 어떤 결과를 신뢰할 만한 과학적 발견으로 받아들이기 위해 물리학 길드에 의한 유효화에 의존한다.

각 길드는 자체 회원들에 의해 수행된 작업을 유효화하고, 또 길드 회원자격 또는 길드의 발전을 바라는 열망가들이 제시하는 결과들을 검토하기 위한 자체 과정을 가지고 있다. 그러나, 모든 길드는 다른 길드 회원들의 작업을 평가하기 위해 전문가 길드 회원들의 재능을 동원하는 동료-평가(peer-review) 시스템에 의존한다. 이 과정은 흔히 출판을 통해 대중에게 발

인 그란 콜롬비아(Gran Colombia)를 세우고 대통령이 되었다. 볼리비아가 그의 이름을 딴 국가이다.(옮긴이)

표되기 전에, 전문가들이 개입해 실험을 재현하고 결과를 재조사하도록 한다. 그러나, 그 과정이 어떻든 길드는 길드 인증 결과의 질을 보증하기 위하여 그 분야의 표준을 정하고 집행한다.

분석적 방법론이 공부한 주제 내용보다도 더 길드를 다른 길드로부터 구분한다. 비록 역사학자들과 사회학자들이 비슷한 현상(혁명, 빈곤, 사회변화)을 공부하더라도, 그들은 역사학자 길드와 사회학자 길드를 구분하게 하는 상당히 다른 방법론을 사용한다.

지식이 확장하는 범위가 꾸준히 새로운 정보를 생산하고 새로운 설명을 제안한다. 이런 것들이 흔히 새로운 방법론을 요구한다. 시간이 지나면서, 새로운 길드가 이해를 진전시키는데 도움이 되는 정의 가능한 방법론을 가지고 나타난다. 다른 경우에는 새로운 길드를 만들려는 노력이 성공하지 못하는데, 어떤 응집된(coherent), 지적으로 확실한(sound), 그리고 뚜렷한(distinct) 방법론이 나오지 않기 때문이다.

길드는 학자의 아이디어가 옳은지 또는 그른지에 대한 판단을 주로 내리지 않는다. 그보다, 길드는 학자적 아이디어들이 주위를 둘러싼 정치적 또는 개인적 이해관계와 관계없이 확실하게 엄격한 분석과 증명을 받도록 한다. 과학자들이 영원한 삶으로의 열쇠를 찾았다고 믿을지 모르지만, 이 결과의 공공적 수용에는 해당 과학 길드의 다른 회원들이 적용 가능한 방법론적 표준에 의거한 비판적 검토를 통해 유효화하는 것이 필요하다.

길드는 또한 대학의 학부 교과과정을 다른 길드들과의 협상된 대화에서, 그리고 대학 당국 책임자들이 중재하고 안내하는 가운데서 정의한다. 이 협상이 4년제 학부 학위 프로그램의 전통적 프레임 안에 함유된 지식의 콘텐트와 전달과정을 설정한다. 이 학위의 각 구성요소는 길드 인증 지식을 반영한다. 박사 및 기타 고급 학위 프로그램들은 거의 배타적으로 그들의 해당 길드에 속한다.

마지막으로, 길드는 교수의 임용, 승진, 정년보장과 유지를 통제한다. 비록 대학의 다른 행동가들(경영자, 노조간부, 학생 및 기타)이 여러 방법으로 영향을 미치기는 하지만, 길드가 교수의 질에 대한 주된 책임을 갖는다. 자체 회원들이 후임자를 채용하고 유지하기 때문에 대학의 길드들은 자기복제(self-replicating) 조직들로서 행동한다.

만약 길드들이 자신을 같은 질 수준에서 복제한다면, 대학은 전체적으로 질의 현재 수준을 유지할 것이다. 만약 길드가 더 낮은 수준에서 자신을 복제한다면 대학은 하락하고, 만약 그들이 자신들의 대체 인물을 더 높은 수준에서 초빙한다면 대학은 개선된다. 연구중심대학들은 대학의 질과 생산성이 교수에 달려 있다는 것을 알기 때문에, 길드의 유능한 교수 관리에 세밀한 주의를 기울인다.

모범적인 연구중심대학의 핵심 구조를 도표로 그려 본다면, 많은 길드들이 서로 분리되어 있으면서 교육기업(instructional enterprise)에 공동 참여하는 것으로 인해, 그리고 연구의 지원과 증진에 대한 공통 관심을 갖는 것으로 인해, 서로 연결되어 있는 것을 보여 줄 것이다. 길드들이 각각 분리된 실체들로 보이는 것은, 한 길드 회원들이 다른 길드 회원들의 작업에 초청자로 참여하거나 또는 공동 소유한 학제간 프로젝트에 참여하는 것을 제외하고는 일반적으로 참여할 수 없기 때문이다. 한 길드의 회원들이 그들의 학술적 지위를 다른 길드에 정상적으로는 직접 옮길 수 없고, 다만 그것은 다른 길드에 의해 자격요건의 완전한 검토가 있을 때만 가능하다.

개별 대학의 길드들 또한 그들이 지적으로 특정 지역의 대학보다는 더 전국 길드에 소속되어 있다는 것을 강조하기 위해 분리된 실체들로 나타난다. 전국 길드는 자신의 생산물의 질과 신뢰도를 결정하기 위해 공통된 방법론적 표준을 만든다. 특정 지역의 길드는 뉴욕 또는 텍사스, 미네소타 또는 캘리포니아 등 어디에 위치한 대학이든 상관없이 이 공통된 방법론적 표준을 적용한다. 그러나 각 특정 지역의 길드 안에서 회원 자격에 요구되는 생산성과 질의 수준은 대학마다 다르다.

한 예로서, 주요 연구중심대학들에서는 특정 지역의 역사학 길드가 신규 회원들에게 (논문이 완성되고 길드 표준에 의해 승인된) PhD(박사)뿐만 아니라 주요 동료–평가 학술지에 출판 기록과 주요 학술 서적의 가망성을 소유하기를 요구할 것이다. 이 고품질 특정 지역의 길드 내의 영구 지위를 얻기 위해서는 역사학자들의 경우 적어도 두 개의 주요 동료–평가 저술을 출판해야 할 것이다. 주립 종합대학들에서는, 영구 회원 자격을 위해 특정 지역의 길드가 요구하는 연구 질과 생산성의 수준은 아마도 PhD 완성과 1–2개의 동료–평가 논문 정도일 것이다. 표준은 같으나 성과의 수준은 다를 수 있다.

한 대학의 질과 경쟁력은 교수의 질과 경쟁력에 달려 있고, 특정 지역의 길드가 신규 또는 기존 교수 회원들이 달성해야 할 성과의 수준을 정한다. 따라서 대학의 학술적 지위는 교수 초빙과 유지에서 특정 지역의 길드들이 거둔 성공의 총체적 결과라 할 수 있다. 길드 행동의 이 모델은 경쟁적 연구중심대학들에 적용되고, 거의 모든 다른 대학들에 의해 일반적으로 인정되는 표준을 설정한다.

대학경영 과목을 택하고 있는 화학과 졸업생이 말한다. "이 교수길드이라는 건 매우 중세기적으로 들립니다. 우리는 근대, 기술 시대에 살고 있지 않나요?"

교수가 답한다. "은세공사(silversmith)를 생각해 보세요. 만약 당신이 은 찻잔을 산다면, 차를 따를 때 손잡이가 떨어지는 것을 원치 않기 때문에 길드가 보증하는 찻잔의 질을 말해 주는 은세공사의 표식을 찾아 보겠지요. 같은 것이 화학에도 적용되지요."

졸업생이 화학자들을 모욕했을지 모른다고 생각하면서 교수를 바라보며 말한다. "무슨 말씀이신지요?"

교수가 재확인을 위해, “나는 화학에 대해 아무것도 몰라요. 나는 우리 아이들에게 가르치는 화학이 정확하고, 약 제조에 바탕이 되는 화학연구가 옳게 되었기를 바라요. 만약 화학 길드가 이 생산물들을 인증했다면 신뢰를 갖지요.”

학생이 교수가 화학의 무지를 고백한 것에 기뻐하며 말한다. “그러나 제가 은세공사라면, 저는 왜 캐비닛공으로 일할 수 없나요?”

교수가 덧붙인다. “그렇게 할 수 있지요. 그러나 수련공으로 바닥에서부터 시작을 해야 하고, 은세공사의 기술이 캐비닛공의 기술과 다르기 때문에 캐비닛공 길드 표준에 맞춰야지요. 그러나 은세공사 길드의 지부를 가지고 있는 어떤 마을에도 마스터 은세공사로 일하러 갈 수 있지요.”

경영조직

미국 연구중심대학 내의 두 번째 구조는 교수길드를 지원하는 경영조직이다. 대부분의 관찰자들은 대학을 처음 대할 때 경영조직을 보게 된다. 경영조직은 전통적인 비즈니스의 구조를 갖고 있어, 계층적이고 정돈되어 있으며, 근대 ‘기업미국(corporate America)’의 다른 장신구(accoutrements)는 물론 지시의 사슬(chain of command)을 갖고 있다. 경영조직은 이사회(board of trustees or regents)를 포함하여 대학의 공식적 법적 지배구조 메커니즘을 제공한다. 경영조직은 총장, 부총장들, 학장들, 기타 경영자들, 그리고 교수의회(faculty senate)의 구성원들을 포함하는데, 이들은 대학을 위해 기업에서의 경영 라인과 스태프 기능을 수행하고 경영뿐만 아니라 지배구조 이슈들을 관리한다.

대부분의 사람들에게는 이것이 대학의 경영이고, 일면에서는 그것이 사실이다. 이사회는 신탁책임(fiduciary responsibility)을 가지며 대학 권위의 최종 원천이다. 총장은 대학 경영에서 법적으로 책임을 진다. 부총장과 학장은 경영 계층을 통해 보고한다. 교수의회는 신규 학위와 교과과정 변경을 승인한다.

동시에, 경영조직 안에 있는 사람들은 대학을 가치 있게 만드는 일은 실제로 하지 않는다. 그 일은 주로 길드 내에서 또는 길드 감독하에 행해진다. 경영조직은 길드의 일을 지원하기 위한 자원을 동원하고 배분하며, 해가 되는 외부의 힘으로부터 길드를 보호한다. 경영조직은 길드 간 상호교류를 관리한다. 또 가장 중요하게는, 대학의 자금을 관리하고 길드 행동에 동기부여를 하는 인센티브를 만든다.

경영조직 참가자들은 전형적으로 대학의 동질성을 공공적으로 과시하는 것을 좋아한다. 이를 사명헌장, 전략계획 등의 형태로 표현한다. 이러한 고상한(high-minded) 생산물들은 경영조직의 관리자들이 이러한 계획들을 돈의 배분으로 만들어진 인센티브와 연관시키지 않는다면, 길드가 하는 일에 미미한 영향만 미칠 뿐이다. 대학 리더들이 영감을 줄 목적으로 잘 표현한 전략계획과 사명헌장보다 돈 배분의 기준이 훨씬 더 강한 인센티브를 창출한다.

학장들과 학과장들은 학술조직의 기능과 경영조직의 기능

간 특별한 중간 역할을 차지한다. 학장들, 그리고 약간 덜한 정도에서 학과장들은 대학의 공식적 조직에서 경영책임자로 일하지만, 학술조직의 경영관리자로서보다는 경영주직에 대해 길드를 대표하는 자로서 역할을 더 많이 수행한다.

학장들은 부총장과 총장으로부터 임명을 받고, 이 경영조직 경영자들에 대한 책임을 인식한다. 학장들은 또한 그들의 성공이 동료 길드 회원들의 존경과 지원을 얻고, 경영조직에 의해 관리되는 자원의 경쟁에서 길드의 이해를 성공적으로 대변할 수 있는 능력에 달려 있다는 것을 안다.

학과장과 프로그램 장들(chairs)은 학장들보다 더 긴밀하게 자신의 길드 동료들의 이해에 반응한다. 우리는 학장들과 학과장들이 길드 회원들과 경영조직 둘 다를 대신하여 길드 운영을 관리하기 때문에 길드장으로 생각할 수 있다.

이 모델에서는, 기관적 목적에 초점을 맞추는 것이 중요하다. 누구는 연구중심대학이 학생, 연구물, 경제발전, 그리고 공공서비스를 생산한다고 말할 것이다. 대학이 분명 이런 것들을 생산하지만, 재화와 서비스를 사회에 전달하는 것은 중요하더라도 연구와 학생으로 대표되는 대학의 1차적 내부의 질 추구로부터 오는 실제로는 2차적 혜택이다.

질 엔진

연구중심대학들은 최고 수준의 최대량의 내부 학술적 질을 축적하기 위해 존재한다. 다시 말해서, 대학의 목적은 대학 내에 최고의 연구생산력을 가진 교수진, 최고의 학생들, 그리고 달성 가능한 최고의 학술 및 문화 환경을 집합시키는 것이다.

연구중심대학이 졸업생, 기술, 경제발전 및 공공서비스 등 여러 종류의 생산물을 외부 구성원들에게 전달하지만, 대학의 일차적 초점은 내부 질의 창출에 있다. 그래서 연구중심대학을 "질 엔진(quality engines)"이라 부른다.

최대한의 내부 질이라는 목적을 추구하는 데 있어, 연구중심대학은 거의 자동적으로 학생들을 졸업시키고, 경제발전을 진작시키며, 공공 이익을 위해 봉사할 것이다. 그러나, 이러한 재화와 서비스의 생산은 비록 그것이 다른 사람들에게 대학의 성공을 돕도록 만드는 동기부여는 될지 몰라도 대학의 성공을 몰고 가지는 않는다.

이 모델은 길드들의 학술조직과 대학의 경영조직 간의 관계를 분명히 보여 준다. 경영조직의 주된 책임은 최고의 교수진을 경쟁적으로 초빙하기 위해 필요한 자금(연구를 위한 모든 보조금을 포함)과 최고의 학생들을 데려오는 데 필요한 자금(모든 쾌적함과 그들 유인하는 학술 및 교육의 강화를 포함)을 찾는 일이다.

경영조직은 사적 기본재산(private endowment)과 기부재산(gifts)을 조달하고, 공공자금을 위해 로비하며, 정부자금을 위해 경쟁하고, 재단자금을 구하며, 그리고 우호적이고 지원적인 학술 및 문화 환경을 조성하기 위해 구조와 시스템을 조직한다. 경영조직은 길드들이 최고의 교수진을 초빙하고 유지하며, 연구를 보조하고, 내부 질을 창출하는 유사한 행동들을 진작시키는 데 성공할 수 있도록 돈을 조달하고 환경을 만든다.

경영조직 참가자들이 흔히 학부생들의 모집과 유지에서 더 직접적인 역할을 담당하고, 길드는 이들에게 직접적인 관심을 덜 갖는다. 길드와 경영조직, 그리고 경영조직과 외부환경 간 상호작용은 훨씬 더 복잡하고 여기에 제시된 것보다 더 긴밀하게 연관되어 있다. 그럼에도, 질 엔진 모델은 연구중심대학이 질의 경쟁에서 길드의 성공을, 확대하자면 대학의 성공을, 지원하기 위해 취하는 수입추구 행동에 우리의 관심을 집중시킨다.

대부분의 관찰자들은 대학이 생산물이나 서비스를 돈을 지불하는 사람들에게 직접 판다고 가정할 것이다. 대학이 돈을 지불하는 사람들에게 가치를 제공하기는 하지만, 가치를 제공하기 위해 대학이 사용하는 과정과 지급 구조는 상업세계에서 거래를 특징 짓는 구매자와 판매자 간의 관계와는 상당 부분 다르다.

연구중심대학들은 그들의 연구 교수들과 스태프 등 연구인재를 연방 정부, 사립재단 및 기업에게 연구에 필요한 자금과의 교환을 조건으로 시장에 내놓는다. 동시에, 대학들은 다른 원천으로부터 오는 자체 자금을 연구 시설과 연구 인재를 위한 보조금 경쟁에서 경쟁우위를 갖기 위해 큰 규모로 투자한다.

대학들은 연방 보조금(federal grants)을 위해 서로 경쟁하지만,

또한 경쟁할 기회를 위해 내부자금을 적극 투자한다. 대학이 연방 연구 경쟁을 위해 보조하는 자금은 연 기부, 기본재산수입(endowment earnings), 주 대리기관(agency), 특허 및 라이선스(특허사용면허)(patents and licenses) 수익, 내부 저축, 그리고 기타 잉여금 생성 활동으로부터 온다.

대학을 재화와 서비스를 외부 경쟁시장을 위해 생산하는 생산자(예를 들어, 학생이라는 생산물을 생산하는 생산자)로 보는 대신, 우리는 대학을 외부 시장으로부터 대학이 매입하는 질의 소비자로 생각할 수 있다. 이 관점에서, 대학은 질 높은 연구, 학생들, 교수진 그리고 학술적 환경을 구매하기 위하여 모든 원천으로부터 수입을 최대화한다. 그런 후 대학은 이러한 질 높은 환경의 존재를 이용하여 외부 투자자들을 유인한다. 그런데 그 투자자들은 대학의 어떤 특정 생산물의 소유권을 사기보다는 대학 환경에의 접근을 사는 것으로 대학의 창의성에 공헌하기를 원하는 투자자들이다.

> 성격 급한 기업임원인 이사가 교수에게 말한다. "잠깐만, 교수님, 내가 가전제품을 생산하는 것처럼 대학은 학생들과 연구와 대중을 위한 서비스를 생산하기 위해 존재하지요. 이 질 엔진이란 물건은 의미가 없습니다."
>
> 진정한 선생의 무한 인내를 가진 교수가 말한다. "아닙니다. 우리는 질을 생산합니다. 학생들은 그것을 얻으러 오고, 비즈니스는 그것을 사용하러 오고, 경제는 그 이점을 이용하러 오지

요. 그러나 우리는 그 자체를 위해 생산합니다."

기업임원 이사가 말한다. "그렇지 않아요, 나는 대학의 서비스를 학생인 내 자식을 위해 사는 것입니다."

교수가 말한다. "반드시 그렇지 않습니다. 디즈니월드를 보십시오. 사람은 그 안의 질을 이용하기 위하여 티켓을 사는 것이고, 그 질의 경험을 제외하면 이사님의 경험은 저의 경험과 다를 것입니다. 디즈니월드에 가는 이유는 월트 디즈니사가 세계 최고 놀이공원의 질 구경거리(quality attraction)를 축적했기 때문입니다. 디즈니월드와 같이 대학도 누가 경험할 수 있는 것보다 더 많은 질을 갖고 있고, 각 사람은 대학의 질 중에서 자기가 원하는 부분을 택하는 것입니다. 이는 이사님과 이사님 자녀분이 디즈니월드의 다른 구경거리를 선택하는 것과 같습니다."

기업임원은 이 비교가 마음에 들지 않은 것 같은 표정을 하면서 말한다. "그럴지 모르나 대학은 디즈니월드와는 다릅니다."

교수가 말한다. "물론입니다. 그러나 중요한 이슈는 디즈니월드가 다른 놀이공원에 비해 그 안에 더 많은 질을 갖고 있다는 것입니다. 우리 대학도 마찬가지입니다. 내부에 더 많은 질을 가지려고 하는 것입니다. 그러면 모두가 그것을 이용하러 올 것입니다. 질이 없으면 오지 않을 것입니다."

기업임원이 말한다. "음, 생각해 보지요."

연구중심대학들의 목적은 할 수 있는 한 최고 수준의 질과 최대량의 질을 희소한 질 요소들의 경쟁적 구매를 통해 축적하는 것이다. 대학이 140억 달러의 기본재산과 26억 6,600만 달러의 연구기금을 가진 엘리트 대학이든, 겨우 4,000만 달러의 연구기금과 1,500만 달러의 기본재산을 가진 공립대학이든, 두 대학은 놀랍게도 비슷한 방식으로 행동한다.

개별 대학들의 수입 추구 행위의 상세 내용은 상황, 역사, 기회, 그리고 그들이 사적 또는 공적 통제하에 있느냐에 따라 다르다. 그러나, 모든 연구중심대학들의 성과는 연구와 학부 학생의 질의 최대한 축적을 추구하는 데서 얼마나 성공하느냐에 달려 있다.

요점

- 연구중심대학을 포함한 모든 대학들은 학술조직과 경영조직의 두 가지 공통된 기관 모형을 갖고 있다. 학술조직은 티칭과 연구라는 대학의 기본적 미션을 수행하는 조직으로, 교수길드(전공학과 또는 단과대학에 해당)가 핵심적 역할을 담당한다. 경영조직은 자원의 획득과 배분을 포함한 주요 활동을 통해서 교수길드를 돕는 일을 수행한다. 경영은 경영조직에서만 필요한 것이 아니고 학술조직에서도 적용되어야 한다.
- 대학 길드들은 전공의 주제내용(subject matter)보다는 방법론적 표준에 의해 구분하는 것이 옳다. 예를 들어, 혁명이라는 현상을 공부하더라도 역사학자와 사회학자는 다른 방법론을 사용하기 때문에 다른 길드로 구분된다.
- 대학의 목적은 교육과 연구에서 최고의 질과 생산성을 통해 대학의 가치를 극대화하는 학술기업(academic enterprise)이다. 이 중에서 질은 특히 중요한데, 대학은 최고의 교수진과 최고의 학생, 최고의 학술환경 등 희소한 자원의 구매를 통해 교육과 연구

에서 최고 수준의, 최대량의 질을 끊임없이 빠르게 몰고가는 "질 엔진"이다. 이는 상업활동을 수행하는 일반기업과 같다.

• 경영조직은 대학의 가치를 높이는 일은 직접 하지 않고, 최고의 교수진을 초빙하고, 최고의 학생들을 모집하고 유지하며, 최고의 학술환경을 조성하기 위해 모든 원천으로부터 자금을 최대화한다.

2장

경영

이 책은 연구중심대학을 특별히 강조하면서 어떻게 대학을 경영할 것인가를 다루는 책이다. 경영은 기법이고 목적이 아니다. 대학 사람들은 가치를 실행하고 대학의 목적을 성취해 갈 때 여러 경영 수단들과 과정들을 사용한다.

대학은 시스템이나 조직 없이 운영되는 사람들의 임의적 집합이 아니므로 모든 조직과 같이 경영을 가져야 한다. 대학의 경영자들은 많은 옵션을 갖는다. 그들은 순간의 충동에 의해 일할 수 있고, 또는 엄격하고 비신축적인 계층을 통해 경영할 수 있다. 그들은 외부 압력이나 내부 정치에 반응할 수 있다. 그들은 목적에 의한 경영(Management By Objective: MBO)을 할 수 있고, 또는 영기준예산(zero-based budgeting)을 가지고 경영할 수 있다. 그들은 종합품질관리(Total Quality Management: TQM) 또는 지속적 품질개선(Continuous Quality Improvement: CQI) 시스템을 따를 수 있다. 그들은 참가적 또는 독단적, 하향식(top-down) 또는 상향식(bottom-up) 경영을 실행할 수 있다.

이름이 어떻든 모든 대학들은 경영을 한다. 학술기업이 복잡하면 복잡할수록 더 많은 경영을 요구한다. 많은 고등교육 관찰자들이 대학경영에 대해 불평하는 반면, 모든 사람이 올바른 시간에 올바른 순서에 따라 올바른 수업이 제공되고, 그에 대한 비용이 지급되며, 연방 정부와 주 정부의 규제사항들이 지켜지고, 학생 건강과 복지가 보살펴지며, 안전이 보장되고, 건물과 운동장이 유지 보수 되기를 원한다. 경영이 이 모든 것을 하고 그 이상을 한다.

흔히 대학은 안전을 관리하고, 설비관리와 건설을 다루며, 학생들을 모집하고 유지하고, 스포츠 프로그램을 운영하며, 또 다른 업무를 수행하기 위해 특정한 기술을 가진 사람들을 필요로 한다. 이러한 과제들이 잘 실행된다면 대학이 순조롭게 운영되지만, 만약 잘못 된다면 대학, 즉 학생들, 교수진과 직원은 주된 사명인 효과적 교육과 연구로부터 시간과 노력을 빼앗기는 끊임없는 문제들과 씨름하게 된다. 대학운영에는 너무 많은 경영과 충분하지 않은 경영 간 균형이 있고, 대학들을 경영하는 기술(art)의 일부는 최소의 경비와 최대의 효과를 가지고 경영하는 것이다.

경영 테마

경영은 어떤 조직의 성공에 필수적이고, 많은 전문가들이 조언을 한다. 서점들은 경영 이론과 실제에 관한 '어떻게' 책들의 선반을 갖고 있다. 그 책들은 비즈니스의 성공을 보증하는 서로 다른 일련의 요술적 단계들을 제공하고, 그 경영처방의 본질적 의미를 잡아내는 문구를 만들기도 한다. 흔히, 이 책들은 그 안에 비즈니스의 성공 요인을 특별한 경영원리들에 돌리는 특정 경영인들의 성취 이야기를 담는다. 그 책들에는 많은 비즈니스 성공의 우연적인 성질을 중요시하지 않는 경향이 있다. 호경기 때 사는 것이 많은 영웅들을 만들고, 불경기를 통해 고투하는 것은 여러 비즈니스 실패를 낳는다.

경영 관련 책을 잘 읽어 보면, 모든 사람이 몇 개는 읽어야 하지만, 대부분이 알 만한 것에 초점을 맞추는 것을 알 수 있다. 그 책들은 간단한 경영의 핵심 원리들을 확인하고 그것들을 효과적으로 제시한다. 아래는 그 핵심 원리들이다.

- 비즈니스를 알라
- 고객을 알라
- 직원들에게 감사히 여기라
- 시장과 경쟁하라
- 돈에 주의를 기울이라

다른 모든 것이 이 테마 안에서 잘 설명된다. 경영 관련 책들에서 나타나는 것은 본질적이라기보다는 스타일적이다. 어떤 사람은 발로써 또는 본보기로써 경영하는 것에 대해 이야기 한다. 이 모든 것이 주로 대화의 방법들에 대한 스타일과 관련된다. 스타일이 물론 흥미롭고 유용한 반면, 그것이 경영의 본질을 대체하지는 못한다.

경영에 관한 인기 있는 책들은 재치 있고 시원한 스타일로 독자를 매료시키지만, 흔히 조직의 복잡성과 기업들의 다른 특징들과 상황들을 고려에 넣지는 않는다. 한 경영 대가가 말하는 모든 것은 어떤 곳에서 어떤 비즈니스에서 어떤 상황에서는 작동한다.

많은 그런 책들은 흥미로운 통찰력을 갖지만, 대부분이 실제 조직들의 구체적 도전들을 명확히 설명하지 못하는 현학적인 전문용어들(buzzwords)을 제시한다. 실로, 만약 경영의 과학이 존재한다면, 그것을 설명하는 데는 단 몇 권의 책들만이 필요할 것이다. '어떻게 경영에서 성공할 것인가'라는 책들이 급증하는 것을 보면, 경영은 실시간에 실행되는 실용적인 기술(art)이고, 특정한 정의 가능한 결과들을 가진 실험적 과학이 아니라는 것을 재확인해 준다.

학술기관 경영을 관찰하고 연구한 사람들은 경영자들(학장, 학과장, 프로그램 디렉터, 부총장, 총장[president, 또는 chancellor], 그리고 교무부총장provost 등)이 매우 다양한 스타일과 기법을 가지고 경영하고, 그럼에도 큰 성공을 이룬다는 사실을 발견한다. 한편, 유사한 기법을 사용하는 같은 스타일의 다른 경영자들은 훨씬 덜 성취한다. 스타일과 기법은 경영의 핵심 이슈들이 아니다. 그런 것들은 나름대로 목적과 용도는 있으나 경영의 실질을 대체하지 못한다.

경영 원리

우리도 성공적 대학경영을 정의하는 핵심 원리들을 갖고 있다.

- 돈은 중요하다
- 성과는 소중하다
- 시간은 적이다

돈은 중요하다! 돈은 모든 학술기관이 생존하고 번성하기 위해 필요하기 때문에 중요하다. 많은 돈을 갖고도 나쁜 성과를 내는 것이 가능하지만, 가난한 기관이 훨씬 자금 조달이 잘된 기관들과 시장에서 경쟁하는 것은 불가능하다. 돈은 여러 활동들의 범위와 깊이를 결정하고, 얼마나 한 기관이 티칭이라는 기본 작업에 더하여 질을 생산하는 데 지출할 수 있는가를 결정한다. 다른 모든 기업처럼, 돈은 기관의 사명을 달성할 수 있게 해 준다.

> 그들은 말한다. "대학은 비즈니스가 아니에요."
> 내가 묻는다. "교회에 가 본 적이 있나요? 진행이 어떻게 되는지 아시나요? 목사가 설교하고 충성된 사람들이 반응해요. 오

르간이 울리고 성도들이 찬양해요. 그리고 다음은 헌금 순서. 음악이 더 크게 울리고 목회자가 성도들을 높은 소리로 고취시켜요. 집사가 헌금바구니를 돌리지요. 경험 많은 목사가 동전 부딛치는 만족스럽지 않은 소리를 인식하며, 종이의 바스락거리는 소리(crinkle), 관대한 영감의 소리를 초청하지요. 믿음만으로 좋은 일을 할 수는 없고, 충성된 사람들의 유형적 지원이 필요하다는 것을 상기시켜 줘요. 그것으로 지붕이 새고, 금년 겨울을 넘기지 못할 것 같은 난방시스템을 수리할 수 있지 않겠어요? 오르간 연주자가 연주를 멈춘 후 집사들이 다시 한번 헌금바구니를 돌리고, 헌금이 동전에서 지폐로 바뀌어요. 마지막에는 설교자가 한 주 더 하나님의 일을 할 수 있게 한 관대함의 고취에 감사 기도를 하지요. 대학에 있는 우리들 역시 더 높은 진리를 추구하고, 우리 대학들도, 작은 시골 교회와 같이, 학술적 고취(academic inspiration)가 충성된 자들로부터 유형적 수입을 요구한다는 것을 알고 있습니다."

연구중심대학들에서는 돈이 특히 중요하다. 연구는 본질적으로 돈 잃는 사업이기 때문이다. 프로젝트를 수행하기 위하여 큰 보조금(grant)을 받은 때라도, 그 보조금은 프로젝트의 총비용을 부담(cover)하기에 충분하지 않다. 대학이 연구 비용의 일부를 보조해야 한다. 어떤 다른 목적을 위해 필요하지 않은 돈을 더 많이 만들면 만들수록, 연구 보조금을 더 많이 지급할 수 있고 대학이 더 경쟁적이 될 것이다.

등록금 및 기타 수입, 그에 더하여 공립대학들의 경우 지방정부의 지원금은 기본적 교육을 부담하는 반면, 고품질 학술 및 학생 과외활동 경험은 보통 추가 자금을 필요로 한다. 대학이 여유 자금을 갖고 있으면, 대학은 그것을 소규모 수업, 우등학생 프로그램, 특별 티칭 자료, 장비 또는 시설, 학생생활 활동 및 대학 간 스포츠경기를 포함하여 학생생활을 매력적으로 만드는 쾌적함을 위해 사용할 수 있다.

돈은 중요하고, 대학이 핵심 교육 사명을 운영하는 데 드는 비용보다 돈을 더 많이 가질수록 시장에서 더 경쟁적이 될 것이다.

성과는 소중하다! 대학 간 경쟁이 최고의 학생들과 교수진에 의해서 결정되기 때문에 성과는 소중하다. 자기 분야에서 최고 수준에 있는 교수진과 졸업생들을 가진 고성과(high performance) 대학들은 가장 권위 있고 최고의 학생들과 교수진을 지속적으로 영입하는 데서 가장 성공적인 대학들이다. 성과가 중요한 또 하나의 이유는 대학의 모든 요소가 실효성의 최고 수준에서 운영될 때, 대학이 주어진 돈을 가지고 표준 이하인 사람들이 운영하는 경우보다 훨씬 더 많은 것을 성취할 수 있기 때문이다.

이는 건물 관리 직원, 입학 담당자들, 모금 전문가들, 학생서비스 직원도 그들 분야에서 최고 수준의 업적을 내야 한다는 것을 의미한다. 교수진은 강의, 연구, 출판, 연구비 수주에서 적어도 경쟁에 맞설 수 있을 만큼 성과를 내야 한다.

성과는 전염성을 갖는다. 대학이 측정 가능한 경쟁적 성과에 집중할 때, 모든 사람이 참여하는 경향이 있다. 교수진이 최고 수준의 성과를 내면, 학생들도 최고의 성과를 낼 것이다. 캠퍼스가 빌딩과 운동장을 최고 수준에서 관리한다면, 입학 및 유지보수 책임자들이 최고의 학생을 위해 경쟁하는 데 유리할 것이다.

나는 창 밖을 내다보았다. 유명 건축가들에 의해 캠퍼스 입구에 멋지고 넓은 정원을 만들도록 디자인된 사각정원이 민들레로 가득했다. 잔디는 최근에 깎은 것으로 보이는데 보도 위로 사방에 넘어가 있었다. 내가 물었다. "왜 저 민들레를 없앨 수 없나요? 왜 끝 부분을 예쁘게 정리해서 이곳이 우리가 마음을 쓰는 장소로 보이게 할 수 없나요?" 그들이 말했다. "오, 그건 비쌉니다."

임원의 우선권을 이용해 다소간 언성을 높이며 내가 반응했다. "아니, 부모들이 정원의 가장자리를 정리하거나 잡초를 제거할 수 없는 곳에서 진지한 교수와 좋은 것들을 유지하기 어려울 것이라 생각한다면, 아마도 자녀를 우리에게 보내지 않을지 모르지요. 정원을 고치는 것이 잠재적 학생들을 잃는 것보다 더 비싸다는 말인가요? 누가 쓰레기통이 바깥에 나와 있는 레스토랑을 선택할까요? 우리 방문객들은 화학실험실에서 무슨 일이 진행되는 건 볼 수는 없지만, 우리가 잔디를 고치지 못한다는 건 확실히 볼 수 있잖아요."

민들레가 사라졌고 가장자리가 정돈되었으며, 사람들(교수, 스태프, 학생들, 방문객들, 동문들)이 말했다. "와우, 캠퍼스가 멋져 보여요. 일이 잘 되는 거 같아요!"

만약 우리가 우리 장소를 잘 돌보지 않는다면 누가 사람들을 잘 돌본다고 생각하겠어요?

성과는 시장을 위한 참조 포인트이고, 고품질 대학을 확인할 때 우리가 측정하는 것은 사람들의 질 성과(quality performance)이다.

시간은 적이다! 대학 사람들이 연구보조금 신청을 하고, 학생을 모집하며, 강의실을 수리하고, 또는 다른 어떤 결정적인 일을 하는 데 사용하지 않은 매 분(minute)은 경쟁 대학들이 연구보조비를 신청하고, 학생들을 모집하며, 또는 강의실을 수리한다. 대학들은 사실 긴박한 시장에서 살아가지만, 대학조직이 자기만족(complacency)과 지연(delay)을 허용할 수 있기 때문에 시간은 적이다.

공립 및 사립 대학들은 세계에서 가장 오래 지탱한 기관들에 속한다. 대학들이 제거 또는 총체적 실패의 위험에 놓이게 되는 것은 매우 드물다. 대학 사람들은 흔히 대학의 이 긴 수명이 미래성과의 보증이라는 잘못된 안정감에 빠지기 쉽다. 결코 그렇지 않다.

모든 대학이 더 나은 대학들이 가진 것을 갖고 싶어 한다. 다른 대학들이 가진 것을 얻을 수 있는 유일한 방법은 그것을 위해 경쟁하는 것이다. 우리가 더 나은 학생들을 원하지만 모두가 더 나은 학생들을 원하고, 더 나은 학생들의 수는 제한되어 있다. 더 나은 학생들을 위해 경쟁하라, 그러나 지금 하지 않으면 뺏긴다. 연구비도 지금 지원하지 않으면 다른 사람이 가져간다. 동문이나 친구를 방문해 기부를 청하지 않으면, 우리의 야망을 위해 얻으려는 지원은 없어진다. 시간은 적이다.

내가 말했다. "우리가 그 문제를 고쳐야 해요."

전문가들이 반응했다. "좋습니다. 여기 우리가 할 수 있는 다섯 가지가 있는데 모든 사람이 받아들일 필요가 있을 겁니다. 우리는 제안서를 몇 개 개발하고, 앞으로 몇 달 동안 여러 차례의 미팅을 계획하고, 추천안을 발표하고, 그리고 논의를 해야 합니다. 학기 말까지 시작할 몇 해결책들이 있을 겁니다."

내가 말했다. "전체 교수, 직원, 학생회에 그 문제와 가능한 해결책들을 설명하면서 다섯 가지를 이메일로 보냅시다. 그리고 모든 사람이 수정과 개선을 가지고 반응하는 데 한 주를 줍시다."

그들이 말했다. "한 주일은 너무 빠릅니다." 나는 말했다. "이메일은 매우 빨라요."

그래서 월요일에 우리는 다섯 가지를 내보냈다. 4일 후 캠퍼스 전 지역으로부터 수백 개의 응답을 받았다. 그중 20%를 좋은 아이디어로 수용하고, 다음 월요일에 다섯 가지를 수정해서 수요일까지 반응하도록 발표했다. 수요일 오후 5시까지 30개의 응답을 얻었는데, 그중 반은 유용한 제안을 해 왔다. 금요일에 수정되고 개선된 다섯 가지 해결책을 실행하였고, 그 후 문제가 사라졌다. 시작부터 끝까지 2주, 시간은 적이다.

효과적인 경쟁을 하려면 우리가 대학 세계, 대학의 발전, 그리고 대학의 기능에 대해 무언가를 잘 이해할 필요가 있다. 연구중심대학들은 고등교육산업의 작은 부분이고, 이 산업 내 그들의 중요성은 수년 동안 크게 변해 왔다.

많은 사람들이 대학과 대학교육의 목적과 가치들에 대하여 사려 깊게(어떤 사람들은 사려 깊지 않게) 저술해 왔다. 비록 고등교육의 역사가 복잡한 주제이기는 하지만, 여기서 우리가 갖는 관심은 광대한 것에 미치지는 못한다.

미국의 연구중심대학

우리는 미국 대학에 초점을 맞추는데, 그중에서 미국 연구중심대학이라는 특정한 형태의 기관에 초점을 맞춘다. 미국 대학의 설립 이후, 공립 및 사립 형태의 진화는 수 세대가 지난 오늘날에도 고등교육기관에 대한 우리의 생각을 지배하는 패턴을 만들었다. 미국에서 대학은 세계의 다른 지역 대학에 비해 그 핵심에 항상 효용적(utilitarian)이고 실용적(pragmatic)인 가치를 지니고 있었다. 미국 대학들은 시작 때부터 교육의 목적으로 계몽과 지혜가 대학의 구조와 콘텐트에 배태되어 있었지만, 남자들을 후에는 여자들을 사회에서 특정 기능과 생산적 역할을 담당할 수 있도록 훈련시키는 데 힘을 기울였다.

목사든 농부든, 엔지니어든 의사든, 선생이든 과학자든, 이들을 훈련시키는 것에 의해 미국 대학은 개인에게 가치를 전달하고 전문가로서 사회의 필요에 부응하는 능력을 배양하는 데서 존재 의무를 찾아 왔다

초기에, 대학들은 당시의 엘리트를 복제하고 엘리트 역할을 달성하는 데 도움이 되도록 어떤 엘리트 주형(cast)을 갖고 있었다. 그러나 큰 공립 대학기업들의 출현, 특히 19세기 후반 공립 랜드그랜트(land-grant)* 대학들의 출현과 제2차 세계대전 이후 그 대학들의 연이은 확대와 함께, 미국 고등교육산업은 더 실용적(utilitarian)이 되고 더 보통사람들에 치중하게 되었다.

랜드그랜트 기관들은 농업과 엔지니어링의 실용적 노하우를 강조하고, 이를 미국과 서유럽의 문화적 정치적 전통에서 잘 훈련된 리더들을 생산하기 위한 표준 대학 교과과정에 접목했다. 이 개념은 19세기 후반과 20세기 초반까지 극적으로 확장하는 미국 경제와 잘 맞아떨어졌다. 제2차 세계대전 이후

---

* 랜드그랜트대학은 일반인들에게 보다 넓게 실용적 고등교육을 제공하기 위해 제정된 모릴법(the Morrill Act, 1862년과 1890년 두 차례 제정)의 토지 무상공여 혜택에 의거하여 설립된 대학들을 말한다. 현재 106개의 주립대학과 코넬대학과 MIT공대의 2개 사립대학이 있다.(옮긴이)

등록인구 붐과 함께, 미국 고등교육은 번영의 중산층과 비즈니스, 산업, 정부, 그리고 예술 분야 엘리트 리더들을 지속적으로 배출하는 데 필수적인 산업이 되었다. 아울러 미국의 고등교육기업들은, 미국이 국제 사회에서 더 큰 책임감을 떠맡고 더 큰 권위를 주장함에 따라, 정부의 능동적인 파트너로 동참하게 되었다.

20세기 중반 이후와 21세기 진입 무렵, 미국 고등교육산업은 점차 복잡해지고 매우 다른 사명을 추구하는 대학들의 하위 범주(subcategories)가 생김에 따라, 다른 교과과정, 다른 교수진, 그리고 다른 학생들을 사용하여 현저히 다른 사명을 추구하게 되었다. 이 복잡함이 관찰자들에게 대학교육은 무엇을 의미하고, 또 어떻게 수천 개의 고등교육 제공 기관들 중 어떤 기관이 최고의 가치를 제공하는가를 결정하는 데 있어 혼란을 가져다주었다.

우리는 연구중심대학에 대한 이 지속적인 대화를 통해, 물론 연구중심대학을 특별한 사례로 하지만, 이러한 테마들을 탐색할 것이다. 그럼에도 불구하고 우리가 커뮤니티대학(community colleges), 사립 영리대학(private for-profits colleges), 주립 및 지역 종합대학(state and regional comprehensive institutions), 사립 교양학부대학(private liberal arts colleges),* 종파대학(sectarian colleges), 그

---

* '리버럴아츠 칼리지'는 미국에서 시작된 독특한 형태의 대학이다. 우리는 이 대학을 원어 발음을 그대로 옮겨 쓰기도 하나 이 번역서에서는 교양학부대학이라는 용어를 쓰기로 한다. 이 대학은 원어에 있는 '리버럴'(자유로운)과 '아츠'

리고 주 지원 사립 연구중심대학(state-sponsored and private research universities)을 포함하는 고등교육 영역 전체를 볼 때, 이 대학들이 같은 교육가치의 요소를 공유하는 것을 발견할 수 있다.

그들의 사명은 그들의 가치를 표현하는 수사(rhetoric)가 겹치는 것처럼 겹친다. 비록 아무도 뉴잉글랜드의 작은 커뮤니티 대학을 캘리포니아의 주요 사립 연구중심대학과 혼돈하지는 않겠지만, 선언된 가치와 목적에서 서로 겹치는 것은 매우 놀랍다. 이것이 우리가 이 대학들의 성과를 분석하고 역할들을 평가할 때, 자연스럽게 큰 혼란에 이르게 만든다.

우리 사회가 대학에 대해 갖고 있는 혼란스러운 개념들 가운데 다음 두 가지가 대학경영의 중요성을 강조한다.

- 우리는 대학을 진리의 추구에 의해 촉진되고, 충돌되는 아이디어들의 공개적 교환에 의해 양육되는, 순수한 사고와 자유로운 탐구의 매력적 장소로 상상한다.
- 우리는 대학이 개인들을 위해서는 '좋은 삶(good life)'이라는 미

(예술 또는 학예)와는 직접적인 관련이 없다. 중세 시대(450-1450) 자유인이 되기 위한 필수 학문 분야로 문법, 수사학 및 논리학(3학, trivium)과 수학, 지리학, 기하학, 음악(4학, quadrivium)이 강조되었고, 이어서 미술, 문학, 철학, 역사, 고고학, 경제학으로, 그리고 최근에는 교육, 비즈니스, 공학, 컴퓨터과학 등의 응용 분야로까지 확대되었다. 전공과 취업 위주의 교육보다는 다양한 분야에서 기초교양을 쌓게 함으로써 비판적 사고와 전인교육을 강조한다. 대학원 프로그램도 일부 있으나 어디까지나 학부교육 중심이다.(옮긴이)

국의 경제적 꿈을 실현하고 국가를 위해서는 국제적 리더십을 창출하는 데 필요한 유용한 지식의 매우 효율적 생산자이며 전달자이기를 기대한다.

이 두 가지 개념에 대한 대화가 지금까지 나타난 근본적 가치충돌을 구성하면서, 향후 미국 고등교육의 경영자들을 지속적으로 이 대화에 참여하게 만들 것이다. 만약 대학들이 **비즈니스를 알기 원하고 고객을 알기 원한다면**, 미국 고등교육에서 이 충돌되는 전통을 이해하고 그 충돌을 잘 타협해야 할 것이다.

실제로, 대학들은 일반적으로 이 두 가지 모순된 개념들을 동시에 추구해 왔다. 대학들은 자유로운 탐구와 광범위하게 다른 의견들의 교환을 장려할 수 있는 콘텍스트를 분명히 말하고 전달해 왔다. 그러나 대학들은 또한 학생들에게 '아메리칸 드림'을 추구하는 데 유용한 실질적이고 실용적인 경험을 제공하기 위해 교육프로그램, 과외활동, 비즈니스와 산업 간 협업, 해외연수, 시민사회 참여를 구성하기도 한다. 대학들은 이 두 가지 약간 괴리된 관점들 간에 다른 균형을 취하는데, 어떤 대학들은 실질적이고 실용적인 것을 강조하고, 다른 대학들은 지식 자체를 위한 학문적 탐구에 집중한다.

요점

- 대학은 사람들의 임의적 집단이 아니므로 체계적 경영을 요구한다. 대학경영이 기업경영 방식의 유행에 따라 여러 가지 선택을 할 수 있으나, 핵심원리는 첫째 '돈은 중요하다', 둘째 '성과는 소중하다', 셋째 '시간은 적이다'의 세 가지이다.
- 돈은 대학이 기업은 아니더라도 기본 사명인 교육과 연구의 깊이를 결정하고 질을 생산할 수 있게 해 주기 때문에 중요하다. 다시 말해, 경쟁에서 이기기 위해 중요하다. 성과는 대학이 최고의 교수진, 학생들, 경영직원을 영입할 수 있게 해 줄뿐더러, 인프라 관리를 포함한 대학의 모든 활동에서 주어진 돈을 가지고 더 높은 질을 더 많이 성취하게 만들기 때문에 중요하다. 대학은 총체적 실패로부터 보호된 기관이라는 안정감에 빠질 위험에서 벗어나, 더 나은 학생, 더 많은 연구비, 더 많은 기부금을 얻기 위해 서둘러야 한다. 지금 서두르지 않으면 다 뺏기기 때문에 시간은 금이다.
- 미국 대학들은 초기의 성직자 양성의 엘리트 유형에서 시작하여 점차 개인들에게 전문가로서 사회에 부응하는 능력을 배양하는 효용적이고 실용적인 가치를 전달해 왔다. 그 정점이 19세기 초 실용적 노하우를 강조하는 공립 랜드그랜트대학들의 출현이었으며, 그로 인해 미국 고등교육이 계속 확대되고 대중에 가까이 다가가는 계기가 되었다.
- 20세기 이후, 미국에는 고등교육산업이 복잡해지고 다른 사명을 추구하는 다양한 대학들이 출현하였으나, 대학들은 사회에 존재하는 두 가지 기본적 가치충돌, 즉 대학이 '자유로운 지식탐구의 장소'라는 개념과 '개인들의 좋은 삶을 위해 유용한 실용적 지식과 경험의 전달자'라는 가치의 충돌을 타협해야 하는 도전에 맞닥뜨려 왔다. 이것이 대학경영의 중요성을 강조한다.

3장

비판자들

사람들은 대학을 사랑하지만 비판하기도 한다. 부모들과 시민들은 대학을 문화와 가치의 제공자로 보지만, 대학이 올바른 가치와 문화를 학생들에게 제공하지 못한다고 우려한다. 대중은 대학이 너무 비싸고, 비효율적으로 운영되며, 또는 적절한 지적 또는 실천적 콘텐트를 제공하지 못한다고 비판한다.

거의 모든 비판자들은 '불평에는 길고 해결책에는 짧다.' 대학들의 복잡성과 다양성이 결정적 불쾌감의 기회들을 제공한다. 어떤 것이 어디선가 이런 저런 관찰자들의 분노를 자극한다. 이런 비판자들을, 사실 상당수가 그렇듯이, 무책임하다고 거부하는 것이 쉬울지 모르지만 그들이 제공하는 비판 문헌의 근본적 테마를 전부 부정하기는 쉽지 않다. 대학들은 비용과 책무감에 주의를 기울여야 한다. 대학들은 교과과정의 콘텐트를 이해해야 하고, 상업 및 산업 시장으로부터 혜택을 추구하는 데 따르는 위험을 인식해야 한다. 대학들은 새로 떠오르는 기술 진보에 참여할 필요가 있고, 그들의 비즈니스 모델의 재조직 가능성을 평가해야 한다.

미국 고등교육에 오래 참여한 사람들은 비판 문헌이 설득력 있다는 것을 발견하기도 한다. 모든 세대는 대학이 경제적 풍요와 리더십 성취를 위해 준비할 수 있도록 완전한 교육을 자녀들에게 제공하기를 기대한다. 대학이 모든 사람들에게 모든 것이 되어야 한다는 이러한 비현실적 기대가 미국 고등교육이 갖는 광범위하게 다양한 성질의 가치를 인식하지 못한 채 지속적인 비판을 가한다. 어떤 대학이 어떤 사람이 원하는 어떤 교육적 이니셔티브를 제공할지 모르지만, 어떤 곳도 모든 사람을 위해 모든 것을 하지는 않는다.

그러나, 우리는 많은 구성원들을 기쁘게 하고 싶은 마음에서 실제로 줄 수 있는 것 이상을 약속한다. 입학하는 모든 사람이 졸업할 것이고, 또는 졸업하는 모든 사람이 만족스럽고 보람 있는 일자리를 찾을 것을 보장할 수 있고 또 보장해야 하는 대학은 거의 없을 것이다. 어떤 대학도 세상에서 성공하는데 필요한 모든 기능을 제공할 수는 없고, 너무 많은 것을 하려는 시도는 대학을 오히려 고품질 집중에서 멀어지게 만든다.

비판의 주제들

때에 따라, 비판자들은 흔히 당시의 국가적 이슈들을 반영하면서 다른 테마들에 초점을 맞춘다. 미국이 1960년대 후반에서 1970년대 초반에 걸쳐 미국의 가치에 대한 위기의 한 가운데 있다는 발견했을 때, 대학들은 소위 '문화전쟁'에 사로잡혀 있었다.

어떤 사람들은 대학을 미국의 근본적 가치를 파괴하려고 작정한 급진적인 이데올로기 센터로 생각했다. 또 어떤 사람들은 대학이 기업이나 정부에 의한 보수적 억압의 요새라고 생각했다. 우리는 다른 가치를 표현하는 목소리를 포용할지 또는 배제할지에 대해 논쟁하기도 했다. 어떤 주제들을 모든 학생들이 필독해야 하는지 고심하기도 했다. 소수민족과 제3세계 작가들, 그리고 대항문화적 테마(countercultural theme)를 포용할 것인가에 대해 투쟁하기도 했다. 소수민족 우대(affirmative action) 정책에 대해 법정에서 다투기도 했다.

쓰라리도록 논란이 된 베트남전쟁에 의해 촉진된 분위기 속에서, 대학들은 문화적 포용 또는 배제, 인종적 또는 성별적 다양성, 그리고 평등의 이슈들의 전쟁터가 되었다. 비록 이러한 이슈들로부터 열기가 약간 사라지기는 했지만, 옛 투쟁의 많은 이슈들이 미국 고등교육에서 아직 미해결된 채로 남아 있어 때로는 비판적 공격을 지피곤 한다. 대학은 모든 잠재적 참가자들에게 너무 비싼가? 대학은 인종, 계급, 민족성 또는 성별(gender)을 고려함으로써 어떤 개인들을 제외시키거나 또는 어떤 개인들에게는 과분한 이점을 주는 것은 아닌가?

다른 비판들은 운영적인 이슈들에 눈을 돌린다. 여러 유형과 배경을 가진 모든 사람들에게 대학의 접근성을 높이기 위한 전쟁의 부산물(outgrowth)로 대학은 두 개의 모순된 개념 사이에 붙잡히게 되었다.

한 측면에서, 교수직과 학생들은 많은 사람들의 마음 속에 좋은 삶을 정의하는 고등교육의 경험을 얻을 기회에 모든 사람이 접근하는 것을 보기 원했다. 또 다른 측면에서, 외부 관찰자들은 대학들이 전보다 더 효과적이 되고, 입학한 모든 사람들을 졸업시키는 것을 보기 원했다.

미국의 많은 공립학교 시스템에 의해 제기된 도전, 즉 대학-준비된 졸업생들을 생산하기 어렵다는 도전적 현실이 이 갈등을 복잡하게 만든다. 비엘리트 대학들은 사전 준비 상태를 볼 때 성공 가능성이 낮은 학생들을 입학시킨다. 이런 고위험 학생들에게 기회를 주는 대학은 충분한 수의 고위험 학생들이 성공하지 못하기 때문에 비판과 마주치게 된다.

비판자들은 학생 실패의 비난을 대학과 대학의 교육자들에게 돌리는데, 학생의 성향, 적성, 또는 준비상황이 어떻든 학생을 성공하도록 만드는 것이 대학의 책임이라고 믿기 때문이다. 이 비판은 물론 선생에게 요구하는 만큼 학생에게도 열의와 준비를 요구해야 하는 교육과정을 혼란스럽게 만든다. 대학에 입학한 모든 학생들이 성공해야 한다는 이 개념의 상징은 매우 잘못 사용되는 졸업률 통계이다.

단순한 생각에 의한 이 통계는 그 기반을 엘리트 교양학부 대학(liberal arts colleges)에 두고 있다. 이런 대학에서 모든 입학생들은 동기부여가 잘 되어 있고 준비가 잘 되어 있다. 대부분의 학생들이 안정적인 경제적 사회적 환경에서 오고, 엘리트 대학은 학생들에게 개별적 관심을 아낌없이 준다.

이 엘리트 교양학부대학은 학생들의 80–90%를 졸업시킬 것이다. 기숙형 캠퍼스, 면밀한 감독, 소규모 수업, 훌륭한 교수진, 뛰어난 시설, 그리고 잘 준비된 학생들이 이런 결과를 낳을 것이다.

대부분의 다른 대학들은 이 목표에 도달할 수 없고, 이 목표는 4년제 기숙형 전일제 학생 캠퍼스에게만 해당되는 목표이다. 그럼에도 불구하고, 입법부 의원들과 비판자들은 졸업률을 이상적 수치에 맞게 높이도록 개혁을 요구한다.

주 교육분과 상원의원이 말한다. "말도 안 됩니다. 우리 비즈니스에서는 50–60% 실패율이면 관리자를 파면시킵니다. 그런데 평균 성공률이 50% 정도면 성공적이라고 하는 건 뭔가요? 아, 이 주에서 어떤 대학은 20%–30%밖에 졸업을 못 시키고 있습니다! 어떤 표준이 있어야 합니다. 비효율적 고등교육에 자금을 중단해야 하고, 대다수 학생들을 졸업시키지 못하는 대학에는 자금을 주지 말아야 합니다."

증인석에 앉은 현명한 대학총장이 이렇게 생각하지만 말하지는 않는다, "의원님, 잘 모르시고 어리석네요. 우리는 고등학교에서 졸업하는 학생들을 받고, 그 학생들은 많이 졸업하지 못합니다. 많은 학생들이 겨우 읽고 쓰고 최저 수준의 대학공부를 하는 데도 고전합니다. 그리고 많은 학생들이 가난한 가정에서 옵니다. 그리고 주 정부가 생계-기반 장학금을 주지 않고 그 대신 성적 기반 장학금을 투표하는 부유한 사람들에게 줍니다. 이런 학생들을 위한 구제 프로그램이 여럿 있습니다. 그런데 우리 캠퍼스에서 시작하는 학생들의 반 또는 1/3이 이 혜택을 받게 만드는 건 기적인 것입니다. 의원님이 제안하시는 대로 돈을 졸업률 상승을 위해 쓴다면, 그것은 우리에게 모든 학생들을 합격시키고 잘못된 인센티브를 충족시키기 위해 저질의 졸업생을 배출하라고 말하는 것입니다. 교육이 무엇인지 이해하는 데 고집스럽게 실패하는 것이 공공정책의 효과성을 제한하게 됩니다."

총장이 말한 것은, "의원님, 우리도 낮은 졸업률에 대해 걱정하고 있고, 그래서 향후 몇 년에 걸쳐 졸업률을 높일 것으로 믿는 새로운 프로그램들을 갖고 있습니다. 의원님의 지원과 관심에 감사드립니다"였다. 아무도 청문회실을 즐거운 마음으로 나가지 않는다.

교수 권위

또 하나의 도전은 근대 대학이 이전의 표준을 포기함으로써 읽기, 쓰기, 세기, 토의 주제에서 최소한의 숙련도를 보여 주지 못한다는 비판이다. 이 비판자들은 표준이 강제되기를 원한다. 또 성적이 성적 인플레로 인해 의미 없는 참조 포인트밖에 안 된다고 깎아내리고, 최소한의 능력을 보장하는 어떤 표준화된 시험을 요구한다.

우리가 누구든 입학시키고 대부분을 졸업시켜야 할 때, 높은 표준을 유지하기 어려울 것이라는 개념을 사는 사람들은 거의 없다. 이 이슈들을 더욱 복잡하게 만드는 것은 교수 권위의 하락이다.

한때 질과 표준에 대한 마지막 말(word)로 여겨졌으나, 오늘날 교수진은 학생 평가와 성적을 인플레 시키고 과목의 엄격함을 줄이기 위해 학생성공의 외양에 집중하는 압력에 나름 용기를 얻는 자신들을 발견하기도 한다. 특히, 수학에 기반한 전공분야보다는 인문학과 사회과학에서 많이 나타나면서 학생들을 위해 결과를 좋게 보이도록 만들려는 압력은 우리 대부분이 인정하기 원하는 것보다 훨씬 더 강력하다.

특히 인문학자들이 비난받기 쉬운데, 이는 그들의 평가가 주관적으로 보이기 쉽기 때문이다. (수학-기반의 데이터로 인해 도전을 덜 받는 과학자들과는 다르다.) 많은 학생들이 A 아래의 성적을 감사하고 멋지게 받아 들이는 대신, 논쟁하고 청원하며 아니면 로비를 함으로써 교수들에게 적정한 것보다 낮다고 여기는 성적을 올리도록 압력을 가한다.

최근에는, 특히 공립대학들에서 비판자들이 비용의 문제를 물고 늘어진다. 대학들이 더 효율적이고 덜 비싸야 한다는 믿음을 가지고 비용상승을 없앨 만한 은제 탄환(silver bullet, 묘책)을 찾겠다는 희망 속에서 대학 운영의 모든 면을 공격한다.

사실상 비용을 절감하는 것이 가능하고, 또한 대학운영에서 비효율은 어느 정도 대학에 남아 있지만, 생산물의 질을 해치지 않으면서 가능한 비용절감의 규모는 크지 않다. 그런데 많은 사람들이 소비자 전자제품의 가격을 극적으로 낮추는 것을 상기하면서 고등교육으로부터 비슷한 효율성을 요구한다.

이런 비교는 의미가 없는데, 고등교육 특히 엘리트 대학에서의 교육은 무엇보다 고도의 기능을 가진 피고용인들에 의존하는 서비스산업이기 때문이다. 만약 헬스케어, 회계 또는 이와 비슷한 일을 하는 서비스회사의 비용을 추적한다면, 우리는 고등교육과 이 다른 개인화된 서비스산업이 서로 견줄 만한 비용과 가격 곡선을 보이는 것을 발견하게 된다. 물론, 고등교육과 헬스케어가 고비용 전문가 스태프와 복잡하고 비싼 물리적 시설을 갖추어야 한다는 이중 부담을 갖고 있기는 하다.

고기술 전문가를 사용하는 개인적 서비스산업에서는 그들이 판매하는 물건이 시장과 소비자 등의 특성상 개인화되어 있기 때문에 운영 규모를 쉽게 늘릴 수 없다. (규모를 통해 효율을 추구하려는) 대규모 공립대학 학생들의 가장 큰 불만은 학생이 "숫자에 불과하다"는 느낌을 갖는다는 점이다.

비용을 절감하는 많은 혁신들이 또한 어떤 형태든 질을 낮춘다. 강의스태프의 자격요건을 낮춤으로써(대학원 조교들이나 비정년직 교수로 전임교원을 대체함으로써) 대학들은 비용을 줄일 수 있다. 인터넷으로 가능한 원격교육을 사용하고 교수와 학생들 간 상호작용을 없앰으로써 비용을 줄일 수 있다.

원격강의의 경우, 필요한 인프라와 관리가 사소한 것이 아니기 때문에, 낮은 비용과 동등한 질에서 교육을 생산하기 위해서는 대규모 운영이 필요하다. 대부분의 성공이 대규모 운영, 표준 고등교육기관들이 접근 불가능한 인구에게 다가가는 프로그램, 또는 높은 가격을 부과하는 전문화된 프로그램과 함께 있었다. 원격교육의 다른 플랫폼과 원격교육과 e–러닝의 여러 양식(modalities)을 가지고 한 실험에서, 이 새로운 시스템이 교육의 수단을 확장시킬 수 있는 잠재력을 갖는 것으로 증명되었다. 그러나 현재의 실행은 e–러닝 시스템의 가치가 여러 고등교육 인구마다 상당한 차이가 있다는 것을 알려주기도 한다.

비용절감의 도전들은 쉽게 해결될 것 갖지 않다. 그러나 그 토론은 중요하고 비용이 절감될 것이라는 단순한 바람보다는 좋은 데이터와 더 나은 분석이 필요할 것이다. 비용은 절감할 수 있으나 어떤 결과를 남기지 않고서는 안 된다.

개혁인가 혁명인가

두 개의 주요 접근방법이 대학에 대한 비판을 지배한다. 첫 번째는 현존하는 대학들의 개조(reform)를 추구하는 것인데, 운영을 개선함으로써 대학들을 낫게 만드는 것이다. 이 관점은 대학들이 근본적으로는 건전하다고 믿는 사람들에 의해서 추진되는 것으로, 대학이 전통과 가치를 불러일으키고 그것들을 동시대 경제적 환경의 실천적 현실에 맞도록 조정하기를 시도한다.

두 번째 접근방법은 대학들을 현재의 형태로는 개선이 불가능하거나 또는 적어도 심각한 위기에 빠져 있다고 보는 것이다. 이 접근방법을 개발함에 있어, 비판자들은 전통적 대학의 기관적 그리고 교수진의 가치들을 부패하고 자기 잇속만 차리며 선한 도덕적 지적 가치를 파괴하는, 어떤 이상적 모형으로부터 일반적으로 동떨어진 것으로 보는 경향이 있다. 이 비판자들은 현존하는 대학구조를 매우 다른 배움(learning) 조직으로 대체하거나, 또는 집을 청소하고, 표준을 바꾸며, 새로운 것을 부과하는 급진적인 또는 개혁가적인 제안을 한다.

비판자들은 흔히 대학 안에 보다 영광스러운 과거에 통용된 것으로 믿어졌던 가치와 마음가짐(attitudes)의 증진을 위한 엔진을 창출하고, 동시에 근대 경제를 위한 고용–준비된 졸업생을 배출해야 한다는 심히 보수적 관점에서 온다. 때로는, 비판자들은 대학의 근본적인 주제(text)를 부수고 대학의 성과주의적 가치를 완전 참여와 모든 사람들에게 혜택을 보장하는 보다 사회적인 처방으로 대체하고자 하는 지극히 급진적인 관점을 주장한다.

불평과 개혁의 문헌에서, 그리고 미국 고등교육의 일부 요소들 또는 고등교육 전반에 걸쳐서 위기를 확인하는 뛰어난 그룹들이 끊임없이 제출하는 보고서들에서, 주된 결점은 실천적 해결책(practical solutions)의 결여이다. 미국 고등교육에서와 같이 복잡하고 다양한 산업에서 문제점들을 찾는 것은 쉬우나, 보고서상에는 아무리 영리하고 통찰력 있어 보이더라도 이해관계자로서 대학에 대한 선택이 고등교육산업의 모양을 결정할 부모들과 학생들에게 흥미를 끌고, 또 필요한 수입의 상당 부분을 제공할 기부자들과 대중에게 만족스러운 해결책을 제시하는 것은 훨씬 더 어렵다.

> 부모들과 가끔 잠재적 학생들이 캠퍼스 투어를 이끄는 한 매력 있는 학부 학생을 따라다닐 때 흔히 이런 질문들과 의견을 듣는다.
>
> "내 학생은 어디에 살아요? 저게 레크리에이션 센터예요? 엄마, 저 스포츠 스타디움을 보세요! 아들, 이 사람들이 캠퍼스를 정말 아름답게 가꾸네요. 저건 과학동이에요? 아주 크네요. 남자우애회(sorority)에 들어가는 게 얼마나 어려운가요? 헬스센터가 있나요? 캠퍼스에 보편적 무료 무선 인터넷이 있나요? 어떤 하계 해외여행 프로그램이 있나요? 학생들이 미식축구 티켓을 구할 수 있나요? 내 딸이 정규 교수가 가르치는 소규모 수업을 택할 수 있나요? 주차비는 얼마인가요? 내 아들이 우등생 프로그램에 들어갈 수 있나요? 기숙사는 아파트 스타일인가요? 어떤 서비스를 학생회관이 제공하나요?"
>
> 이 무수한 집중 의사소통그룹(focus group)들로부터 우리는 우리 고객들이 무엇을 원하는지 알게 되는데, 거의 모두가 비싼 비학술적 서비스를 원한다는 것을 알게 된다.

요점

- 사람들은 대학을 좋아하지만 다양한 주제를 가지고 비판한다. 비판의 주제는 교육적 이슈, 국가적 및 사회적 이슈, 운영적 이슈로 나양하나. 비판자늘은 대학이 학생들에게 읽기, 쓰기, 말하기에서 최소한의 숙련도를 갖추어 주지 못하고, 자녀들의 좋은 일자리와 성공적 리더십의 성취를 위해 책임을 다하지 못하고, 교수진이 성적을 인플레시키고 과목의 엄격함을 줄이며, 교육의 질과 표준을 지키지 못해 교수의 권위를 떨어뜨린다고 말한다.
- 비판자들은 때로는 대학이 국가적 이슈에서 급진적 이데올로기에 사로잡혀 근본적 가치와 문화를 파괴한다고 비판한다.
- 운영 면에서, 대학 비용이 너무 비싸다고 비판하는데, 비용절감이 오히려 질을 낮추는 방향으로 가게 만들고, 생산물의 질을 낮추지 않는 범위 내에서 비용을 줄일 수 있는 규모는 실제로 크지 않다.
- 대학 비판의 해결 방안은, 개혁을 통해 실천적 현실에 맞도록 개선할 것인가, 또는 현존하는 대학은 개선(overhaul)이 불가능하므로 대학구조를 완전히 다른 교육조직으로 대체할 것인가로 나눌 수 있다. 때로는, 대학의 성과주의 가치를 모든 사람에게 완전 참여와 골고른 혜택을 보장하는 사회주의적 처방이 제시된다. 여하튼, 대학에 대한 불평과 개혁의 문헌에서 주된 결점은 실천적 해결방안의 결여이다.

4장

특징들

미국의 고등교육은 끝없이 복잡한 산업이다. 고등교육에는 독특한 지배구조 모델을 가진 여러 다른 조직의 구조 안에서 운영하면서 모든 규모와 질을 제공하는 기관들이 있다. 이 기관들은 다양한 사명을 가지고 고도로 차별화된 여러 시장에서 경쟁한다.

미국의 문화적 특수성이 모든 대학들을 묘사할 때 같은 단어를 사용한다. 모든 사람들이 기술학교(trade school), 2년제 커뮤니티대학, 종파대학(religious sectarian institution), 사립 엘리트 학부대학(private elite undergraduate college), 또는 주요 공립 또는 사립 연구중심대학 등 다양한 기관들의 차이를 알기는 하지만, 고등교육을 일컬을 때 대학(college, school, university)이라는 단어를 공통적으로 사용한다.

이런 방식이 고등교육의 구조에 대한 공공적 혼란을 반영하고, 학술적 환경의 복잡성을 균질화시키며, 다양하고 적응력 있는 미국 고등교육산업의 위대한 성과를 다소 흐리게 한다. 그러나 이와 동시에, 고등교육은 "학교교육(schooling)"에 관한 것이라는 핵심적 믿음, 다시 말해 실천적 혜택을 가져다줄 것으로 기대되는 학술적 주제들의 한 영역에 관한 지식의 습득이라는 믿음을 반영한다.

전국교육통계센터(The National Center for Education Statistics: NCES)의 연도별 《교육통계 다이제스트(Digest of Education Statistics)》가 미국 고등교육기관들의 형태와 특징들에 관한 데이터를 상세한 학생 정보와 함께 제공한다. 2011-2012학년도에 총 4,706개 기관들이 고등교육을 제공했다. 이 숫자는 기관적 형태의 광범위한 범위를 보여 주지 못한다. 이 중 1,738개 2년제 기관들이 전체의 37%를 차지하고, 2,968개 4년제 기관들이 63%로 대다수를 차지한다.

여기서 우리의 관심은 682개 공립과 1,553개 사립 4년제 비영리 대학들에 있고(사립 영리 대학은 733개), 이 중에서도 특히 상당한 연구책임을 갖는 약 200개 대학들에 있다. 이 200개 대학들은 각각 연방 정부 연구프로그램들로부터 얻은 최소 연 2,000만 달러를 연구비로 지출한다. 이 그룹은 역사적으로 대략 3/4의 공립대학들과 1/4의 사립대학들로 구성되어 있다. 이 200개 최고 연구기관들은 연방 정부가 709개 대학에 배분하는 학술연구기금의 약 95%를 시용한다.

2009년도 상위 200개 대학들에 초점을 맞춘다면, 연방 정부가 지원한 연구비는 그 범위가 넓다. 존스홉킨스대학을 제외하면(총 연구비 16억 달러, 그중 응용물리실험실 9억 2,000만 달러), 가장 큰 곳은 미시간대학 앤아버 캠퍼스로 6억 3,600만 달러이다. 그 목록의 최하위는 로욜라대학–시카고로 매년 2,300만 달러의 연방 연구비를 차지한다.

미국 고등교육 시스템의 복잡함을 이해할 수 있는 또 하나의 방법은 여러 종류 대학들의 전통적 25세 이하 그룹 학생들의 분포를 보는 것이다. 4년제 공립대학들은 25세 이하 전국 전일제(full-time) 학생들의 약 51%를 등록시키고, 2년제 공립대학들은 21%를 등록시킨다. 4년제 사립대학들은 이 그룹의 23%를 등록시키고, 영리대학들이 나머지 5%의 전일제 학생들을 차지한다. 시간제(part-time) 학생들은 2년제 공립기관들에 66%, 4년제 공립기관들에 24%가 등록함으로써 총 91%가 두 개의 전통적 공립기관들에 등록한다. 4년제 사립대학들이 6%, 사립 영리대학들이 나머지 3%를 차지한다.

미국 고등교육은 다양하고 여러 범주들에서 서로 겹친다. 커뮤니티대학과 기술대학을 따르는 인구는 대단하다. 그 대학들은 대학 진학은 하지만 준비가 덜 된 고교학생들에게 교정(remediation)학습, 정규 학사학위(baccalaureate degree) 프로그램의 저비용 2년 진입, 그리고 다양하고 적응가능한 직업 및 기술교육의 기회를 다수의 학생들에게 제공한다. 이 대학들은 인근 지역공동체 내에 위치하고 직접적으로 지역사회를 위해 일하면서 높은 대중적 존경과 강한 정치적 지원을 즐긴다.

대부분의 커뮤니티대학들과 기술대학들은 공공부문에서

운영하지만, 소수의 개인소유(proprietary) 영리 대학 및 다수의 사립 비영리 대학의 예들도 존재한다. 다수의 개인소유 2년제 대학들이 주로 직업훈련을 제공하는데, 근년에는 영리 대학들이 2년제 학술 프로그램뿐만 아니라 4년제 학위 프로그램을 제공하는 방향으로 확장되었다.

원래는 지역교육청에 의해 자금이 조달되었으나, 대부분의 공립 커뮤니티대학과 기술대학들이 주 정부의 세금기반 지원과 연방 정부의 여러 지원 프로그램들에 의존하게 되었다. 거의 모든 대학들이 지금은 등록금과 다양한 수수료를 부과하고 장학금을 지급한다.

커뮤니티대학들과 기술대학들은 학생 규모 면에서 1,000명 이하에서 100,000명 이상의 범위 안에 있다. 약 12%가 1,000명 이하이고, 약 17%가 100,000명 이상이 되며, 대부분은 그 사이에 있다.

거의 모든 주에서, 커뮤니티대학들과 4년제 대학들이 일부 같은 학생들과 같은 주 정부 자금을 놓고 경쟁한다. 미국 고등교육산업의 정의 가능한 각 부분은 워싱턴 DC 내에서 그리고 주 의회 의원들을 대상으로 자신의 이해를 대변하는 적어도 한 개의 협회를 두고 있는데, 그 협회가 웹사이트에 많은 정보를 제공한다. 커뮤니티대학들을 위해서는 미국커뮤니티대학협회(The American Association of Community Colleges)가 중요한 정보를 제공한다.

교양학부대학들은 상대적으로 표준화된 4년 교과과정을

제공한다. 대개 상대적으로 소규모(학생 수 1,000–5,000명)이고 대학원 교육이나 연구활동은 조금 있거나 없는 것으로 특징지워지는 이 범주 내의 대학들은 상당히 넓게 분포되어 있다. 소규모 사립 종파대학들은 종교교육을 자유교양 교과과정과 함께 제공하면서, 예측 가능한 사회적, 도덕적, 윤리적 가치와 함께 지적으로 안전한 환경을 제공한다. 권위 있고 비싼 교양학부대학들은 매우 세속적이고 경쟁적인 방식으로 엘리트 구성원들을 훈련시킨다. 그들은 흔히 혁신적이고 실험적인 지적, 학술적, 문화적 환경을 만든다. 종파대학과 대부분의 권위 있는 교양학부대학들은 민간 부문에서 존재한다.

미국대학협회(The Association of American Colleges and Universities)가 이 교양학부대학 그룹을 대표하지만, 또한 대규모 공립 및 사립 연구중심대학들도 그들의 일반교양(liberal arts)*에 대한 책임을 지원하기 위해 포함한다. 그 결과, 이 협회의 초점은 작은 대학들이 갖는 구체적인 관심보다는 일반적인 일반교양 이슈들에 더 잘 맞춰져 있다. 전국독립대학협회(The National Association of Independent Colleges and Universities)는 모든 규모와 형태의 사립대학들을 대표하는데, 대규모 연구중심대학들을 포함하

* 여기서 일반교양(liberal arts)은 현대 대학의 인문학, 시화과학, 자연과학, 어학 등을 망라한 일반교양을 말하기보다는 중세기 7과, 즉 응용 분야를 제외한 문법, 수사학, 논리학, 수학, 기하학, 음악, 천문학을 의미하는 것으로 보인다. 7과를 다른 한자 사용 나라에서는 학예(學藝)라 부르기도 하나 여기서는 일반교양이라 하기로 한다.(옮긴이)

기는 하지만 대부분의 회원들은 좀더 작은 사립대학들이다.

이 대학들 중간에는 광범위한 일반적(generic) 공립, 사립 비영리 및 사립 영리 4년제 대학들이 있고, 주로 특정 지역 구성원을 돕는다. 그러나 일부 영리 대학들은 온라인으로 전국적 규모에서 운영한다.

이 대학들은 자유교양과 교육, 비즈니스, 간호, 지원보건(allied health),* 또는 엔지니어링에서 응용 분야 학부 학위를 수여한다. 그들은 3,000명에서 15,000명까지, 때로는 이보다 더 많은 학생들을 등록시키고 일부 석사 전문과정과 아마도 한두 개의 박사과정을 운영할 것이다.

그 대학들은 상대적으로 낮은 비용의 공립대학으로부터 높은 비용의 사립 영리 대학까지 매우 다른 가격대(price points)에서 학생을 등록시키고, 보통 국가적 연구활동에는 거의 참여하지 않는다. 미국주립대학협회(The American Association of State Colleges and Universities: AASCU)가 이 범주의 420개 공립 기관들의 관심사와 가치를 대변한다. AASCU는 2년제 대학과 다양한 대학 시스템을 포함한다.

미국 내 주요 공립 및 사립 연구중심대학들은 조직 모델에서 좁은 범위를 따른다. 비록 내부적 상세(details) 면에서는 다양하기는 하나, 기본 구조는 비슷하다. 그들은 5,000명 이

---

* 지원보건전문인(支援保健專門人)은 환자 진료에 대해 책임을 지는 의사나 간호사가 아닌 보건 전문인으로, 물리치료사, 영양사, 사회복지사, 작업치료사 등 특수훈련을 받고 필요 시 자격증을 부여받는 사람을 말한다.(옮긴이)

하의 학생들을 가진 작은 엘리트 대학원 및 학부 기관들과 50,000명 이상의 규모를 가진 공립 연구중심대학들을 포함한다.

어떤 대학들은 대학원과 학부 사명을 두 개의 조직 집합체(cluster)로 나누지만, 대부분은 같은 교수진을 가지고 이 두 개 수준의 교육(instruction)을 운영한다. 그들은 PhD(박사)와 박사 후 수준을 통해 연구와 대학원교육에 주된 책임을 갖는다. 그들은 큰 계약과 보조금 수입을 가지며, 다수는 의학 분야에서, 랜드그랜트대학의 경우는 농업 분야에서, 큰 기업들을 포함한다.

미국 대학에 대한 비판은 대부분 엘리트 대학들(소규모 엘리트 대학과 엘리트 공·사립 연구중심대학 둘 다)에 집중되는데, 그 규모나 권위 때문만은 아니고 그들의 표준이 다소의 차이는 있으나 모든 고등교육기관들에 적용되기 때문이다.

두 개의 조직이 연구중심대학들을 대변한다. 미국대학협의회(The Association of American Universities: AAU)는 임의적인 기준을 가지고 그 회원자격으로 가장 권위 있는 사립 및 공립 연구중심대학들을 미국과 캐나다에서 자체 선택하고, 전국 포럼에서 그 대학들과 그들의 이해를 대표한다. 결코 전부는 아니지만 전국의 중요하고 생산적인 연구중심대학들은 이 그룹의 회원에 속한다. 현재 회원자격으로 62개 기관들이 포함되어 있다.

이 밖에, 미국 공립 및 랜드그랜트대학협회(The Association of Public and Land Grant Universities: APLU)(이전에는 전국 주립 및 랜드그

랜트대학협회: The National Association of State Universities and Land Grant Colleges)는 중간 규모의 사립 대학들은 물론, 크고 강력한 공립대학들의 통합조직(umbrella organization)으로서 역할을 수행한다. AAU의 공립 회원들은 모두 APLU에 속한다. 많은 대학들이 두 개 또는 그 이상의 기관에 회비를 낸다. APLU에는 217개 대학들이 있으며, 18개의 역사적 흑인대학(Historically Black Colleges and Universities: HBCU)들과 33개의 미국 인디언(American Indian) 랜드그랜트 대학들을 포함한다.

고등교육 전체의 대표성은 미국교육위원회(The American Council on Education: ACE)가 갖는데, 회원은 모든 규모, 조직, 지배구조 형태와 미션을 가진 학위수여 대학들을 포함한다. 협회의 회원은 1,200명을 넘는 캠퍼스 대표들과 200명 정도의 기타 고등교육기관 대표들을 포함한다. 이 표현(description)이 대학의 이해를 대표하는 지원(trade) 그룹들을 모두 상술하지 않지만, 이 범주 내의 가장 중요한 대학들의 한 표본을 제공한다.

대학을 경영하는 대학인들(academics)은 자기 대학이 고등교육의 전국 구조에서 차지하는 위치를 이해해야 하고, 여러 경쟁적 틈새들을 파악해야 한다. 큰 공립 연구중심대학은 엘리트 교양학부대학이 될 수 없고, 교양학부대학도 큰 공립 랜드그랜트대학에서 가능한 서비스의 범위를 제공할 수 없다. 주요 사립 연구중심대학은 공립 랜드그랜트대학과 같은 서비스를 대중에게 제공할 수 없다.

대학 경쟁은 치열하고 대학들은 비슷한 대학들과 어떤 것을 위해, 그리고 크게 다른 대학들과는 다른 어떤 것을 위해 경쟁한다. 고등교육산업의 단순한 모델을 가정하는 것은 이러한 차이점들을 흐리게 하고, 대학 성공에 대한 장애물과 기회들을 잘못 알려 준다는 우려를 낳는다.

대학 랭킹

"대학"의 여러 정의들을 둘러싼 혼란의 한 표시는 대학평가산업의 극적인 확장이다. 대학 랭킹(순위 매김)은 전염병 수준에 올랐고, 대학들을 분류하려는 단호한 노력이 세계를 포함하기 위해 해외로 퍼져 나갔다.

대학 랭킹은 매우 다른 성질, 규모와 구성을 갖는 너무나 많은 대학들이 있어 대부분의 사람들이 대학들을 비교 가능한 범주로 분류하기 매우 어렵기 때문에 존재한다. 고도로 경쟁적인 대학 비즈니스가 각 대학이 자신을 최고라 선전하고 뛰어난 질을 홍보하며 많은 색다른 성취물들을 전시하게 만든다.

대학 랭킹의 상업적 기회를 찾을 때 가장 두드러지는 기업은 《유에스뉴스앤월드리포트(US News & World Report)》이었고, 그들의 최고의 대학 랭킹이 출판 현상이 되면서 《포브스(Forbes)》, 《월스트리트저널(The Wall Street Journal)》, 《배런스(Barrons)》지 및 다른 출판물들이 흉내 내어 따르고 있다. 랭킹 비즈니스는 다수의 상업적 출판에서 이익이 되기는 하지만 매우 논쟁적이고 이에 대한 열렬한 관심이 랭킹 비지니스를 국제적 산업으로 만들었다.

랭킹에서 주된 이슈는 방법론이다. 거의 모든 랭킹에서 목적은 대중, 특히 잠재적 학생들이나 부모들을 대상으로 관심을 끌 만한 대학들의 특징을 찾는 것이다. 이론적으로는, 좋은 랭킹 시스템이란 고등교육 소비자들에게 《소비자보고서(Consumer Reports)》*의 안내 같은 것을 생산하는 것이다. 그러나, 이런 종류의 랭킹을 정하는 데 필요한 데이터는 대학의 투입물과 산출물이 변하고 또 구성원들마다 그 중요성이 다르기 때문에 얻기가 어렵다.

더구나, 현존하는 통계가 소비자가 대학생활에 대해 무엇을 알기 원하는지 알려 주지 못한다. 그 결과, 미국에서 대학 랭킹은 주로 입학생의 질, 대학의 부, 그리고 다른 확인 가능한 통계적 특성에 약간의 비중을 두는 주로 명성-기반의 설문조사(reputation-based survey)로 귀속하는 경향이 있다.

상업적 랭킹 비즈니스가 갖는 한 어려움은 대학의 실제 질이 연 단위로 변하지 않고 유사한 대학들 간 차이는 무의미할 정도로 매우 사소하다는 것이다. 이 딜레마를 해결하고 랭킹을 신선하게 유지하며 출판하는 잡지들을 팔기 위해, 다수의

---

* 《소비자보고서》는 8,500개 이상의 상품과 서비스에 대한 객관적 평가와 등급을 보고하는 미국의 월간 잡지이다.(옮긴이)

상업적 랭킹들은 매년 방법론을 개선하거나 또는 적어도 일부 수정하고, 그럼으로써 랭킹 결과를 바꾼다. 그들은 또한 매우 복잡한 랭킹 설계(scheme)를 사용하여 작은 연간 변화들이 규모에서 대학들을 올리거나 내리도록 만든다.

이런 종류의 명성-기반 설문조사에 관한 광범위한 문헌은 흔히 명성을 계량화하는 과정의 순환적 성질에 초점을 맞춘다. 만약 한 대학이 최우수 명성을 가졌고 그 결과 주요 출판물에서 랭킹이 높게 정해졌다면, 그 대학의 명성은 다음 차례의 명성 설문조사에서 강화될 것이다. 이것이 자체-강화 과정을 낳는다. 만약 랭킹이 높은 명성을 정당화하는 질을 보이도록 디자인되었다면, 우리는 실제 명성을 랭킹 자체의 한 구성요소로 포함하지 않을 것이다.

추가적으로, 명성-기반 설문조사의 유효성은 매우 의심스럽다. 그 방법론은 대학인들이 명성에 대한 질문이 주어질 때, 설문조사 대상이 되는 수많은 대학들에 대해 알고 있다는 것을 가정한다. 일반적으로, 가장 정보를 많이 갖고 있는 대학인들조차도 설문조사에 포함된 1,000개의 기관들은 차치하고 50개 정도 대학들의 내부 운영에 대해 자세히 알 가능성이 희박하다. 10개 대학들을 자세하게 아는 사람조차 연간 질문사항들에 함축된 것과 같이 매년 일어나는 변화들에 대해 알기 어렵다.

그 결과, 명성-기반의 결과는 단지 역사적 권위와 연관된 '입에서 입으로'의 개념이다. 랭킹이 동문들과 정치가들에게 가치가 있기 때문에 대학들은 잘 보이기 위해 열심히 일한다. 그들은 데이터를 조작하는 방법을 찾고, 대학 경영자들이 읽는 정기간행물에 대학을 광고하는 데 큰 비용을 지출한다. 그 목적은 상대적으로 덜 알려진 대학들이 그들의 장점들과 중요성을 홍보함으로 이름을 인식시키고 바람직하게는 명성을 개선하는 것이다.

홍보(public relation: PR) 책임자가 말한다. "총장님, 우리는 우리 학교의 혁신적 프로그램들을 홍보하기 위해서 《고등교육연대기(The Chronicle of Higher Education)》와 《고등교육 안에서는(Inside Higher Education)》과 같은 유명 저널에 전격(blitz) 광고가 필요합니다."

총장이 말한다. "무엇 때문에요?"

PR 책임자가 반응한다. "《유에스뉴스(U.S. News)》지 설문조사가 동료들에게 곧 나갈 거에요. 그런데 랭킹이 높아지려면, 우리 이름을 거기 올려서 다른 사람들이 설문조사에 응할 때 우리를 기억하게 해야 합니다."

총장은 게임에 무지한 듯 말한다. "그래요. 그런데 우리가 우리 랭킹이 좋아질 만큼 작년보다 다른 무엇을 했나요? 우리 예산은 주 정부에 의해 삭감됐고, 학생 수가 하락했으며, 우리 미식축구팀은 연맹에서 중간에 머물렀잖아요."

PR 책임자가 정직하고 솔직한 총장보다 더 나쁜 것이 없다는 것을 알면서 한숨을 쉬고 설명한다. "문제는 우리가 무엇을 했는가가 아니고, 우리가 무엇을 했다고 사람들에게 말할 수 있느냐 하는 것입니다. 거의 모든 사람들이 우리가 무엇을 했는지 알지 못합니다, 그래서 만약 우리가 한 좋은 것을 가지고 그것을 띄우고 정확하게 발표하고 학생 성취를 지원하는 국가적 리더십 행동으로 소개한다면, 우리는 왁자지껄한 소리를 듣게 될 겁니다. 그 소리가 더 나은《유에스뉴스》지 명성 랭킹으로 전환될 것입니다."

총장이 말한다. "아, 모든 학교가 그렇게 해요?"

PR 책임자가 말한다. "네, 광고들을 보셨습니다."

총장이 잠시 생각한 후 말한다. "나는 그것들이 실제인지 알았지요, 그렇지만 그것이 게임이라면 우리도 해야 할 거 같아요."

PR 책임자가 말한다. "만약 우리가 하지 않으면, 동문들과 이사회가 낮아진 랭킹에 불쾌해할 겁니다."

총장이 말한다. "비록 랭킹이 가치가 없어도요?"

PR 책임자가 인내를 가지고 설명한다. "우리를 높게 랭킹을 매기는 모든 설문조사들은 좋은 방법들을 가지고 있습니다. 우리를 낮게 랭킹을 매기는 설문조사들은 방법론적으로 불건전합니다."

그럼에도, 미국에서 랭킹은 누구나 즐기는 게임이고, 거의 모든 대학들이 좋은 랭킹 결과를 방법론에 치명적 결함이 있다는 것을 알면서도 웹사이트에 올린다. 대학들은 명성의 원천이 어디에 있든지 권위 있게 보이는 것이 낫다고 판단한다.

연구중심대학의 특수한 경우에는, 과정이 어떤 의미에서는 더 복잡하고 다른 의미에서는 덜 임의적이다. 학술연구는 국가적인 경쟁적 비즈니스로서 보조금을 수여하고 학문적 출판을 확보하게 하며 그리고 어떤 형태든 연구 관련 수상을 결정하는 대부분의 과정이 모두에게 보여진다. 연구중심대학들을 확인하는 것이 최고의 학부대학들을 찾는 것보다 덜 어렵다. 그러나, 연구중심대학들의 복잡성이 이 대학들의 종합적인 랭킹을 결정하는 것을 어렵게 만든다.

미국에서 연구 탁월성의 믿을 만한 수단(identifier)은 각 대학의 매년 연방 정부 수여 연구비 지출액이다. 연방 대리기관(agency)이 이 기금을 주로 동료-평가에 기반하여 수여함에 따라, 이 지표는 각 기관의 교수와 연구진의 연구 능력을 대표하는 것으로 정당성을 가진다.

《최고의 미국 연구중심대학(The Top American Research Universities)》라는 연 보고서가 이 형태의 평가를 어떻게 개발하는가의 예를 제공한다. 그러나, 랭킹 비즈니스가 해외로 퍼져 감에 따라 랭킹 이슈들은 더욱 복잡해진다.

국제 랭킹

연구중심대학들과 국가들은 대학-기반 연구의 성공이 비즈니스와 산업의 역동성에서 열쇠가 되는 요소들 중 하나라고 믿는다. 연구중심대학들을 보유한 나라들은 그것을 개선하려하고, 연구중심대학들이 없는 나라들은 그것을 만들려고 서두른다.

글로벌 콘텍스트 안에서 연구중심대학의 성과를 개선하려는 국가적 노력이 성공했는지를 평가하기 위해 다수의 국제 대학 랭킹 프로젝트들이 생겨났다. 그 프로젝트들은 대부분 국가적 기원을 가지며 자국 대학들의 성과를 연구 탁월성에서 세계시장과 비교하기 위해 디자인된다.

미국 연방 연구자금 경쟁에서와 같은 통합된 구조가 없이 국제 프로젝트들은 다른 여러 변수들을 보기는 하지만, 보통은 출판물 수에 초점을 맞춘다. 여기서의 개념은 연구는 출판을 요구하고 따라서 출판물의 수, 주로 과학 학술지에 게재된 출판물의 수가 국제적 규모에서 연구생산성의 좋은 비교 지표가 된다는 것이다.

그러나, 학술공동체는 모든 출판물을 다 같다고 보지 않는다. 어떤 것들이 다른 것들보다 더 중요하고 의미가 있다. 학술지에 출판된 모든 논문들이 같은 가치를 갖지 않는다. 어떤 것은 우리가 세상에 대해 생각하는 방법을 변화시키고, 어떤 것들은 희미함 속으로 사라진다.

이 문제를 해결하기 위해 랭킹 설계는 논문 인용 수를 사용한다. 이것은 방법론의 정제됨이라 할 수 있으나, 그것 또한 많은 데이터의 도전을 끌어들이게 된다. 어떤 것은 통상적인 것으로 볼 수 있는데, 저자들이 같은 성(last name)과 이니셜을 가졌을 때 누가 누군지 정확하게 알기 어려운 문제 같은 것을 말한다. 어떤 것은 좀더 복잡한 것으로, 수많은 저자들이 있는 논문과 몇 사람의 저자들이 있는 논문이 있을 경우, 일종의 전공 문제를 어떻게 다룰 것인가의 이슈들이 있다. 또한, 전공별로는 원저자를 인정하는 데서 차이를 보인다. 어떤 전공은 저자들을 알파벳 순서로 열거하는 반면, 다른 전공은 주 저자를 처음 또는 마지막에 기재한다. 어떤 전공에서는 원저자를 논문의 저자들뿐만 아니라 모든 참가자들을 다 포함시킨다. 원저자를 인정하는 서로 다른 관습으로 인해 인용과 출판 생산성을 평가하는 과정이 복잡하게 된다.

때로는 인용이 어디에 되었는가의 이슈가 중요해진다. 만약 한 논문이 2류 학술지에 출판되었는데, 그 논문이 여러 번 인용되었고 다른 논문은 일류 학술지에 출판되었으나 몇 번밖에 인용되지 않았다면, 첫 번째 논문의 인용을 두 번째 논문의 인용보다 더 많이 인정해야 하는가? 더구나, 우리가 어떻게 1류 또는 2류 학술지를 정할 수 있는가?

어떤 국제적 랭킹 설계는 출판을 강화하기 위해서 명성-기반 설문조사를 사용한다. 그러나 여기서도 출판 횟수의 문제가 발생한다. 만약 우리가 옥스퍼드대학이 훌륭한 대학이라 알지만 호주에 있는 퀸즈랜드대학은 잘 모른다면, 어떻게 우리의 명성에 대한 느낌이 유효할 것인가?

글로벌연구벤치마킹시스템(The Global Research Benchmarking Systems: GRBS)의 최근 등장이 이러한 이슈들을 효과적이고 창의적 방법으로 다루었고, 출판과 인용에 기반한 국제적 랭킹의 질과 중요성을 높였다. 랭킹 이슈들과 정당성에 관해 상당한 문헌이 있어 읽어 볼 만한 가치가 있으나, 시스템이 어떻든 이 랭킹들에서 잘 보여야 한다는 압박감이 세계가 연구중심대학들의 성과를 얼마나 중요시하는가를 잘 보여 준다.

요점

- 미국의 고등교육은 복잡하고 다양하다. 4년제와 2년제, 공립과 사립, 연구중심과 인문교양중심, 비영리와 영리, 전일제 학생과 시간제 학생을 포함한 학생 수에서 다르며, 국가연구비 수주의 규모에서 다르다. 그렇지만 다양한 기관들을 모두 '대학'이라 부름으로 인해 그들의 기관적 특성과 사명, 그리고 고등교육에서의 성취를 흐리게 만들기도 한다.
- 이렇듯 다양한 대학들은 자기들의 이해를 대변하는 로비 및 홍보 기관으로 협회를 중앙에 둔다. 그러나 대표적인 것으로, 연구중심대학을 대변하는 미국대학협의회(The Association of American Universities: AAU)와 모든 학위수여기관을 대표하는 미국교육위원회(The American Council on Education: ACE)를 들 수 있다.
- 대학 랭킹은 다양한 대학들을 한 범주 안에 묶어 비교하기 어렵기 때문에 생겼다. 대학평가를 위한 투입 및 산출 데이터가 부족해 명성-기반의 설문조사로 귀속되는 경향이 있다. 그렇더라도 평가 시 1,000개의 대학을 알기가 어려워 '입에서 입으로'의 설문조사에 그치고, 평가기관의 놀음에 놀아나는 듯한 양상을 보인다.
- 이어서 글로벌 콘텍스트에서 연구중심대학의 성과 개선에서 국가가 성공했는가 여부를 평가하기 위해 국제 랭킹이 생겼다. 이러한 과정에서 글로벌연구벤치마킹시스템(GBRS)의 등장이 효과적이고 창의적인 연구 평가의 질과 중요성을 높였다.

5장

티칭*

미국의 거의 모든 대학들은 티칭으로부터 시작한다. 연구중심 대학들은 새로운 지식의 탐구와 개발에 큰 책임을 갖지만 대부분의 대학들은 티칭을 기반으로 하여 그들의 일을 조직한다. 티칭 사명의 규모는 캘리포니아공대(Cal Tech)와 같은 사립 연구중심대학의 약 950명의 학부 등록인원으로부터 오하이오 주립대학과 같은 공립 연구중심대학의 약 41,000명의 학생에 이르기까지 다양하다.

---

* 이 장의 제목을 원 제목대로 '티칭'(teaching: 교육 또는 가르침)으로 한다. 티칭은 많은 경우에 그냥 '교육'으로 번역되기도 한다. 이 번역서에서 교육이라는 단어는 'instruction'(훈련 또는 교육 또는 지시) 또는 'education'(교육 또는 양성)의 번역이다. 비유로 말하자면, 학생들에게는 가르치고(teach), 군인에게는 지시(instruct)한다. 'Education'은 티칭에 가까우나, 더 포괄적인 개념이라 할 수 있다. 이 번역서에서 '티칭'은 그냥 '티칭'이라 하고, 'instruction' 또는 'education'은 '교육'이라 번역하며 영어 단어를 괄호 안에 추가하여 있을지 모르는 뜻의 차이를 전달하고자 한다.(옮긴이)

학부생들과 대학원생들 간의 비율, 그리고 문과와 이과(liberal arts and sciences) 전공 대비 응용전공과 직업훈련 간의 균형이 또한 캠퍼스별로 사립·공립별로 매우 다르다. 티칭 환경의 이러한 특징들이 캠퍼스 문화와 스타일의 차이를 만드는 데 큰 역할을 한다. 그러나 거의 모든 경우에 티칭은 모든 고등교육에서 그렇듯 미국의 연구중심대학들에서도 중요하다.

티칭은 모든 이의 가슴에 가까이 다가오는 귀한 주제이다. 모든 대학 관찰자들이 티칭을 학생으로서 선생으로서 또는 둘 다로서 경험해 왔기 때문이다. 서로 간 동의할 수는 없을지 모르지만, 대학과 그 밖의 모든 사람들은 좋은 티칭의 본질적 요소들을 안다고 믿고, 대부분은 교육(instruction)의 적절한 결과에 대하여 확고한 의견을 갖고 있다.

티칭은 접근하기 쉬운 기술(art)이고 실행(practice)이다. 사람들은 선생들이 무엇을 하는지 볼 수 있고 과정을 관찰할 수 있으며, 그 영향을 경험할 수 있다. 이것이 티칭의 혜택, 콘텐트, 특징 및 결과에 대한 광범위한 의견으로 이어진다. 만약 이 의견들이 일치한다면 대학의 일은 훨씬 쉬워질 것이나 그렇지 않다.

모든 교육적 일시적 배움(learning)의 유행이 대학 안팎에서 열정적 신자들을 만드는데, 그들은 어떤 특별한 기법, 접근방법, 인센티브, 또는 선생들이나 학생들 쪽에서의 행동이 배움을 크게 강화할 것이라고 주장하는 지지자들이다. 이러한 열심이 대학 티칭이 큰 가치를 전달하고 따라서 세심한 주의를 기울여야 한다는 보편적인 믿음을 반영한다. 몇 가지 주제들이 티칭에 관한 끊임없는 대화 속에서 반복된다. 그중 일부가 티칭에 대한 생산성과 질에 관한 논의이다. 여기서 우리는 티칭의 콘텐트에 대해 생각해 보자.

티칭 콘텐트

우리가 미국 대학들의 실용적인 역사로부터 예상할 수 있는 것처럼, 교육(instruction)은 학술적 조망(academic perspectives)과 실용적 전달(practical delivery) 구조를 갖는다. 대학들은 대부분 무엇이 "교양(liberal)" 또는 문과-이과(arts-and-sciences) 교육(education)을 구성하는가에 대해 아주 정확하지는 않지만 일반적인 표준 개념을 고수하고, 그 표준을 학부 교과과정의 구조를 통해 표현한다. 이 핵심 콘텐트는 때로는 치열한 지적 문화적 논쟁의 주제가 되지만 미국 고등교육을 통틀어 실제로 상당히 안정적이고 비교적 일률적이다.

어떤 사람은 교과과정이 (어떻게 정의되든) 고전을 무시하고 신진 작가들을 놓치며, 어떤 문화적, 국제적, 또는 정치적 관점을 지나치게 강조하거나 또는 덜 강조하고, 외국어 또는 수학과 과학을 충분히 가르치지 않으며, 아니면 다른 결정적인 주제들을 간과한다고 이의를 제기할 것이다. 그러나 실제로 대학 간 차이는, 매우 다른 여러 형태의 대학들의 교과과정을 웹사이트로부터 표본 추출하면 볼 수 있듯이, 본질보다는 대부분 스타일과 명칭(labeling)을 반영하는 것이다.

대학 교과과정들 간 유사성은 경쟁과 규제의 쌍둥이 파워에서 온다. 경쟁은 각 대학이 거의 같은 교과과정을 동일 생산물을 쫓는 학생들과 부모들의 공동 시장에 제공하도록 만든다. 학생들을 대상으로 경쟁하는 데 있어, 대부분의 대학들은 작은 형태의 제품차별화, 이미지, 그리고 외양(presentation)에 집중한다.

규제는 콘텐트의 이 표준화를 인증을 통해 강화하는데, 인증 과정이 대학들을 놀랍도록 유사한 학부 프로그램들을 전달하도록 촉진하고 유인한다. 이 규제는 응용분야나 전문적인 프로그램들에서 두드러지는데, 인증 그룹들이 흔히 상세한 콘텐트와 전달의 구체성을 강요하기 때문이다.

티칭, 즉 개인적 실행으로서의 티칭은 많은 관심과 연구의 대상이 된다. 이 전부가 도움이 되지는 않는다. 대학은 교육이 강사가 학생들을 참가시켜 학생들이 배울 필요가 있다고 생각하는 것을 배우도록 하는 수공예(handicraft) 활동이라는 것을 안다.

좋은 티칭은 정보적 콘텐트(이름, 날짜, 사실, 공식 등)와 방법론적 과정(비판적 사고, 분석적 테크닉, 정보평가 및 확인) 둘 다를 전달한다. 좋은 티칭은 학생들에게 정보적 콘텐트의 현재 유효성을 넘어 확장되는 방법론적 분석적 기능을 제공한다.

티칭이 학생 개인과 선생 간의 합동 수공예 과정이기 때문에 하나의 선생–학생 조합과 주제에 맞는 교육(instruction)이 다른 조합에게는 잘 작용하지 않을 수 있다. 대규모 그룹에서의 성공적인 티칭은 소규모 그룹에서의 티칭과는 다른 스타일과 기법을 사용한다. 온라인, 상호작용적, 대규모 강의, 소규모 세미나 등 어떤 하나의 일률적인 티칭 방법이 모든 주제들, 학생들, 선생들 또는 수업에 통하지 않는다. 이것이 티칭의 스타일, 기법 및 결과에 관한 상당한 문헌과 논란의 기반을 제공한다.

대학들은 티칭에 대해 잘 알기 때문에 티칭(가르침)과 러닝(배움)에 대한 공공적 논쟁에 좌절감을느낀다. 학부 경험을 관찰한 일부 사람들은 대학 티칭의 결과에 대해 불만스러워 하면서, 그들이 "배움"으로 부르는 것으로 대화를 옮기려 하고, 그 개념을 티칭 과정의 밖에 두려고 시도한다. 티칭은 이런 관점에서는 단순히 기계적인 과정이고, 배움은 그러나 실제의 것(real thing), 티칭의 생산물이다.

많은 교수들은 두 개가 같은 것이라 믿는다: 만약 우리가 티칭에서 성공한다면, 과목의 결과는 학점에 반영되는 것처럼 개별 학생의 배움을 가리킨다. 선생의 권위 약화를 추구하는 소위 개혁가들은 티칭 효과성의 외부 측정치들(external measures)을 만들고 그것을 "배움"이라 부른다. 불행하게도, 배움은 배움을 생산하는 티칭보다 결코 덜 개인화된 생산물이 아니고, 학생의 시각에 덜 의존하는 것도 아니다.

자기실현과 개인복리에 대한 미국적 의욕이 학생들 자신이 무엇을 배웠다고 믿는지에 초점을 맞추도록 사람들을 이끈다.

우리는 학생에게, "당신은 배웠다고 느끼는가? 어떻게 강의실 밖 또는 지역봉사 프로젝트에서의 경험이 배우는 데 도움을 주었는가?"라고 물을 수 있다.

실제 배움은 개인화된 것이기 때문에 학생들은 다른 사람들이 아닌 자신들을 위하여 배운다. 그럼에도 불구하고, 많은 평가가 마치 티칭의 과정을 알면 배움을 증명할 수 있는 것처럼 티칭의 과정을 강조한다. 과학, 수학과 기술 등의 계량적 분야에서는 배움이 보다 쉽게 검증되고, 전문화된 배움의 체계(learning systems)와 자기 페이스에 맞춰진 기술–중재된 교육(instruction)이 흔히 효과적이라 증명된다. 사회과학과 인문학 같은 인지적(cognitive) 분야나 미술의 공연교육(performance instruction)의 경우, 배움은 더욱 개인화되어 있고, 표준화된 테스트를 가지고 효과적인 측정을 하기는 더욱 어렵다.

대부분의 대학들이 학부 티칭을 약간의 표준 패턴을 포함하는 조직화된 학술 콘텐트의 상술(specification)을 통해 관리한다. 거의 모든 대학들은 학부 학술 콘텐트에서 두 가지를 확인하는데, 핵심필수(core requirements)와 전공(major)이 그것이다.

핵심필수는 학생들에게 과학, 인문학 및 사회과학 내 전공의 콘텐트와 분석 과정의 일반적 이해를 제공하는 데 대한 사실상 미국 고등교육의 공통된 책임을 말한다. 흔히 이 핵심 필수는 "일반교육(General Education)" 또는 학생들의 언어로 "GenEd."이라는 이름으로 불린다.

전공은 전문가가 된다는 것이 무엇을 의미하는지 알게 하고, 특정 전공 분야의 범위를 이해하며, 이 분야의 전문가들이 어떻게 지식을 습득하고 숙달하는지를 알도록 하는 책임을 말한다. 전공에서 습득한 정보가 항상 현재의(current) 것이고 평생 유용한 것으로 남을 것이라 기대하는 사람이 거의 없는 반면, 모든 사람은 그 전공에서 습득한 기능은 무한정 유용하게 남고 학생의 배움에서 영구적인 핵심 수단으로 작용하기를 기대한다.

전공은 대학 학위의 특수한 목적(defining purpose)이고, 친구들이나 친척들이 "전공이 무엇인가?" 하고 물을 때 답하는 것이다. 이 전공에 대한 초점은, 일반적 지식이 가치 있고 세상이 어떻게 돌아가는지를 아는 것이 자산인 반면, 오늘날의 세계에서 성공은 전문성(expertise)에 의해 추진된다는 의식을 반영한다. 비록 대학 전공이 학생들을 진정한 전문가로 창조하기에 충분하지는 않을지 모르지만, 전공은 학생들을 전문성을 습득하는 데 필요한 기준과 과정으로 이끈다.

티칭의 조직

우리가 대부분의 대학들에서 유지되는 교과과정의 일관된 구조를 발견한다면, 교육(instruction) 전달의 실제 조직과 관리가 대학의 규모에 따라 크게 다르다는 것이다. 소규모 엘리트 교양학부대학에서는, 거주 교수진이 학생 수 5–20명에서 많게는 원론 과목에서 80–100명에 이르는 수업에서 교과목을 가르친다. 학생들과 교수들은 4년 경험이 끝날 무렵 서로 잘 알게 된다. 교과과정은 모든 학생들에게 표준화되어 있고, 학위에 이르는 경로는 그 대안이 상대적으로 매우 적으나, 그럼에도 불구하고 학술 프로그램들을 개별 학생의 관심에 맞추기 위해 여러 기회들을 제공한다.

이런 구조에서 제공되는 가치는 학생들과 교수진 간에 오랜 기간 동안 개인적이고 직접적인 상호접촉을 가질 수 있다는 점이다. 이런 교육(instruction) 양식은 노동집약적이고 따라서 매우 비싸다. 만약 이 대학(college)이 전국적 질의 우수 교수진과 첨단 수준의 시설들을 갖고 있다면, 학생들과 부모들은 등록금과 기타 비용이 높은 것을 보게 될 것이고, 대학은 기본재산으로부터 이런 티칭 스타일을 보조할 필요가 있을 것이다.

이런 형식으로 교육(instruction)을 전달하는 대학들의 대부분은 민간 부문에서 존재하고, 다수는 역사적인 또는 현재의 종파적 성격을 갖고 있다. 이런 형태의 대학들(colleges)은 1,000명(대부분의 경우 기관적 생존을 위한 최소 등록)에서 약 5,000명(친밀한 스타일을 지속시킬 수 있는 최대 등록)에 이르는 등록인원을 갖는다.

보다 큰 기관들에서는, 학술적 특성이 어떻든 거의 언제나 대학(university)으로 불리는 경향이 있는데, 전임 교수진이 학부생들을 크고 작은 수업에서 가르치지만, 추가적으로 시간제 교원, 비정년직(adjunct) 전임교원, 아니면 대학원생 강사, 때로는 준전문직 자격증명서(sub-professorial credentials)를 보유한 교원들이 티칭 의무를 일부 떠맡는다. 큰 대학에서는 이런 비정년직 교수들이 (고용이 기관의 즉각적 필요에 달려 있으므로 흔히 임시직 교수contingent faculty라 불리우기도 하나) 원론 과목들과 기초 언어 또는 수학 과목들을 가르치고, 과학 실험실을 관리한다.

어떤 대학들(universities)은 저학년 수학과 영어 과목들에서 교육(instruction) 준비 상태와 배움의 진전에서 광범위하게 다른 학생들에 적응하기 위해 컴퓨터-주도 티칭 시스템을 도입하여 큰 성공을 거두기도 하였다. 이 대학들은 또한 신축성을 강화하고 교육프로그램을 확장하기 위해 원격교육 플랫폼을 사용하기도 한다.

큰 대학들에서 강의 규모는 15-20명에서 500명의 범위(일반 강의 원론 과목은 그 이상)에 이른다. 큰 대학들에서는 학생들이 작은 그룹의 교수진과의 친밀하고 지속적인 학술 교류를 가질 수 있는 기회를 잃을지 모르지만, 확장된 전공들의 배열에서 다양한 전문가 교수들의 큰 풀에 접근할 수 있다. 따라서 학생들은 여러 다른 학위 전공들에 대한 많은 대안적 경로를 가질 수 있고, 학습과정을 강화하거나 맞춤화하는 데 많은 선택들을 할 수 있는 이점을 갖는다.

큰 대학들에서, 특히 규모가 학부생 5,000-10,000명으로부터 30,000-50,000명 범위로 커짐에 따라, 등록과 교육(insruction)의 관리는 학생들을 원하는 강의에 원하는 시간에 원하는 교수에 배정하기 위해 상당한 기술적 숙련을 필요로 한다. 큰 대학들에서 티칭 과정을 관리하는 것은 시간이 걸리고, 주의와 전문성을 요구한다.

크고 작은 모든 대학들에서 기술이 전통적 형태의 교육(instruction)을 강화하고 수정하는 데 도움을 준다. 비디오와 다른 전자 미디어가 어떤 과목들에서는 대안적 콘텐트를 제공하고 책과 강의를 대체한다. 컴퓨터-중재 교육(instruction)과 다양한 형태의 원격 및 평생 교육(distance and continuing education)이 대부분 대학들에서 교육적(instructional) 패턴을 수정하고 강화할 것이며, 대학들은 다음 수십 년간 분명히 이러한 기술들의 전개를 증가시킬 것이다.

기술이 실로 고등교육 형태와 기능의 중요한 촉진자가 될 것이지만, 비용과 실효성 간의 균형은 아직 분명하지 않다. 어떤 환경에서는 원격교육이 효과적으로 기능을 하지만, 모든 상황에서 그렇지는 않다. 컴퓨터화된 교육지원 시스템은 전망이 매우 좋지만, 많은 투자와 주의 깊은 계획, 디자인, 그리고 효과적 결과를 위한 실행을 필요로 한다. 기술이 더 안정적이고 표준화됨에 따라 산업 전반에 걸쳐 채택은 늘어날 것으로 보인다.

교과서들도 전환기에 있는 것으로 보이는데, 많은 인쇄된 책들의 고비용이 인터넷-전달 미디어, 확장된 중고책 유통시장, e-book의 개발 및 배부, 그리고 책 비즈니스에 대한 다른 상업적 재조정을 위한 대안 시장의 기회를 창출하기 때문이다. 학생들이 물론 교수들보다 새로운 기술을 더 빨리 습득하고, 페이스북, 트위터, 문자전송(text messaging)과 인터넷-기반 연구의 이용이 새로운 교육(instructional) 접근 방법에서 일련의 도전과 기회를 창출한다.

그러나, 숙련된 경영자들이 아는 것처럼, 새로운 기술은 항상 좋은 전망을 갖게 하지만, 높은 전환비용을 또한 요구한다. 최선의 방법은 부유한 대학들이나 특별한 전문성이나 환경을 가진 사람들이 실험을 하게 하고, 교육(instruction)의 가장 효율적인 새 방법이 무엇인지 확인하게 하는 것이다. 새로운 기술혁신의 거친 파도에 올라타는 것은 전염성이 높으나, 그것이 흔히 현명한 대학 리더들에 의해 저항을 받는 경향이 있고, 그들은 흔히 다른 사람들의 시장에서의 경험을 통해 현실적인 비용-수익분석(cost-benefit analysis)이 분명해질 때까지 기다린다.

열성적인 이사 한 사람이 말한다. "학생들을 온라인에서 가르치는 굉장한 인터넷 프로그램에 대해 오늘 아침 《유에스에이 투데이(USA Today)》에서 읽었습니다. 왜 우리는 그것을 안 하고 있지요? 모든 유명 대학들이 하고 있다는데 우리도 해야 합니다."

현명한 총장이 말한다. "네, 그것들은 아주 흥미 있는 프로그램들입니다, 그리고 우리가 계속해서 언제가 참가할 최선의 시간일지 평가하고 있습니다."

그 이사가 말한다. "빠를수록 좋습니다. 우리는 뒤처지기를 원치 않습니다."

총장은 이렇게 말하기를 원한다. "잠깐만요! 《유에스에이 투데이》는 좋은 프로그램이 아니라 뜨거운 주제를 찾습니다. 그렇습니다, 좋은 인터넷 옵션은 어디에나 있습니다. 그러나 우리는 그것을 모두 할 수는 없습니다. 모든 것을 해서도 안 되고요. 언제나 비용이 얼마나 드는지 봐야 합니다. 신문에 난 그 프로그램은 비용이 너무 많이 들고, 성공의 증명된 기록이 없고, 합리적 시간 안에 비용을 회수할 비즈니스 모델이 없습니다."

이사들은 흔히 자기들 의견 이외에는 다른 사람의 관점을 듣는 데 관심이 없기 때문에 총장은 다음 달이면 다른 이사가 또 다른 유행적 혁신을 홍보할 것을 알면서 조심성 있게 진행해 나간다.

대학원 교육(graduate instruction)은 연구중심대학들에서 특히 중요한 기능으로 고유한 특징을 갖고 있다. 대학원 강의실 강의는 학부 티칭을 닮았으나 더 높은 강도와 성과를 요구한다는 점에서 차이가 있다. 규모는 10명에서 80명이나 10명 쪽에 가깝다. 정년 교수가 일반대학원과 전문대학원 교과과정의 대부분을 맡는다.

세미나, **전문가대화**(colloquia),* **실험실-기반 프로젝트**, 그리고 **석사학위논문**과 **박사학위논문** 활동은 연구에 초점을 맞춘다. 이런 것들은 석사와 전문대학원 과정의 매우 중요한 구성요소들이고, PhD 졸업생을 배출하기 위해 본질적 부분들이다. 이

* '전문가대화(Colloquia)'는 외부 전문가를 초빙하여 하는 대화형 세미나를 말한다.(옮긴이)

런 형식에서 교육(instruction)은 교수와 학생들 1–20명 범위의 그룹으로 실행된다.

대학의 규모와 상관 없이, 대부분의 대학원 교육(education)은 정규 교수들이나 또는 완전한 자격을 갖춘 객원 또는 시간제 교수들에게 맡겨진다. 흔히, 외부 관찰자들은 많은 분야에서 PhD 졸업생을 생산하는 데 요구되는 시간과 주의력을 과소평가한다. 과학 분야에서 PhD 교육(instruction)에 쏟는 관심은 오랜 기간 동안 개인화되고 치열해진다. 학생들에게 장비와 실험실이 있어야 하고, 정평 있는 교수의 실험실과 프로젝트가 제공할 수 있는 지원과 자금조달이 필요하다.

인문학과 사회과학 교수들은 PhD 학생들에게 그들의 프로젝트가 잘 디자인되고, 필요한 자료들이 접근 가능하며, 그리고 최종물이 출판 가능하도록 만들기 위해 긴밀한 관심을 갖는다. 이 모든 것이 수공예 노동이고 아직은 규모의 경제를 창출하기 위한 기술적인 또는 다른 구조는 없다.

그러나 분명한 것은, 운영 규모가 학부 티칭에 가장 큰 영향력을, 대학원 교육(instruction)에는 가장 적은 영향력을 갖는다는 것이다. 대학원 티칭은 노동비용의 감소를 통해서나 또는 설비나 기술의 효율적 사용을 통해서나 규모의 경제로부터 얻는 것이 매우 적다. 학부 교육(instruction)은 노동으로부터 설비와 기술을 통해 모든 분야에서 규모의 경제로부터 얻는 것이 가장 크다.

대학원 교육(education)의 고정비용은, 특히 석사학위 수준 이상과 많은 전문학위 과정에서, 규모의 이슈와는 전혀 관계가 없다. 실로, 상급 대학원 교육(education)의 주된 비용은 연구기업(research enterprise)의 지원과 유지에서 오고 연구기업 안에서 대학원 교육(education)이 실시된다. 규모의 이슈는 왜 공립 및 사립 연구중심대학들이 대학원과 PhD 교육(education)에서 가장 비슷하게 보이고, 학부 프로그램들에서 가장 덜 비슷하게 보이는지를 설명하는 데 도움이 된다.

특별한 상황들이 구체적인 규제적 요구조건들을 가진 보건과학(health science)과 다른 분야의 대학원 전문교육에 적용된다. 이 프로그램들과 관련된 외부 인증 기관이 각 학생당 자원을 매우 엄격하게 규제하여 규모의 경제는 거의 불가능하다. 실제로, 대학들은 이 학위 프로그램들을 지속시키기 위한 최소한의 요구조건들을 충족시키기 위해서는 돈을 갖고 있어야 한다. 인증기관에 의해 요구되는 장비를 구입하고, 필요한 수의 교수 및 전문 스태프를 채용하며, 요구되는 공간과 기타 자원을 제공하는 데 필요한 자금이 없으면, 대학은 그 프로그램을 제공할 수 없다.

대학들은 교수진에 의해 요구되는 학술 표준, 그리고 학생들, 부모들과 고용주들의 배움에 대한 기대, 그리고 후원자인 대중의 문화적 기대를 충족시키도록 시도함으로써 티칭의 책임을 관리한다. 교육(instruction)을 관리하는 것이 대학의 주된 도전 중 하나이다.

요점

- 티칭은 대학의 출발점이요 특별한 목적이다. 많은 사람들이 실제로 대학에서의 경험을 갖고 있고, 티칭 과정은 관찰이 가능하기 때문에, 좋은 티칭의 혜택, 콘텐트, 결과에 대해 다양한 의견을 제시한다.
- 대학 교과과정의 콘텐트는 대학 간 차이가 있어 보이지만 실제로는 스타일과 명칭의 차이일 뿐 본질적 차이는 아니다. 대부분의 대학들이 학부 프로그램 콘텐트에서 핵심필수와 전공으로 나눈다. 이 유사성은 경쟁과 규제로부터 오는데, 대학 간 경쟁은 동일한 생산물을 학생들과 부모들의 공동시장에 내어 놓도록 만들며, 규제는 인증을 통한 콘텐트의 표준화를 유도한다.
- 좋은 티칭은 정보적 콘텐트(사실, 공식 등)와 방법론적 과정(비판적 사고, 분석 기법 등)을 전달하는 것이며, 티칭 방법에 관하여는 티칭이 개인화된 것이기 때문에 학생들이 "무엇을 배웠다고 느끼는가?"라는 질문에 답하는 것이 중요하다.
- 티칭의 조직은 대학의 규모에 따라 다르다. 전자미디어의 발달 등 기술의 진보가 고등교육 형태와 기능의 중요한 촉진자가 될 것이나 사실상 많은 투자가 필요하다.
- 티칭에서 실로 중요한 것은 질과 생산성이다. 특히, 티칭의 질 평가 및 개선은 측정하기가 어려워 매우 부정확하다.

6장

연구

연구는 연구중심대학의 성격과 질을 정의한다. 연구중심대학이 수천 명의 학부 학생들을 가르칠 때에도, 교수진의 질과 프로그램들(대학원 또는 학부)의 넓이와 깊이는 연구기업(research enterprise)에 달려 있다. 이것은 학부 프로그램이 연구활동에 종속되어 존재한다는 의미가 아니고, 다만 대학 연구의 질이 학부 교과과정의 질과 넓이와 깊이를 결정한다는 의미이다.

거의 모든 주요 대학들의 공통된 만트라(mantra: 힌두교에서 기도할 때 외우는 주문. 옮긴이)이 티칭과 연구에 관해서 마치 둘이 비슷한 것인 양 단숨에 말하지만 그 둘은 같지 않다. 티칭과 연구는 연관되지만 각기 다른 재능을 사용하고 다른 관중을 대상으로 하며, 다른 방법으로 학술기업(academic enterprise)에 초점을 맞춘다.

연구는 미지의 것을 추구하고 우리의 현 이해의 경계에서 새로운 지식을 탐색하는 것이다. 티칭은 현 지식의 상태를 전달하는 것이다. 연구는 우리가 아는 것을 넘어 도달하기 위해 필요한 전문성의 힘으로 좁게 깊게 초점을 맞추는 경향이 있다. 티칭은 우리가 이미 아는 것을 전달하는 사명의 힘으로 보다 넓게 일반적으로 초점을 맞춘다.

대학을 이해하는 데 더 중요한 것은, 티칭 재능이 연구 재능보다 더 보편적이라는 사실이다. 이러한 인식이 티칭하는 우리 모두의 편에서는 굉장한 불행을 낳는다. 우리 선생들은 우리가 하는 것이 가장 드문 재능을 요구한다고 믿고 싶다. 지능과 이해력을 요구하는 어렵고 부담스러운 활동인 티칭은 대학들에서 널리 찾을 수 있는 재능에 의존한다.

여러 해 동안 질 높은 연구 생산성을 지속할 수 있는 재능은 훨씬 더 드물게 생기고, 더 망가지기 쉬우며, 훨씬 더 높은 수준의 관리와 지원을 필요로 한다. 연구는 세계적으로 최고의 연구 인재뿐만 아니라, 도서관, 실험실, 설비, 컴퓨터, 조교, 그리고 교수 연구자의 창의성(또는 미술과 공연예술이나 일부 인문학의 경우에는 창의적인 예술가)을 지원하기 위한 여러 요소들을 필요로 하는 노동집약적이고 재료집약적인 작업이다.

연구 재능은 희소하기 때문에 비싸다. 무너지기 쉽기 때문에 학문의 생애 동안 지속되지 못한다. 재능 있는 교수의 연구경력은 길게는 40년, 짧게는 5년, 10년 계속된다. 매우 생산적인 교수의 연구경력 수명은 지능(intelligence), 영감(inspiration), 결단력(determination), 기회(opportunity), 자금조달(funding), 창의력(creativity) 및 행운(luck) 등 많은 것들에 달려 있다. 열심히 노력하는 것은 도움이 되나 그것만으로는 연구 프로그램이 좋은 연구결과를 생산한다고 보증할 수 없다. 만약 창의력과 영감이 불발한다면, 세상에서 어떤 노력도 훌륭한 연구결과를 생산하지 못할 것이다.

연구 경쟁

연구는 또한 미국에서 가장 경쟁이 심한 기업들에 속한다. 연구자들은, 전공 분야에 상관 없이, 그들의 일을 지원하기 위한 돈을 위해, 그리고 그들의 발견물의 질과 중요성에 대한 인정을 위해 경쟁한다. 시인들조차, 돈과 분명한 인프라가 거의 필요하지 않음에도, 의미 있는 곳에 출판하는 것을 통해 자기 시의 질을 인정받기 위해 경쟁해야 한다. 만약 시인이 그러한 인정을 받는 데 실패하고, 동료들과 비평가들이 시가 독창성(originality), 통찰력(insight) 또는 특이성(distinction) 면에서 결핍되어 있다고 평가한다면, 시인의 창조적 활동은 실패한다.

이것이 모든 연구자들이, 연구를 가능하게 하는 보조금 대리기관의 지원을 얻기 위해, 또는 전 세계적으로 같은 분야에 있는 동료들이 연구와 창의적 결과를 평가하는 것을 통한 출판의 기회를 얻기 위해, 감수해야 하는 동료평가(peer review)이다. 연구 프로젝트 또는 창의적 활동의 디자인과 생산물의 모든 요소가 비판적 평가를 받으며, 비판자들은 디자인 또는 결과에서 어떤 결함을 빨리 찾아낸다.

오랜 기간에 걸쳐 견고한 연구 실적을 쌓아 온 질 높은 연구자들은 대학으로부터 높은 봉급과 상당한 기금을 받는다. 대학들이 경쟁시장에서 그들의 서비스를 위해 높은 가격으로 경쟁할 것이고, 따라서 가격이 오르게 된다.

대학의 가장 주된 생산물이고 결국에는 가르치는 모든 것의 원천이 되는 연구는 미국 연구중심대학들에서 1순위를 차지한다. 티칭 미션에 헌신하는 고품질의 교양학부대학조차 교수진의 연구업적을 격려하고 지원하며 그들의 연구업적을 부각시킨다.

큰 대학 내에서 연구기업들을 관리하는 것은 주의 깊은 관심을 필요로 한다. 이 기업들은 자금, 공간, 설비, 도서관, 기술적 지원을 요구한다. 그들은 또한 특별한 법적 이슈와 경영 이슈를 일으킨다. 연구는 대학과 사회에 대해 높은 가치를 갖기 때문에 공공적 주목을 받는다. 대학들은 그들이 하는 연구의 양에 대해, 이 연구를 지원하기 위해 요구되는 자금, 그리고 연구결과를 상용화할 기회를 위해 경쟁한다.

연구는 국가적 그리고 국제적 관심사로서 전 세계적으로 전문가들과 대중의 주목과 관심을 끌게 된다. 티칭은 단지 한 대학 학생들에 영향을 미치기 때문에 국부적 중요성을 가진다. 티칭이 눈부시게 좋으면, 배우는 일부 학생들에게만 좋다. 연구가 좋으면, 세계가 작동하는 방법을 바꾸고, 모든 지역에서 교수진과 학생들의 티칭과 연구에 영향을 주며, 정부와 산업의 주목을 받고, 대학에 큰 기회들과 위험들을 가져다줄 것이다.

연구 관리

이러한 중요성 때문에, 대학들은 교수진의 연구활동을 증진시키고 규제하며 추적하고 관리하기 위해 전용 사무실을 만든다. 자금을 끌어들이고 공간, 설비, 그리고 연구자들의 운영상 필요를 관리한다. 대학들은 교수진을 보호하고 광범위하고 복잡한 규제적 요구조건들에 대응하기 위해 그들을 돕는다. 대학들은 또한 연구에 의해 창출된 지적재산권의 가치가 대학, 국가, 주, 공공기관, 그리고 교수들의 혜택을 위해 적절하게 상용화되도록 한다.

과학, 인문학, 사회학, 그리고 예술과 관련된 이슈들은 주와 국가, 그리고 때로는 국제 정책과 실행을 개입시킨다. 연구중심대학들은 정치인과 정책활동가들과의 연합과 연대성을 유지함으로써 대학연구에 대한 이해가 적당한 관심과 적절한 정부 지원을 받도록 한다. 앞서 연구중심대학들의 랭킹 관련 논의에서 밝힌 것처럼, 국가들은 연구중심대학들을 국가적 야심을 달성하기 위한 강력한 기반이라고 본다.

연구는 여러 원천으로부터 자금을 끌어들여야 하는 자원집약적 기업이다. 거의 모든 대학들은 대부분의 대학자원을 티칭에 소비하고, 교수진에게 연구 수행을 위해 필요한 수입의 상당 부분을 보조금과 계약으로부터 만들어 내기를 기대한다. 동시에, 대학들은 그 보조금과 계약이 연구의 전체 비용을 부담하지 못할 것이라는 것을 안다.

예를 들어, 한 중간 수준의 연구중심대학이 연구에 1억 6천만 달러를 지급해야 한다고 하자. 그중에서 9천5백만 달러가 주 정부, 중앙정부 및 사기관에서 지원하는 보조금과 계약에서 온다. 나머지 6천5백만 달러는 주 정부 일반지출금(general appropriation), 학생 지급 수수료(student fees), 기본재산수입(endowment earnings), 개인기부금(gifts from individuals) 및 여러 원천에서 나온다.

티칭 수입은 상대적으로 안정된 학생등록과 그에 부수적으로 따라붙는 주 정부 지원금(support)과 등록금수입으로 인해 정기적으로 예측가능하게 들어오는 반면, 연구기금은 연구기업의 생존에 필요한 계약과 보조금으로부터의 수입을 얻기 위해 시장에서 지속적이고 성공적인 경쟁을 해야 한다. 외부 자금지원의 경쟁에서, 대학들은 다른 원천에서 만들어진 자금을 더 많이 성공적 프로젝트를 지원하기 위해 투자하고, 그 투자가 더 큰 규모의 외부 자금조달을 생산하도록 해야 한다. 앞서 언급한 대로, 보조금과 계약으로부터의 연구수입은 연구 수행에서 발생하는 전체 비용을 부담하지 못한다. 대학들이 난방, 전기, 도서관, 전산 및 기타 인프라의 간접고정비용을 부담해야 하는 자금을 받는 반면, 한편으로 대부분의 대학들은 정부 규제에 의해 허용되고 감사를 받은 연구간접비용의 절반만 회수해도 행운이다.

필요한 추가 자금 지원은 대학 내부자금(주 지출금, 등록금 및 수수료, 이전자금, 판매와 서비스 또는 기본재산수입과 기부금 등)의 투자로부터 오고, 그것이 연구활동의 규모를 키우는 데 도움이 된다. 규모는 중요한데, 성공적인 연구활동이 많을수록 대학이 최고의 교수를 초빙하고 연구기금을 유치하는 데 성공할 것이기 때문이다. 그러나 최고-성과의 연구중심대학들에서조차도 외부 자금조달이 연구의 전체 비용을 부담하지는 못한다.

주요 공립 및 사립 연구중심대학들에서, (연구)기업들의 이 어렵지만 결정적인 요소를 성공적으로 관리하는 것보다 더 중요한 것은 없다. 연구는 수행하기 어렵고 지속하기 어려우며, 때로는 우리 구성원들이 연구기업들을 이해하기 어렵더라도, 대학의 명성과 성공에 본질적으로 중요하다.

내가 좋아하는 스포츠 후원자가 말한다. "교수들이 하는 연구라는 거 정말 쓸데없는 일이에요." 내가 묻는다. "왜 그렇습니까?"

"미식축구를 보세요. 우리가 시합하면 10만 명이 보러 오고 수백만 명이 TV 시청을 해요, 그리고 하루의 끝이 되면 우리가 이겼는지 졌는지 알 수 있어요. 연말에는 우리가 챔피언인지 아닌지도 알아요."

그가 계속한다. "여러분들 같은 연구하는 사람들, 고급 설비와 실험실에 큰 돈을 써요. 교수들은 아주 작은 프로젝트에서 일하고 강의를 안 하기도 해요. 연말에 잘 되면 전 세계에서 단지 10명 정도가 이해하는 논문을 쓰고, 프로젝트가 끝나면 보통 보여 줄 것이 없어요, 생산품도 기계도 없고 비용과 낡은 설비만 남아요. 그러고는 이 연구하는 사람에게 다시 시작하라고 또 지원을 해요. 말이 안 돼요."

이 스포츠광인 동문에게 내가 말한다. "만약 연구를 안 했더라면, 우리 같은 나이 먹은 사람들은 지금 살아 있지도 못하고, 아이폰은 존재하지 않고, CD 플레이어는 작동하지도 않을 겁니다. 이런 것들이 연구의 실질적 결과이지요."

그가 말한다. "네, 그래요. 몇 개는 건져요. 그런데 아무것도 생산하지 못하는 바보 같고 괴상한 아이디어에 엄청난 시간과 돈을 낭비해요."

내가 말한다. "그럴지 모릅니다. 그런데 말입니다. 실상은, 연구란 우리가 모르는 것에 대한 것이고 또 우리가 흔히 틀릴 수도 있습니다. 그러나 우리가 맞을 때는, 미리 알 수는 없지만, 세상을 바꿉니다."

그가 말한다. "아마 그럴지도 모르지요. 곧 시합이 시작해요. 내 자리로 가야겠어요. 미식축구는 내가 아는 투자이고, 지금 내가 즐길 수 있어서 빨리 가야 해요."

요점

• 연구중심대학은 물론 모든 대학에서 연구는 대학의 질을 결정하는 1순위의 사명이고, 대학 연구의 질이 또한 티칭의 질을 결정한다. 좋은 티칭은 개별 학생들에게만 좋고, 좋은 연구는 정부와 산업의 주목을 받게 되고, 세계가 작동하는 방법을 바꿀 수 있

다. 따라서 연구는 대학에 큰 기회와 아울러 위험을 가져다줄 것이다. 또한, 연구가 좋으면, 학생에게도 좋은 영향을 미친다.

- 이러한 이유로, 대학은 교수진의 연구활동을 증진시키기 위해 외부자금은 물론 대학 내부자금도 확보해야 하고, 공간, 설비 등 운영상 필요를 관리하며, 교수들을 복잡한 규제적 요구조건들로부터 보호하고, 지적재산권의 가치가 적절하게 상용화되도록 인력과 사무실을 갖추어야 한다.
- 좋은 연구는 수행하고 지속하기 어렵지만, 비싸더라도 대학의 명성과 성공에 본질적으로 중요하다는 것을 기억할 필요가 있다.

7장

교수진

교수진(faculty)은 대학의 자본자산(capital assets)을 대표한다. 비즈니스 모델을 따라, 우리는 건물, 설비, 책과 기타 유형물이 대학의 자본자산을 대표한다고 생각할지 모르고, 실제로 그렇기는 하다. 그러나 대학은 이러한 전통적 자본자산들을 교수진을 지원하는 기본적 요소들이라 본다면 그 자산들을 더 잘 이해할 수 있을 것이다.

학생들은 자신들이 대학의 존재 이유라 믿고 싶어 하나 그렇지 않다. 학생들은 교수들 때문에 대학에 오고, 교수들이 없으면 대학은 존재하지 않는다. 더구나 교수진은 고등교육기관 비용의 가장 큰 부분을 차지한다. 어떤 비용은 보수와 특별급여(fringe benefits)를 통해 직접적으로 나타나지만, 더 큰 비용이 도서관, 실험실, 강의실, 사무실, 스태프 지원과 교수 생산성을 위해 요구되는 기타 재화와 용역에서 간접적으로 발생한다.

교수진을 주로 노동자로 보는 산업모델은 대학활동 내에서 교수진의 중요성을 정확하게 보지 못하는 것이다. 교수진은 비즈니스 관점에서는 단순히 어떤 형태의 지식근로자를 대표하고, 경제적 어려움에 대한 반응으로 다수의 교수진이 이러한 잘못된 생각을 이용해 노동조합를 만든다. 교수진은 어떤 상황에서는 자신들을 대학의 기업 스타일의 노동과 임금 정책으로부터 보호하기 위하여 조합을 요구할 수 있으나, 조합의 존재는 단지 교수 자본자산을 관리하는 비용 위에 관료주의의 비용을 얹을 뿐이다.

자본이 교수진을 특징짓는 최선의 방법인데, 정년보장 교수들이 쉽게 이전되지 못하고, 다른 목적으로 사용되지 못하며, 판매되지 못하고, 아니면 유동화되지 못하는 장기투자에 해당하기 때문이다. 가르치고 연구하기 위해 고용된 교수들은 거의 모든 대학들에서 6년이 지난 후 정년보장을 받고, 그 후에는 교내 건물과 같이 영구적인 것이 된다. 교수직은 30년 또는 40년 지속되고, 그 기간 동안 대학은 이 자산과 그에 부속되는 비용을 합리적인 수준에서 교수의 생산성 또는 대학의 사명에 대한 공헌과는 무관하게 지급할 의무를 갖는다.

다른 물리적 자산의 경우와 같이, 경영진은 교수의 기능을 본래의 목적으로부터 새로운 목적으로 쉽게 전환할 수 없다. 만약 본래의 목적이 비경제적이고 퇴화되었거나 또는 대학에 더 이상 필요하지 않게 된다면, 교수자산은 더 생산적인 다른 용도로 단순히 흘러가지 않는다. 지금 퇴화된 목적을 가지고 지어진 공장 생산라인에서 일어날 수 있는 것처럼, 교수들을 위한 기능 변경은 재정비가 가능하다 해도 매우 큰 새로운 비용을 추가시킨다.

역사적 기록에 있는 오래된 건물처럼, 더 이상 경제적 목적을 위해 일할 수 없는 교수는 매우 높은 비용에서만 재건축할 수 있기 때문에 흔히 새로운 교수를 채용하는 것이 더 효율적이다. 이런 상황에서 대학은 급여지급명단(payroll)에서 퇴화된 교수를 제외함으로써 정치적 사회적 비용을 부담하기보다는 차라리 그들을 유지하며 비용을 지급한다.

이런 교수진의 특징은 그들이 가진 숙련성(expertise)의 전문화된 성질로부터 온다. 역사학자가 화학을 가르치지 않는다. 엔지니어가 조각을 가르치지 않는다. 각 교수길드는 특히 연구중심대학에서, 신입 및 영구 지위를 위한 엄격한 요구조건들을 갖고 있고, 일반교원(generalists)은 정년보장 이전에 고용흐름에서 사라진다.

거의 모든 경우에, 교수 자본자산에 투자하는 것은 현명하다고 증명되고, 교수진은 그들의 유용한 전문가 생애를 통틀어 일어난 어떤 투자에도 지속적으로 좋은 수익률을 전달한다. 그럼에도 불구하고, 대학경영에 참여하는 어느 누구도 교수를 노동인력이라 생각해서는 안 된다. 그들은 대학의 가장 중요한 자본자산이다.

교수진은 또한 기관자본(institutional capital)이다. 왜냐하면, 대학의 사명, 목적 및 목표의 성공 또는 실패가 교수진에 대한 투자에 기반을 두기 때문이다. 경영자, 직원, 건물, 학생 및 동문이 대학의 가치를 창출하지 못한다. 그들은 그것에 기여하고 그것을 지원하지만, 교수진의 자본자산에 대한 기민한 투자는 구성원과 소유주의 가치를 생산한다.

개별 교수들은 기질에서 매우 개인적이고 각자가 구체적이고 실제로 독특한 기능 세트를 소유하면서, 자신들을 총합 자본자산의 일부로 보는 관점을 반기지 않는다. 그들은 이러한 태도에서는 옳다. 왜냐하면 교수진 관리는 하나의 개인화된 기술이기 때문이고, 이는 어느 학과장도 아주 잘 설명할 수 있을 것이다.

여기서 우리의 관심은 교수 생활과 이력(career)의 구조를 확인하는 것이다. 교수진이 그들의 대학 및 길드와 상호작용하는 방식을 이해함으로써만 대학이 운영을 개선할 수 있다.

승진과 정년보장

교수진은, 그들의 지지자들과 비판자들과 마찬가지로, 승진(promotion)과 정년보장(tenure)의 분석에 시간과 에너지를 소모한다. 이 주제는 많은 논쟁을 일으키나 흔히 잘못된 원인에 의한 것이다.

승진은 길드가 쌓은 생산성과 질의 여러 수준에서 축적된 성과를 인식한다.

정년보장은 교수 후보자의 미래 생산성과 성취에 대한 대학의 영구적 투자와 길드의 판단을 표현한다.

많은 비판자들은 정년보장이 실력이 부족하고 파괴된 사람들을 보호하는 것이 아닌가 우려하지만, 이것은 대학과 교수 길드에게 주된 이슈가 아니다. 정년보장된 교수들이 무능하다고 증명된 적은 거의 없다. 그 대신, 이슈는 더 민감하고 복잡하다.

대학들은 질의 생산에 쓸 수 있는 교수진 자본투자(faculty capital investment)의 고정된 양만을 갖고 있다. 생산성과 질이 하락하는 교수는 대학 자원을 최적 수준 이하에서 사용하는 것이다. 최적의 사용이냐 아니냐의 검증은 대학이 현 교수에게 투자한 같은 금액의 돈을 가지고 시장에서 더 나은 교수를 뽑을 수 있는가를 판단하는 것이다.

긍정적 정년보장 결정은 교수들에 대한 장기 투자가 전문가 생애에 걸쳐 높은 가치, 즉 교수들에 대한 어떤 다른 투자보다 적어도 같거나 또는 더 높은 가치를 전달할 것이라는 데 대한 길드와 기관의 도전을 나타낸다. 정년보장에 대한 결정이 승진에 대한 결정보다 훨씬 더 중요하다. 승진은 모든 길드 멤버들에 대해 경력의 여러 시점에서 성취의 표준을 설정하는 것이지만, 정년보장은 대학이 희소 자원을 국가적으로 경쟁력 있는 질을 생산하리라 기대하는 자산에 장기 투자하는 1회 결정을 내리는 것이다.

이러한 결정들, 즉 승진을 통해 축적된 성과의 표준을 정하고 정년보장을 통해 미래성과에 대한 자본투자를 하는 결정들은 너무나 중요하기 때문에 교수진과 경영 담당자들이 정교한 확인 과정을 만든다. 승진과 정년보장 과정은 학술적 실사(academic due diligence) 과정을 대표하는데, 이는 마치 기업이 다른 기업, 새로운 공장, 또는 새로운 설비를 인수할 것인가를 결정하는 과정과 유사하다. 학문 세계에서 그 과정은 비즈니스 세계의 의사결정보다 덜 공식화되어 있지 않고, 덜 엄격하지도 않으며, 전체적으로 볼 때 덜 효과적이지도 않다. 학술 세계에서 추가로 복잡한 것은 그 결정이 물리적 또는 재무적 대상물이 아니라 구체적인 개인을 직접 다룬다는 점이다

정년보장 평가는 특히 후보자에게는 생애-도전적 경험이다. 따라서 교수 옹호자들은 부정적 결과로부터 후보자를 보호하기 위해 복잡한 관료적 측정치를 개발한다. 오로지 엄격한 연구중심대학들만이 정년보장 후보자를 외부 시장에서 주어지는 비교가능한 질과 직접적으로 비교하는 절차를 사용한다.

대부분의 대학들에서, 그 과정이 후보자에 유리하게 편향되어 있다. 이 편향성이 만족스럽고 연속적인 일을 한다는 의미에서 온다. 만약 한 교수가 일을 잘 한다면, 즉 소속 길드 표준의 최소 또는 잘 해야 평균 수준을 충족시키는 일을 한다면, 추정컨대 대학은 영구 투자를 결정하고 정년보장을 주려 할 것이다.

가장 엄격한 연구중심대학들, 대부분 사립인 연구중심대학들에서 그 표준은 지원자를 시장과 비교해서 측정한다. 이 대

학들은 이러한 질문들을 한다. "이 후보자의 정년보장에 평생 투자하는 것이 대학 자금을 최고로 최선으로 사용하는 것인가?" 또는 보다 구체적으로, "대학이 지금 우리 앞에 있는 이 후보자가 일반적으로 받아들일 수 있는 기준까지 실적을 냈는가에 관계없이 시장에서 이 자리에 이보다 더 나은 사람을 찾을 수 있는가?"

박사학위를 막 끝낸 신임 교수가 묻는다. "어떻게 정년보장을 받을 수 있습니까?"

내가 말한다. "우리 규칙에 의하면, 티칭, 연구, 서비스의 세 가지 일 중 적어도 두 가지는 탁월해야 하고, 한 가지는 적어도 잘은 해야지요."

그가 묻는다. "그럼 무엇에 집중해야 합니까?"

내가 말한다. "그건 쉽지요. 세 가지를 다 하지만, 차이를 깨닫게 될 거예요. 오늘 준비 잘 하는 것으로 내일 좋은 선생이 될 수 있어요. 오늘 참석함으로써 좋은 서비스를 제공할 수 있어요. 그러나 5년 내 논문을 게재하고 인정받기 위해서는 오늘 일하고 있지 않으면 좋은 연구결과를 낼 수 없어요. 시간이 연구 생산성의 적이에요."

그가 말한다. "와, 그거 어렵습니다."

내가 말한다. "그렇지요. 연구에 대한 보상은 연구가 끝난 후 한참 지날 때까지 지연되지만, 티칭과 서비스에 대한 피드백은 지금 나타나요. 슈퍼 티칭과 커뮤니티 서비스의 조용한 노래의 유혹에 저항하고, 그 대신 연구를 해요. 아무도 연구의 약속을 믿지 않고 출판된 연구 결과만을 믿어요."

그 동료는 나를 냉소적인 구시대 늙은이라 생각하지만, 과의 다른 교수들은 말한다. "네, 그 사람 구시대 늙은이 맞아요, 그런데 그가 또한 맞아요."

교수 인사 정책과 실행을 지원하고 정의하는 공식 서류를 읽는 것은 공립과 사립을 포함한 모든 대학들의 승진과 정년보장 실행의 복잡성과 격식에 대한 유용한 관점을 얻는 데 도움이 된다. 이에 더하여, 교수의 정년보장 권리와 책임을 보호하는 주요 조직(미국대학교수협회: American Association of University Professors, AAUP)의 웹사이트에 나와 있는 논평들을 읽고, 또 교수 피고용인들(faculty employees)의 노동조합(trade union) 대표들의 공격적인 논평을 보면, 교수 전문직이 현 실행 내에 설정한 정년보장 권리를 지속가능하게 만드는 데 집중한다는 느낌을 갖게 된다.

대학들은 흔히 정년보장이나 정교수 승진 이후 지속적인 실적에 대해 우려를 갖고 정년보장 후 재평가 과정을 도입한다. 4년 또는 6년에 한 번, 직전 재평가 이후의 티칭과 연구 성과를 길드 표준에 비추어 재평가한다. 만약 교수의 성과가 표준 이하이면, 개선의 계획이 실행될 수 있다. 이론적으로는 나쁜 재평가가 연속적으로 생길 경우 해고에까지 이르게 될 수도 있으나, 그것은 매우 드물게 일어날 뿐이다.

아주 고참인 교수에게는 은퇴를 권고할 수도 있다. 이런 정년보장 후 재평가(post-tenure review)는 사립대학들보다 공립대학들에서 보다 더 공식적 활동으로 실행된다. 주로 정년보장에 대한 공격의 방어 수단으로서 정년보장 후 재평가는, 만약 체계적으로 실행된다면, 매우 비싸고 시간 소모적이 된다. 이 재평가의 실질적 가치는 홍보(public relations: PR)를 넘어서는 분명하지 않다.

임시직 교수 및 계약 교수

정년보장 투자와 그에 따르는 리스크의 의미가 대학들로 하여금 정년교수를 영구 채용하는 대신 교수를 임대하도록 유도한다. 이로써, 임시직 교수("contingent faculty")라 부르는 새로운 범주의 교수진이 생겨 났다. 비정년직 전임교수(nontenured full-time faculty)를 큰 그룹으로 지속적으로 고용하는 대학은 거의 없고, 대부분 대학들은 시간제 교수를 점점 더 많이 채용하면서 우리가 임시직 교수라 부르는 범주를 탄생시켰다.

정년직 전임교수(tenured full-time faculty) 투자의 비신축성으로 인해 많은 대학들이 티칭과 연구 인력을 고용할 때 산업노동 모델을 사용한다. 이 임시직 교수, 즉 시간제 또는 전일제 비정년직 교수들은 흔히 PhD 훈련, 출판, 티칭 경험 등에서 완전한 자격을 갖춘 사람들이지만, 대학이 그들에게 장기 의무를 지우기보다 특별한 목적을 위한 임시 계약의 형태로 이들을 고용한다.

이 기법이 예산 변화나 또는 학생 관심이나 수요 변동에 대응하여 대학이 교수진에 대해 갖는 재무적 책임을 즉시 조정할 수 있게 만든다. 임시계약이 대학으로 하여금 교수들을 단기 생산성에 맞게 관리하도록 만든다. 만약 어떤 임시직 교수가 양적 질적으로 충분히 높은 수준에서 티칭을 하지 못한다면, 대학은 다른 사람을 고용할 수 있다.

이와 유사하게, 학술 연구기업의 일부 부서들도 연구 수행, 연구보조금 수주, 또는 다른 면에서 생산적인 상당 수의 계약 연구교수를 고용한다. 그들의 성과가 좋지 않거나 또는 전공이 소멸된다면, 그들은 보다 적절한 연구인력으로 대체될 수 있다.

정년직 교수들은 임시직 교수들을 어떻게 대해야 하는지에 대해 상당한 어려움을 가질 수 있고, 또한 임시직 교수 자신들도 이러한 시스템에 대해 여러 이슈들을 갖고 있다. 정년직 교수들은 비정년직 교수들이 늘어날 경우 정년직의 중요성이 퇴색하는 것을 안다. 또한, 비정년직 교수들은 재정상황이 나빠지면 그들이 먼저 나가게 될 것을 안다. 대부분의 교수진은 교수직 전부를 정년직으로 해서 자신들의 재산권을 정년보장에서 강력히 방어해야 한다고 주장한다.

임시직 교수들은 다른 관점을 갖고 있다. 어떤 사람들은 정년보장 요구조건을 충족시켜야 하는 부담으로부터의 자유가 특히 연구중심대학에서 이점이라 생각한다. 그들은 자신들이

하는 일(예를 들면 티칭)에서 잘 한다고 생각하고 연구나 서비스에는 참여하기를 원하지 않는다

물론, 다른 사람들은 일자리 안정성을 걱정한다. 많은 경우, 특히 시간제 교수의 경우, 혜택이 빈약하다. 임시직 또는 계약 교수들의 대학 근무가 실망스러울 수 있고, 임시직 전임 교수의 실제 책임은 다소 가변적이다. (그들은 서비스를 수행하는가? 그들은 교육적 이슈들에 대해 투표할 수 있는가? 그들은 연구위원회에서 일할 수 있는가 등의 이슈들이 있다.)

모든 형태의 미국 대학들에서, 임시직 교수진이 전체 교수진의 반 이상으로 늘어감에 따라 티칭과 연구 담당의 임시직 교수들을 위한 콘텍스트를 표준화하는 데 면밀한 주의를 기울일 것으로 보인다.

요점

- 교수진은 가장 중요한 대학의 자본이다. 건물과 같은 물리적 자산과 같이 교수진도 대부분 30-40년을 대학에 머무는 영구자산이고, 교육과 연구에서 특정한 전문성을 가지고 대학의 질과 생산성 즉 가치를 높이는 기관자산이다. 교수진은 근로자가 아니다.
- 따라서 교수진의 승진과 정년보장은 대학의 가치를 높이는 최우수 교수진을 갖추는 일이므로 심혈을 기울여야 한다. 승진은 교수의 성과에 대한 매 수년간의 결정이고 정년보장은 자원의 1회성 장기 투자이기 때문에 정년보장 결정이 승진 결정보다 훨씬 더 중요하다. 특히, 연구성과가 우수한 교수를 유지하는 것은 대학 사활의 문제이다.
- 정년보장 투자와 그에 따르는 리스크로 인해 대학들이 정년직 교수의 영구채용을

임시직 교수로 대체하는 경향을 보여 왔고, 대학별로 차이는 있으나 임시직 교수가 50%를 넘는 곳도 상당수 된다. 따라서 임시직 교수를 위한 콘텍스트를 개발하고 표준화하는 것이 중요해질 것이다.

8장

재무

대부분의 대학에 관한 대화가 프로그램 콘텐트, 연구결과, 교과과정 이슈들과 같은 학술적 본질에 초점이 맞추어져 있지만, 거의 모든 대화는 사실상 돈에 대한 배경을 갖고 있다. 대학들은 "돈"과 관련된 문제에 대해 특별한 단어들을 사용한다. 대학들은 실제로 의미하는 것이 "돈"일 때, "자원" 또는 "프로그램 지원금"을 말한다. 돈에 대하여 직접적으로 분명히 말하지 않는 이유의 일부는 학부 대학의 조직모델에 있다.

학부 대학에서, 학생들은 인문학, 사회과학 및 자연과학 등에서 과목들을 택한다. 그들의 전공은 물리학에서 미술, 미국문학에서 정치학에 이르기까지 다양하다. 대학은 보통 학생들이 택하는 프로그램이나 과목의 비용과 관계없이 모든 학생들에게 같은 등록금을 부과한다.

이 모델에서, (단과)대학은 개별 학과가 (마찬가지로 대학은 단과대학이) 돈을 얼마나 벌어들이는가에 관계없이, 주로 교과과정의 학술적 디자인에 드는 비용을 기준으로 돈을 배분한다. 그 결과, 돈에 관한 주된 이슈는 간접적이 된다. 만약 한 길드의 전문 분야가 학술적 디자인에서 중심적 위치에 있다면, 대학은 그 전문 분야에 돈을 지급할 것이다. 이를 인식하고, 교수 길드들은 학술적 디자인에 대해 논쟁하는 데 시간을 보낸다. 이는 대화를 철학적이고 학술적으로 들리게 할지 모르지만, 사실은 돈의 배분에 관한 대리(surrogate) 대화이다.

교수들 역시 생활임금(living wage)의 중요성에 대해 강한 의견을 갖고 있지만, 자기들의 대학 일은 대부분 돈과 무관하다고 생각하는 것을 좋아한다. 많은 학자들은 돈의 이슈에 대해 다소 일관성 없이 경멸감을 표시한다. 대부분의 교수들은 대학이 재무적 관점에 의해 운영되어야 한다고 생각하지 않고, 대학이 "비즈니스"라는 개념을 싫어하지만, 그래도 대학의 돈은 그들이 정하는 "지원"의 우선순위에 따라 쓰여져야 한다고 믿는다.

사실상, 교수진은 대학이 (경영조직을 통해서) 필요한 자원(돈)을 끌어오기를 기대한다. 또한 교수진은 대학의 돈 벌 수 있는 능력을 키우거나 또는 대학의 재무구조를 완전히 이해하려는 책임을 떠맡지 않으면서, 자원의 내부 배분에 대해 비판하는 것이 자기들의 책임이라고 생각한다. 교수들의 이런 태도는 추상적 개념에서 작동하고, 실생활에서는 그리고 실제 사람들과는 교수들도 다른 사람들처럼 돈에 대해 민감하다. 교수들도 생활물가가 얼마이고, 대학이 자신들과 같은 타 교수들에게 무엇을 지급하며, 대학원생을 유인하는 데 얼마나 들고, 실험실 구축하는 데 얼마나 드는지 안다. 교수들이 모르거나 자주 무시하기로 선택하는 것은 대학재무의 구조이다.

이 무지함은 변하기 쉽고 흔히 경영담당자들에 의해 조장되기도 한다. 만약 교수진이 대학의 재무구조를 이해하지 못한다면, 그들은 물론 경영이 하는 모든 것을 비판하겠지만, 경영담당자들에게는 빈약한 정보를 가지고 하는 비판은 비교적 쉽게 피해 갈 수 있기 때문이다.

재무보고

대학의 재무보고가 개별 기금 또는 돈단지(pots of money)의 관리에 집중하고, 대학의 수입과 지출에 직접적으로 집중하지 않음으로써 이 유용한 혼돈의 상황에 기여한다. 이 기금회계(fund accounting)는 대학의 이해를 복잡하게 만들 수 있는데, 대학 일과 연관된 수입 원천과 비용 간의 주된 관계를 모호하게 하기 때문이다. 다시 말해서, 기금회계는 상업적 비즈니스에서 보편적인 재무회계의 다른 형태들에 비해 대학과 대학 프로그램들의 기본적 재무구조를 덜 분명하게 만든다.

대학들은 비영리조직으로서 매년 얼마의 이익을 남겼는지 보고하는 데 집중하지 않는다. 그 대신, 대학들은 여러 조직들과 개인들에게 각 원천으로부터 들어온 돈이 어떻게 사용되었는지 알려야 한다. 대학들은 전체적 재무건전성의 회계를 제공하고, 전통적인 대차대조표와 기타 재무제표들과 비슷한 순자산표(Statement of Net Assets)를 작성하지만, 그 회계장부들을 주로 특별한 목적을 위해 지정된 구체적 기금을 중심으로 작성한다.

예를 들어, 기부자가 돈을 학생장학금을 지원하기 위해 준다면, 대학은 그 돈을 확인 가능한 기금에 넣어야 한다. 그리고 매년 대학이 그 기부금을 학생장학금에 사용했는지 알기 위해 그 특정 기금의 회계장부를 작성한다. 만약 대학이 그 돈을 장학금에 사용했다면, 그것은 기금회계 요구조건을 충족시킨 것이다. 만약 대학이 임금을 위한 기금을 갖고 있으면 그 기금에 있는 돈은 임금 지불에 써야 한다. 설비구입을 위한 기금이 있으면 그 기금의 돈은 설비구입에 사용해야 한다. 매일 마감 시, 대학 회계사들은 대학이 모든 기금들이 기금의 규칙을 따랐는지, 그리고 대학이 각 기금에 있는 돈을 그 기금의 목적에 맞게 사용했는지 보여 줄 수 있다. 이는 모두 좋다.

불행하게도, 이 접근 방법에는 돈을 쓰는 것과 대학의 목적을 달성하는 것 사이의 관계를 알 수 있게 해 주는 올바른 시스템이 결여되어 있다. 장학금이 더 나은 학생들을 데려오는 데 도움이 되었는가? 장비가 교수들이 보조금을 따는 데 또는 학생들이 배우는 데 도움을 주었는가? 대학이 지출을 구체적인 결과와 연결시키기 위한 다음 단계를 택할 수 있으나 그렇게 요구되지도 않는다.

기금회계는 또한 다양한 대학 활동의 비용을 이해하기 어렵게 만들 수 있다. 흔히, 계획된 행동, 예로서 역사학과가 정해진 활동을 위해 몇 개의 기금으로부터 나오는 돈을 사용할 것이다. 역사학과의 활동에 들어간 정확한 비용을 산출하는 것이 큰 도전이 될 것인데, 기금회계가 활동이 아닌 기금별로 조직되어 있기 때문이다.

기금회계가 대학들이 자신들의 재무상태를 이해하는 것을 막지는 않더라도 잘 이해하도록 되어 있지도 않다. 더구나, 대학들은 이익을 만들거나 시장에서 주식을 팔지도 않기 때문에, 비교 분석을 가능하게 하는 생산성 및 질과 연관된 수입과 비용의 표준 범주를 만들 인센티브가 크지 않다.

티칭과 연구의 예를 들어 보자. 각 주요 대학은 티칭과 연구를 (각 대학의 사명에 따라 비중은 다르더라도) 수행한다. 대학 수입의 얼마가 티칭을 지원하는 데 들어가고 얼마가 연구를 지원하는 데 들어가는지를 아는 것은 상당한 관심거리이다. 대학들은 흔히 티칭에 얼마나 지출하는지를 나타내는 것으로 보이는 숫자를 보고한다. 우리는 이 숫자가 정확하게 티칭 비용을 대표한다고 믿을지 모르고, 그런 믿음하에 어떤 분석을 하기도 한다. 우리가 그렇게 하는 것이 잘못된 것일 수 있다.

지출을 티칭 또는 연구 또는 상담 또는 어떤 다른 기능에 배분하는 데 사용되는 규칙은 대학의 재무 담당자들에 의해 정확하게 실행된다. 그러나 대학들의 분류 표준은 전부 일치하지 않을 것이다. 어떤 대학들은 개별 교수의 시간을 티칭과 연구에 배분하는 세련되고 비교적 정확한 방법을 가지고 있어 티칭과 연구 투자의 상당히 정확한 회계가 가능하다. 다른 대학들은 전통이나 판단에 의해 배분한다. 예를 들어, 학과-자금조달된 연구 비용은 구체적인 티칭 책임, 경영 의무, 또는 다른 특별한 목적에 배분되지 않고, 외부 보조금이나 계약에 의해 지급되지 않은 교수시간의 비용을 반영한다. 그것은 거의 명시된 과제들을 지급한 후의 잔여분이다. 대학이 가장 낮은 수준의 상세에서 티칭과 연구에 드는 비용에 대한 이해를 갖고 있을지 모르지만, 이 비용을 보고하는 방법들이 대학마다 다르기 때문에 대학들 간 티칭과 연구 비용을 비교 분석하는 것이 어렵다.

공립대학들의 경우, 대학 활동들에 쓰여진 돈 중 상당 부분이 대학의 장부에도 나타나지 않고 별도의 보고서에 나타난다. 예를 들어, 기본재산(endowment)과 연기부 계정(annual-giving accounts)을 보유하는 어떤 대학재단들은 분리된 대리기관으로 존재한다. 그 대학재단들이 교수진 보수, 특별장학금(fellowship), 또는 다른 비용을 지원하기 위해 사용하는 상당한 금액이 충분히 크다면 대학의 재무제표에 분리된 항목으로 나타나지만, 대학 일반회계(general accounting)의 일부로는 전부 잡히지 않을 것이다. 예로서, 대학스포츠 운영에 드는 비용은 전부 대학의 보고서에 포함되지 않을 수 있다. 다른 활동들, 즉 법률 서비스, 재무 서비스와 캠퍼스플랜 서비스 등은 주 정부 수준의 사무실에서 일어나기 때문에 대학에게 비용으로 나타나지 않을 수 있다.

많은 대학들은 보통 자본비용(capital costs)에 대한 분명한 이해를 갖고 있지 않다. 대학들은 보통 차입을 통해서 시설자금을 조달하는데, 이와 관련된 부채 서비스는 주요 재무 항목이다. 이 대학 관련 부채를 보고하는 방법들은 다양하다. 일부 공립대학에서는 부채가 주 정부의 장부에 오르고 대학의 장부에는 전혀 나타나지 않는다. 어떤 건물 프로젝트는 주 정부나 연방 정부가 책정해 놓은 자금에 의존한다. 다른 대학들은 기부금, 부채자금 조달과 다른 원천의 돈을 모아서 건설자금으로 지급한다. 보통 차입을 하기보다는 가지고 있는 돈으로 짓는 것이 더 낫다. 이에 더하여, 새로운 시설에 대한 운영 및 유지 비용, 오래된 건물의 개보수 비용을 지급하기 위한 자금의 조달은 다양하다. 어떤 대학에서는, 체육 관련 부채(athletic debt)가 관련 있는 재단에 떠맡겨지지만, 다른 대학들에서는 대학의 의무로 직접 보고된다.

이러한 다양함이 대학들의 각각 다른 역사와 정치적 또는 재무적 구조를 반영한다. 이런 다양함이 부적절하거나 잘못된 것은 아니지만, 대학 재무의 비교 분석을 신뢰하기 어렵게 만든다.

전자금회계

대학 재무에 대한 모든 대화의 본질적 출발점은 대학의 일에 사용된 모든 자금을 출처 불문하고 완전히 설명하는 것이다.

이 전자금회계(all-funds accounting)는 처음 대하면 당연하다 여겨질지라도 달성하기는 특히 공립대학들에서 어렵다. 대학이 더 복잡하고 세련될수록 전자금예산이나 재무제표를 작성하기가 더 어려워진다.

재무담당대표(Chief Financial Officer: CFO)가 신임 총장을 만나러 들어와서 묻는다.

"어떤 정보가 필요하신지요?"

신임 총장이 말한다. "우리 대학의 재무 상황의 잘된 요약본이 있나요?"

CFO가 말한다. "물론 여기 있습니다."

대학의 재무적 사고방법들에 밝은 총장이 숫자들을 체크하면서 말한다.

"이것이 전체 돈인가요?"

CFO가 어리둥절해하면서 말한다.

"네, 우리는 지방 정부로부터 4억 달러를 받았는데, 이것이 우리가 그것을 어떻게 받는지 보여 줍니다."

총장이 말한다. "등록금과 수수료 수입은 어디 있나요?"

CFO가 말한다. "네, 그것은 다른 모든 수수료 수입과 함께 다른 페이지에 있습니다."

총장이 묻는다. "기본재산과 연 기부로부터 들어오는 돈은 어떤가요?"

CFO가 답한다. "재단으로부터 가져올 수 있습니다."

총장이 묻는다. "보조금과 계약 수입은 어디 있나요?"

CFO가 말한다. "네, 그것은 연구처에 '스폰서된 프로그램'하에 있는데 가지고 올 수 있습니다."

거침없이 앞으로 나가면서 총장이 말한다. "기숙사와 주차는 어떻게 되지요?"

CFO가 머뭇거리면서 말한다. "물론입니다. 그것들은 부속기관(auxiliary enterprises)입니다."

총장이 또 묻는다. "우리가 부채 서비스는 있나요?"

CFO가 답한다. "물론입니다. 그런데 그것은 자본계정에 있습니다."

총장이 말한다, "그런데요. 모든 돈을 한 장에 담아 일목요연하게 어디에 썼는지 알 수 있게 할 수 있나요? 그러면 돈이 어디로 갔는지 볼 수 있지요."

CFO가 이 상황에서 빨리 벗어나기를 바라면서 말한다. "네, 그런데 이전에 어느 누구도 이런 일을 부탁한 적이 없어서 시간이 좀 걸릴 것 같습니다."

공립대학들에서는 대학을 둘러싼 규제적 및 정치적 구조들이 주 정부 재무나 세금-기반으로부터 오지 않는 다른 돈을 보유하기 위한 여러 창의적이고 복잡한 수단의 발명을 강제한다. 규제의 통제를 피하기 위하여 공립대학들은 대학의 공공회계로부터 분리된 재단을 설립할 수 있으며, 그로부터 주 정부 대리기관의 형식에 맞지 않지만 필요한 경비를 지급할 수 있게 된다.

재무제표가 이 재단의 자산을 요약해서 보여 줄 것이지만, 대학활동을 지원하기 위해 재단으로부터 이전하는 데 사용되는 방법들은 다양할 것이다. 어떤 경우에는, 재단이 돈을 이전하고 대학은 정상적 과정을 통해 돈을 쓸 것이다. 다른 경우에는 재단이 대학의 회계시스템을 통하지 않고 비용을 직접 지급할 것이다.

특기할 만한 것은, 의과대학과 기타 학술 헬스센터를 가진 대학 내 교수의료진 진료계획들(faculty physician practice plans)이다. 공립과 사립 대학 둘 다에서 이런 분리된 조직들은 교수진이 임상의학(clinical medicine)에 참여하거나 또는 다른 헬스 관련 서비스를 제공함으로써 벌어들인 수수료를 보유한다. 그 진료계획들은 흔히 상당한 자금잔고를 가지고 있으며, 그 자금을 대학을 위해 어떻게 쓸 것인가의 방법들은 다양하다. 재단들과 같이 진료계획들은 자금을 대학에 이전하여 대학 목적에 맞게 사용하게 할 수 있으며, 또한 다른 대학 목적을 지원하기 위해 자금을 직접 사용할 수 있다.

공립대학들의 이러한 그림을 더 복잡하게 하는 것은, 많은 주 정부 입법기관들이 주 정부의 관료주의적 과정을 통하지 않는 어떤 자금의 지출도 의심의 눈으로 본다는 것이다. 이러한 적대적 주들에서 분명한 회계를 가지고 효율적이고 효과적으로 운영하는 대학들은 많아진 주 정부 간섭의 리스크를 지게 된다. 무지와 혼란은 이러한 환경에서 보호의 한 형태이다.

많은 주들에서 입법과 정치 행동가들은 대학들이 그들의 이니셔티브를 지원하거나 또는 필요 시 예산 재조정을 지속 가능하게 만들기 위해 축적하는 유보금을 빼앗아 가려 시도할지 모른다. 대학들은 흔히 이런 자금들을 여러 재단 계정들 또는 대학 시스템 내 다른 곳들에 숨기기도 하는데, 이는 재정적 어려움을 자체적으로 겪고 있는 주 정부 대리기관들로부터 보호하기 위한 행동이다.

그럼에도 불구하고, 공립이든 사립이든 모든 대학들에서 좋은 경영은 대학의 재무에 대한 이해를 반드시 요구한다. 이를 위한 주요 가공품(artifact)은 대학의 일을 지원하는 자금의 총 원천과 운용을 확인하는 글로벌(또는 전자금) 예산이다. 만약 대학이 어디서 돈을 얻고 어떻게 돈(전자금)을 썼는지를 이해한다면, 대학은 지출된 돈으로부터 최대의 학술 가치를 얻기 위해 활동할 수 있을 것이다.

고등교육에 종사하는 각 사람에게 특별히 중요한 것은 대학을 위한 자금의 주요 원천들을 이해하는 것이다. 등록금 및 수수료, 주 및 연방 정부 자금지원, 주 정부 지원금(subsidies), 기부금 및 보조금(gifts and grants), 숙소와 주차 또는 스포츠경기를 포함한 부속기관 활동으로부터의 재화와 서비스의 판매 수입, 연구 보조금(grants)와 계약, 지적재산권 또는 특허권 사용료(royalties), 헬스케어 서비스 또는 수의(veterinary) 클리닉 수입 연방정부 보조금, 기본재산으로부터의 수입, 연 기부금 등 모든 것들이 대학활동을 가능하게 만드는 자금의 원천이다.*

대학 재무의 구조는 다양하다. 예를 들어, 어떤 대학들에서는 등록금, 기본재산소득, 또는 주 정부 보조금 등이 전체 조달자금에서 차지하는 비중이 다른 대학들보다 크다. 이러한 구조는 대학들 간에는 물론 지배구조에 따라 차이가 있다. 공립 및 사립 대학들은 여러 같은 원천에서 돈을 받기는 하지만, 자금조달 원천에 따라 다른 비율로 받는다.

대학의 개선과 확장을 위해 더 많은 돈을 얻으려고 끊임없이 노력하는 가운데, 대학의 재무구조를 이해하는 것은 결정적으로 중요해진다. 예를 들어, 등록금이 기본재산소득과 연기부금 등에 비해 대학의 재정에서 작은 비율을 차지한다면, 대학은 수익률이 낮거나 또는 등록금과 수수료가 교육비용을 부담하지 못할 경우, 수익률이 마이너스일지 모르는 등록인원 증가에 노력하는 것보다 수익률이 가장 높은 기부금수입을 강화하는 데 초점을 맞출 필요가 있다.

공립 및 사립 대학의 재무

만약 주 정부가 학생등록에 대해 어떤 공식을 사용하여 자금을 지급하고, 등록자 수가 증가하거나 재학생들이 더 많은 학점을 신청할 때 자금조달을 늘려 준다면, 등록자 수 증가가 수

---

* 미국 4년제 대학의 2009년도 자금 원천과 비용 분류를 〈부록 1〉과 〈부록 2〉에 정리하였으므로 참조할 것.(옮긴이)

입 증가로 이어질 것이다. 이는 매 신규 학생 또는 학생 신청 학점 수에 대해 주 정부가 지급하는 금액과 학생이 지급하는 등록금과 수수료가 추가적인 교육을 제공하고 추가 학생을 유지하는 데 드는 한계비용보다 클 때만 성공할 것이다. 등록학생 수를 늘리는 데 대한 대학의 결정에는 학생 학점과 관련된 수입은 물론 비용에 대한 이해가 필수적이다.

많은 요소들이 공립대학들의 규모를 결정하지만, 그중 하나는 대학이 한 학생을 가르치고 유지하는 데 드는 비용보다 주 정부 특별지출금(appropriation)과 학생 등록금 및 수수료를 더 많이 받을 수 있는 기회이다. 이런 상황에서는 큰 것이 좋다. 지금과 같이 특별 세금-기반 자금(appropriated tax-based funds)으로부터 오는 공립대학 자금 비율이 줄어들고 학생 등록금과 수수료 수입이 늘어나는 상황에서, 공립대학들은 주 정부 자금 조달로부터 혜택을 얻기 위해 단순히 신청 학점 수를 늘리는 것보다는 점차적으로 등록금 수입과 장학금지원 감소를 관리하는 데 집중한다.

주 정부의 학생당 특별지출금에 크게 의존할 수 없는 사립대학들은 성장 억제(disincentive)를 갖게 될지 모른다. 만약 신입생 한 명을 유지하는 데 드는 한계비용이 학생이 만드는 할인된 등록금(discounted tuition, 등록금에서 대학장학금을 차감한 금액)을 초과한다면, 학생 추가가 수입을 만들지 못한다. 대학이 좋은 학생들을 끌어들이기 위해 장학금(명목 학생등록금에서 할인 금액)과 기본재산 지원금(endowment subsidies)을 더 많이 쓰면 쓸수록 학생 수 확대로부터 오는 수입은 적어질 것이다. 등록금 할인은 고비용이고, 만약 대학이 그 할인을 감당하지 못한다면 학생(회)의 질은 하락할 것이다. 만약 기본재산 보조금이 하락한다면 대학 성과의 고품질도 하락할 것이고, 만약 높은 등록금이 소비자가 갖는 믿음, 즉 대학의 소규모 교육이 교육가치를 높일 것이라는 믿음을 반영하는 것이라면, 증가된 성장이 대학의 소비자가 인식하는 교육가치를 깎아 내릴 것이다.

공립 및 사립 대학 재무는 흔히 외부 관찰자들에게 상당히 다르게 보이지만, 실제로는 그 차이가 그리 크지 않을 것이다. 사립대학이 순등록금 지급이 제공할 수 있는 것 이상으로 티칭과 연구의 비용을 지출하기 원한다면 기본재산수입에 유의해야 하는데, 공립대학이 의존하는 주 정부 특별지출금은 사실상 기본재산수입과 동등한 것이다. 한번 가늠해 본다면, 만약 공립대학이 3,000만 달러를 주 정부 특별지출금으로 받았다고 할 때, 6억 달러 기본재산에 대한 수입과 같다(기본재산의 표준 수입인 5%를 가정). 아마도 1다스(12개) 정도의 사립대학들은 6억 달러 수준에서 기본재산을 갖고 있을 것이다. 이것이 왜 공립대학들을 사립화하자는 제안이 실패하는지를 설명해 준다. 왜냐하면 공립 펀드를 사립 기본재산으로 대체하는 것이 보통 비실질적인 제안이기 때문이다.

비록 학부생 등록으로 본 대학의 규모가 공립 및 사립 대학에서 많은 이슈들에 답하지만, 근본적 숙고는 신입생 1인 추가 시 한계비용과 학생이 만드는 새로운 순수입 간의 관계를 밝히는 것이다.

의과대학과 보건 관련 학교나 수의학 프로그램을 가진 대학들 또는 병원이나 병원 네트워크를 소유하거나 그들과 자회사 관계에 있는 대학들은 수입 기회와 리스크의 또 다른 복잡한 세트를 갖는다. 병원, 헬스케어 분야, 수의학 등의 임상교수진은 그들의 진료 과정에서 서비스로부터 수입을 만들 수 있다. 이 자금이 연방 정부 또는 기타 연구보조금 계약을 따고 일을 실행하는 비용은 물론 교수진 보수를 지급하는 데 결정적 원천이 된다.

병원들은 잘 운영된다면, 설비를 지원하고 임상교수들이 진료 서비스 수수료로부터 생성되는 수입으로 상당한 잉여금을 만들 수 있다. 병원은 또한 다양한 연구활동이나 신약임상시험(clinical drug trials)을 지원하고, 이로서 병원의 명성을 높이고 보험-가입 환자들을 끌어들일 수 있다. 그러나 임상기업의 복잡성은 대단한데, 책임(liability)과 규제 이슈들에 더하여 사적 지급, 주 정부 또는 지역 보조금, 그리고 연방 의료반환(medical reimbursement) 프로그램의 관리가 대형 대학 의학센터들에게 큰 도전이 된다.

대학 수입의 많은 원천들은 때때로 불안정하게 나타난다. 주립대학들은 지속적으로, 특히 2008년 금융위기 이후 세금-기반 자금조달의 불확실한 상황과 싸운다. 주 정부 수입의 변동은 상당히 클 수 있는데, 어떤 경우에는 변동폭이 연 10-20%씩 수년간 지속되기도 한다. 공립대학들에게 이러한 감소는 큰 재무적 압박을 만든다. 이에 대한 반응은 영구적 지출감소와 상당한 프로그램 축소, 그리고 등록금과 수수료의 거의 항시적 증가로 나타난다.

어떤 대학들에서는 빠르고 현저한 감소에 대응하는 신축성이 제한되기도 하는데, 이는 새로운 시설의 부채 서비스와 연관된 의무, 높은 정년보장 교수 비율, 강한 노사계약, 증가하는 헬스케어와 은퇴 비용, 그리고 이들과 유사한 이슈들 때문이다. 교직원 무급휴가(furlougts)와 같은 어떤 대응은 단기에서는 효과적이나, 재무구조에서 긴 기간의 재조정이 필요할 때는 아니다. 상대적으로 낮은 등록금을 부과하는 공립대학들은 감소된 주 정부 자금을 보상하기 위해 등록금을 빨리 올릴 수 있다. 그러나, 대부분의 학생들, 부모들, 그리고 주 의회 의원들은 이런 편법에 강하게 저항한다. 어떤 대학들에게는 높은 가격이 등록에 영향을 줄 수 있다.

사립대학들은 주 정부 공헌에 한계적으로만 의존하지만 사실상 같은 이슈들을 공유한다. 사립대학들에게 기본재산수입 감소에 반응하는 것은 이미 등록금 수준이 시장의 최고 수준에 있을 때는 어려울 것이다.

비록 이러한 재무자원의 경기순환적 재조정이 모든 대학들에 영향을 미친다 해도, 규모가 작고 이미 높은 수준의 등록금수입을 갖고 있으며 운영예산의 크게는 85%를 등록금수입에 의존하는, 그리고 매우 선택적인 엘리트 대학들 수준 아래의 많은 대학들은 가장 큰 리스크와 강압된 변화로 고통을 받게 될 것이다.

그러나 어떤 경우든, 오늘날의 크게 변동하는 금융시장에서 대학들은 다년의 재무계획을 세우고 우발 사건의 범위를 다루는 메커니즘을 창출하는 것이 점점 더 중요해진다는 사실을 발견한다. 대부분의 대학들이 뜻밖의 자금조달에 대처하는 데 큰 어려움은 없을 것이다. 그러나 대학들이 3–5년 앞서 예산을 편성하지 않으면 그들은 지속적으로 재무 해결책을 임시변통으로 마련하고, 그 결과 경쟁 포지션을 잃게 될 것이다.

요점

- 대학에서는, 많은 대화가 실질적으로 돈의 배경을 가졌지만, 돈을 직접적으로 거론하지 않고 "자원" 또는 "자원금"을 말한다. 그 이유는, 대학은 비지니스와 같이 돈 버는 조직이 아니고 철학적이고 학술적인 배경을 가진 기관이기 때문이라고 말한다. 그러나 교수진은 돈에 대해 추상적인 개념을 가지고 말하지만, 자원 배분에서는 자기들이 주장하는 우선순위를 고집한다. 돈에 대해 민감하지만 대학의 재무구조에 대해 모르기로 선택한다.
- 재무보고는 돈의 수입과 지출을 보고하는 것이다. 대학은 재무보고를 기금 위주로 할 수도 있고(기금회계), 기금 위주가 아닌 전자금에 대해서 할 수도 있으며(전자금회계), 특정 활동을 위해서도 할 수 있다.
- 기금회계의 한 예로, 조성된 장학기금이 실제로 학생장학금에 사용되었는가를 보고하는 것이다. 기금회계는 돈 지출과 대학의 가장 중요한 목적인 티칭과 연구에 얼마나 배분되고 생산성과 질에서 얼마나 성과가 있었는지를 알려 주지 못하는 단점을 갖는다.

- 전자금회계는 모든 자금의 원천과 운용을 한 눈에 볼 수 있게 보고하는 것이다. 돈이 어디서 들어와 어디에 썼는지를 알게 됨으로 대학의 재무구조를 이해하는 데 도움이 되고, 티칭과 연구의 질과 생산성에서 최대의 성과를 올리게 만드는 장점을 갖는다.
- 대학의 개선과 확장을 위해 더 많은 돈을 얻으려고 끊임없이 노력하는 가운데, 대학의 재무구조를 이해하는 것은 결정적으로 중요해진다.

9장

예산

우리가 본 것처럼 돈은 중요하다. 대학들은 돈을 어떻게 쓰느냐를 가지고 가치를 실행한다. 대학인들은 돈에 대해 말하는 것을 좋아하지 않고, 그 대신 가치에 대해 말하는 것을 선호하지만, 대학생활의 기본적 구조는 가치를 표현하기 위해 돈을 요구한다.

대학인들은 흔히 가치에 대해 추상적으로 이야기한다. 많은 학술 문서가 그러한 이슈들에 초점을 맞추고, 비판자들은 물론 달변의 동료들도 대학생활에서 일반적이 되어야 하는 가치들에 대하여 설득력 있게 글을 쓴다. 그러한 논평들이 자극적이고 때로는 의욕을 고취시키는 읽을거리는 되지만, 온기가 지나가고 가치들을 실행하기 위해 뭔가를 해야 할 때는 거의 모든 것이 돈에 관한 것이다.

대학들은 교수진, 학생들, 경영 담당자들 및 다른 사람들이 교과과정 개혁, 학생 유지, 연구승진 또는 학부생 생활에 관해 무엇을 해야 하는지를 만나서 이야기하는 학습위원회(study commissions)와의 대화 일부를 위장한다. 때로는 이 대화가 대학의 목적들을 요약한 "전략계획"이라 불리는 매우 공들인 문서를 낳는다. 그 대화가 공짜인 것처럼 보이나 그렇지 않다.

만약 교수진이 매주 3시간씩 15주를 (거의 모든 경우에 돈과 성과의 현실과는 거의 관계가 없는) 전략계획을 작성하는 데 보낸다면, 그들은 새 과목을 개발하고, 보조금을 위해 지원서를 내며, 또는 논문을 작성하는 데 썼어야 할 시간을 사용하는 셈이다. 이런 종류의 일은 대학 밖 누군가가 교수가 그 활동에 사용한 교수시간에 대해 돈을 지급할 때만 공짜다. 아마도 대화는 싸지만, 확실히 공짜는 아니다.

그러나 대화와 대화로 잃은 일의 직접비용보다 더 중요한 것은 예산이다. 몇 예외는 있지만, 대학들은 소득의 거의 전부를 사용한다. 어쩌다 잉여금을 만들었을 때, 정상적으로는 이전에 연기된 유지비용을 지급하거나, 아니면 자금이 부족한 프로젝트를 위한 유보금(reserve)으로 잡을 것이다. 이 거의 완전 지출의 상황이 돈과 가치의 관계에 심오한 영향을 미친다.

모든 대학이 예외적으로 높은 가치를 갖는 프로그램과 아이디어의 주문잔고(backlog)가 있어 돈을 쓰고 싶으나 돈이 없는 경우가 있다. 학생생활의 개선, 기술의 도입, 새로운 학문 분야의 개발, 학제간 프로그램의 구축, 국제활동의 확장, 공동체 서비스 참여, 연구설비의 확장, 장학금의 확충 등 — 그 목록은 길다.

어떤 원천으로부터든 대학에 10만 달러의 새로운 돈이 생길 때마다, 교수들, 학생들, 스태프, 동창, 친구들, 대학의 지원자들은 적어도 1백만 달러 가치에 해당하는 탁월한 프로젝트와 적어도 1백만 달러 상당의 최우수는 아니지만 좋은 제안들을 갖고 있을 것이다. 이 중 어떤 것도 가치가 없는 프로젝트로서 포기하기 쉽지 않을 것이다. 대학 사람들은 상상력, 창의력 또는 지혜가 부족하지 않고, 그들의 좋은 아이디어는 모든 대학의 지금조달 능력을 능가할 것이다.

각 대학의 돈에 대한 결정은 상대적 가치에 대한 결정이다. 우리가 학생활동을 지원하고 연구개발을 하지 않기로 한다면, 우리는 경쟁하는 가치들 중 하나의 선택을 한 것이다. 만약 우리가 축구장을 고급화하지 않고 오래된 건물을 보수하기로 선택한다면, 하나의 가치-기반 선택을 한 것이다. 만약 우리가 교수 봉급을 올리지 않고 도서관 책을 사기로 결정한다면, 이 또한 가치-기반 선택을 한 것이다. 매년, 대학의 예산은 대학이 그 해에 지원하기로 선택한, 그리고 이전 여러 해 동안 지원해 온 가치들의 스냅사진(snapshot)의 역할을 한다.

어떤 사람은 "아니에요. 당신이 잘못 안 거예요. 대학이 돈을 가지고 무엇인가 다른 것을 하기로 선택할 수는 없어요. 이 규칙, 저 규제, 이 계약, 저 요구조건으로 제약을 받아요"라고 말할 것이다. 이것은 어느 정도는 사실이나 요점을 놓친 것이다.

대학의 예산이 표현하는 가치들은 반드시 한 개인이나 한 그룹이 1년 내 실현할 가치들을 반영하지 않고, 대학이 여러 해 동안 모든 원천으로부터 취득한 가치들을 반영한다. 한 해 예산의 스냅사진은 현재 가치들은 물론 역사적 가치들을 보여주고, 특별히 누구에게 비난이나 업적을 할당하지 않는다. 그것은 단지 대학이 여러 해에 걸쳐 자금을 조달하기로 선택한 것들의 간단한 보여 주기이다. 좋건 나쁘건, 그것들은 대학과 여러 구성원들, 그리고 자금 원천이 충분히 살 만하다고 평가한 것들이다. 예산에 없는 것들은 대학이 살 수는 있었으나 사지 않은 것들이다.

이 명제는 쉽게 증명된다. 어느 그룹이 대학의 행동을 변화시키고자 할 때마다 거의 언제나 예산을 통해 다른 행동을 택하도록 유도한다. 주 의회, 연방 하원 및 연방 정부 기관들은 이런 활동에서 가장 적극적이다. 만약 의회가 소규모 학급이 있어야 한다고 생각한다면, 의회는 예산을 소규모 학급을 지원하는 데 배분하기 위한 법률을 통과시킬 것이고, 만약 대학이 운이 좋으면 소규모 수업의 추가 비용을 위한 보조적 특별 지출금을 제공받을 것이다. 만약 의회가 대학이 등록금을 너무 자주 올린다고 생각한다면, 등록금을 올리는 권한을 거부할 수 있다. 연방 기관과 하원은 그들에게 관심 있는 프로젝트에 투자하도록 유도하기 위해 인센티브를 창출한다. 만약 한 기부자가 대학에서 윤리를 가르치는 것을 원한다면, 그는 윤리과목 강의를 지원하는 기본재산을 제공할 수 있고, 만약 한 기업이 새로운 비즈니스 테크닉을 대학에서 연구하기 원한다면, 그 기업은 그 연구를 위한 보조금을 대학에 제공할 수 있다. 목록은 끝이 없다.

이 예들은 외부 행동가들이 대학의 예산을 변경함으로써 대학의 가치들에 영향을 줄 수 있다는 것을 알고 행동한다는 것을 보여 준다. 그러나, 새로운 돈으로 지원된 새로운 활동들의 도입이 대학에 어떤 영향을 미치더라도, 대학의 가치들에는 반드시 큰 도전을 주지는 못한다. 외부 행동가들이 무얼 사기를 제안할 때, 대학은 이 제안을 대학이 소중하다고 여겨 온 다른 모든 가치들과의 경쟁적 검증 아래 두지 않는다. 그 대신, 새로운 아이디어가 대학 가치들의 어떤 요소와 일치하는가를 단순히 묻고, 만약 그렇다고 판단되면, 그 돈을 가지고 새로운 아이디어를 실행에 옮긴다. 부정적 조정이 주로 공공 자금의 손실, 또는 학생등록과 기본재산 가치의 감소로부터 발생하지만, 이런 것들 또한 의회 의원, 주지사, 개별 학생들과 부모들 또는 주식시장의 적극적 투자자들과 같은 외부 행동가들의 가치들을 반영한다.

그러나, 돈 배분에서의 내부 변화는 대학의 근본적 가치들에 훨씬 더 확실한 영향을 미친다. 어떤 대학도 실제로 예산을 영(zero)으로부터 편성하지 않는다. (그 과정이 영기준예산zero-based budgeting이라는 이름을 갖더라도 그렇다.) 그보다, 모든 대학 예산은 오랜 기간에 걸쳐 실행되어 온 점증적 조정들(incremental adjustments)의 결과물이다. 아마도 유명 대학 예산의 적어도 95%는 매년 같은 활동을 지원할 것이다.

그러나, 수년에 걸쳐 변화하는 5%가 대학의 우선순위를 바꾼다. 시간이 지나면서, 라틴어나 그리스어 수업에 더 이상 지급되지 않는 돈은 컴퓨터과학과 환경연구 수업에 지급된다. 이 변화는 가치의 한 변화를 나타낸다. 컴퓨터과학과 환경연구가 라틴어나 그리스어 연구보다 오늘날 대학에 더 큰 가치를 가져다준다. 대학이 돈으로 새로운 무엇을 살 때마다 또는 오래된 무엇을 사기를 중단할 때마다, 대학의 가치들은 변했고, 사실상 시간이 지나면서 가치들은 많이 변할 수 있다.

예산시스템

대학들은 예산의 중요성 때문에 예산을 관리하는 여러 다른 시스템들을 가지고 실험을 한다. 이 시스템들은 흔히 공공행정 서클과 아마도 비즈니스 세계에서 통용되는 유행들을 좇는데, 대학들이 때로는 그 효과성이 다른 곳에서는 사라졌을 무렵 그 유행들을 채택한다.

예를 들어, 영기준예산은 한 세대 전 다소간 통용되었었다. 이 유행은 기관에게 조직의 지금 가치들과 기회들에 비추어 모든 지출에 의문을 던지고, 예산을 영기준(ground zero)으로부터 작성하는 것을 추천한다. 실제로, 이것은 예산의 한계적 조정에 그치는 결과를 낳는, 영기준예산이 유행하지 않았으면 일어났을 것과 크게 다르지 않은, 노동집약적 과정에 불과하다.

다른 유행들과 같이 이것은 통찰력을 가졌었다. 기관들은 그들의 비즈니스를 바닥부터 다시 이해할 필요가 있고, 이미 수용된 우선순위를 정기적으로 재평가할 필요가 있다. 그러나, 기관들은 모든 것이 매년 새롭다고 주장할 필요는 없다.

책임중심경영

더 큰 영향력과 실효성을 가진 다른 시스템이 책임중심경영(Responsibility-Centered Management: RCM)이란 이름으로 알려져 있다. RCM은 또 하나의 준-기업(quasi-corporate) 수입품이다. RCM은 대학의 조직단위들이 수입과 비용을 만든다고 인식한다. 그 주요 원리는, 만약 대학이 대학 안에 각 주요 단위에게 자체적으로 수입을 올리고 또 자체적으로 비용을 통제하는 책임을 갖도록 한다면, 대학은 총체적으로 가장 효율적이 될 것이라는 것이다.

이 예산시스템은 책임센터들(학과, 단과대학 또는 경영서비스 단위)을 정의하고, 그 후 수입과 비용을 그 책임센터들에 할당하기 위해 재무적이고 관료적인 인프라 구조를 만든다. 만약 한 센터가 벌어들인 것보다 더 많이 쓴다면, 지출을 줄이거나 수입을 늘려야 한다. 만약 한 센터가 쓰는 것보다 더 많이 벌어들인다면, 그 잉여금을 지체 단위를 강화하는 데 재투자할 수 있다.

이 시스템은 매력적인 단순함과 엄격하고 진지한 경영의 모습을 갖고 있다. 그것이 마음을 끄는 이유는, 성공의 권한을 하위 책임센터 경영자들의 손에 맡기는 것으로 보이기 때문이다. 또 하나의 이점은, 가치들에 대한 대화를 대학의 최고 경영층으로부터 책임센터들로 옮기고 경제적 결정론(economic determinism)의 '보이지 않는 손'과 시장이 예산을 조정하도록 하며, 그 과정에서 가치들을 결정하도록 한다는 점이다.

많은 대학들이 RCM을 다양한 형태로 포용하였고 그 시스템의 부분들을 실행했다. 그러나 가장 순수한 형태의 RCM은 여러가지 이유로 힘든 역사를 갖고 있다. 가장 중요한 것은 RCM이 책임단위들의 수입과 지출 간의 관계에 대해 많은 대학들, 특히 공립대학들에게는 적용이 안 될 가정을 한다는 것이다.

RCM은 한 단위가 자기 수입에 대해 중요한 통제를 할 수 있다고 가정한다. 대부분의 미국 대학들에서, 특히 공립 대학들에서, (단과)대학들 또는 학과들이 과목당 학생들이 지급하는 가격을 정하는 경우가 거의 없고, 주 정부 지금은 개별 단위가 아닌 대학 수준에서 교부된다. 대학재단 이사회와 때로는 외부 공공 대리기관, 또는 공립대학들의 경우 의회조차도 학생 등록금과 수수료수입의 표준 부과액을 정한다. 그 결과, 책임단위는 그 단위가 제공하는 교육(instruction)에 대해 학생이 지급하는 가격을 통제하지 않는다. 학생은 일반적으로 물리학이나 음악공연과 같은 비싼 과목을 택하든, 아니면 서양문화와 미술감상과 같은 비싸지 않은 과목을 택하든, 같은 과목 수수료를 지급한다.

비록 어떤 대학들이 실제로 엔지니어링이나 어떤 연합 건강프로그램에서 프리미엄을 부과하고, 또는 학생들을 차등 등록금을 부과하는 단과대학에 직접 입학시킨다 해도, 대다수의 학부생들은 수업 참가에 공통 비율(rate)을 적용받는다. 더구나, 실제적으로는, 교육을 받거나 학위를 취득하는 단위와 대부분 무관한 장학지원정책으로 인해, 학생들은 광범위하게 다른 순가격(net price)을 지급한다. 그 결과, 학생들이 평균적으로 내는 것을 기준으로 수입을 배분하고, 책임단위에게는 제공하는 서비스에 대해 광범위하게 다른 비용을 지급하도록 하는 시스템은 계획한 대로 기능을 잘 할 수 없다. 비싸지 않은 교육을 하는 단위는 지원금이익(subsidy profits)을 받고, 비싼 교육을 하는 단위는 인위적인 손실을 입는다.

RCM의 여러 버전들을 실행하는 대학들을 포함하여 어떤 대학들은 상대비용(relative costs)에 대한 다소간의 이해에 의존하여, 여러 단위들의 수입흐름(earned income streams)으로부터 발생하는 평균 순등록금(average net tuition)에 기술적 조정을 가한다. 예를 들어 물리학과에 귀속하는 등록금과 수수료 수입에 역사학과에 귀속하는 수입보다 더 큰 가중치를 준다. 그러나 프로그램의 비용에 기반하여 차등 수입귀속(income attribution)을 결정하는 과정이 그 자체로서 큰 도전을 만든다.

고비용 프로그램들은 등록금 산출에서 프로그램의 현재 비용을 반영하여 수입 보너스를 받는데, 이는 반드시 프로그램 전달에서의 효율성을 반영하는 것은 아니다. 비싸지 않고 아마도 보다 효율적인 프로그램들은 지금의 낮은 비용을 반영하는 등록금 산출 방식으로 인해 수입 감소를 받을 것이다. 이런 조정들은 산출하기 복잡하다. 대학에서 그러한 조정 과정은 정치적 대화가 될 수 있고, 그럴 경우 공정한 시장 조정에서 오는 혜택의 일부가 사라질 수 있다. 그러나, 대학들은 보통 그 조정을 적정 수준에서 정하도록 시도하기 위해 프로그램 비용에 관한 다양한 국가 연구결과를 사용한다. 어떤 대학들은 프로그램이나 대학에 따라 다른 등록금수입을 부과함으로 그러한 표준 등록금과 수수료 수입 스케줄에 대한 조정을 불필요하게 만들기도 한다.

RCM 예산은 또한 중앙-집중된 비용(centralized costs)을 배분하기 위한 시스템을 요구한다. 만약 각 단위가 책임센터로서 모든 자체 직접비용을 지급하고 모든 자체 수입을 받는다면, 대학은 물리적 설비, 주차, 조경, 난방, 전기, 일반관리비와 기타 유사 일반 비용 등 고정비용(overhead costs)의 적절한 비율을 각 단위에게 배분해야 한다. 이를 다룰 수 있는 하나의 방법은 모든 단위에게 (보조금과 계약에서와 같이) 표준 고정비용율(standard overhead rate)을 부과하는 것이다. 그러나 어떤 단위들은 다른 단위들에 비해 훨씬 더 큰 고정비용을 지급해야 한다. 예를 들어, 실험실 과학은 역사학에 비해 훨씬 더 많은 공통 자원을 사용하고 훨씬 더 비싼 공간을 사용한다. 또한, 대부분의 대학들은 대학 이니셔티브를 지원하기 위해, 적자에서 균형 상황으로 옮겨가는 전환기에 있는 단위들에게 특별 지원을 하기 위해, 그리고 통상적으로 필요한 것처럼 대학 간 스포츠의 적자를 지원하기 위해, 필요한 자금을 조달하는 하나의 방법으로 모든 수입생성 단위들에게 세금을 부과한다.

만약 중앙-배분된 고정비용 대신, 단위들이 빌딩과 설비와 같은 공통 자산들의 고정비용을 직접 지급한다면, 그들은 비최적화하려는 강한 인센티브를 갖게 될지 모른다. 계획된 유지보수를 현 수입에서 직접 지급하여 실행하기보다는, 현재 쓸 수 있는 수입을 늘리기 위해 유지보수를 연기하고, 그럼으로써 다음 세대의 대학 리더들에게 지금은 불가피하게 연기된 유지보수의 자금조달 문제를 떠넘기려 할 것이다.

또 하나의 도전은 RCM의 핵심 개념, 즉 대학이 단위들에게 재무적 행동에서 책임을 지울 것이라는 RCM의 기본 개념의 결과이다. 이는 만약 문리과대학(colleges of arts and sciences)이 200만 달러의 적자를 안고 있다면, 대학은 그 문리과대학이 예산을 줄이거나 수입을 200만 달러 늘리도록 주장해야 한다는 것을 뜻한다. 그러나 실제로, 대부분 대학들은 이런 형태의 책무를 실행하기가 구조적이고 정치적인 이유로 어렵다는 것을 발견했다.

문리과대학의 경우, 만약 비용초과가 신규 설비로부터 기대한 수입이 나타나지 않은 데서 비롯된 결과라면, 설비에 대한 부채원리금 지급 요구가 대학 내 예산조정을 이례적으로 어렵게 만든다. 단위의 대부분의 비용이 인건비이기 때문에, 현재 비용을 충분히 감소시키는 것은 불가능하다고 판단될 것이다. 상당수 교수들에게 정년이 보장되어 있고, 정년보장이 되어 있지 않는 다른 교수들은 대형 강의를 가르치거나 또는 큰 보조금이나 계약 수입을 통해 큰 수입을 얻고 있을지 모른다. 주요 예산 이슈를 조정하기 위해 어떤 면직(dismissals)이라는 수단을 사용하는 것도 거의 확실히 비싼 실사과정(due-process procedure)을 요구할 것이다.

그 결과, 대학은 적자를 보조해 주고, 단위의 적자에 책임이 있는 경영자는 교수진으로 돌아가며, 신임 학장은 새로 시작할 수 있도록 대학이 적자를 보조해 주지 않는다면, 단위 운영의 책임을 맡기를 거절할 것이다. 이 순환은 분명히 이행의 의미(point of the exercise)를 훼손하는 것인데, 단위가 자신의 재정적 의무를 이행하지 못한 실패비용을 감당하지 못한다면, RCM은 책임과 신뢰를 강조하는 이점을 잃게 되기 때문이다. 대학은 그럼에도 재무적 기강을 강조할 수 있으나, 그것은 강한 리더십과 중앙의 지원을 요구한다. 좋은 RCM 실행이 새로운 학장을 보조해야 할지 모르지만, 적자단위를 균형예산으로 돌려놓을 구체적 계획이 있을 때 그렇게 해야 할 것이다.

또 하나 흥미로운 것은, 저비용 구조 또는 효율적이고 상상력 풍부한 경영의 덕으로 인해 극적으로 성공한 (단과)대학의 경우이다, 이 단위는 큰 잉여금을 생성할 것이고, 그 잉여금을 보수 강화와 교수진과 학생들을 위한 개선된 환경에 사용하도록 선택할 수 있다. 대학의 다른 길드(단과대학)들은 그러한 잉여금이 실제로는 RCM 시스템의 계산오류에서 비롯된 지원금이익(subsidy profit)이라고 논쟁하면서, 허용 가능한 상향 조정을 제한하도록 시도한다. 단위의 잉여금에 대한 제한은 RCM의 재무적 불편부당(neutrality)을 감소시킨다. 더 나쁜 것은, 교수길드가 미래 용도를 위해 저축한 것을 중앙 경영부서가 자기의 다른 책임이나 주도권을 행사하기 위해 쓸어 버릴 수 있다는 것이다.

RCM 시스템은 다른 형태의 비최적화를 조장할 수 있다. 한 단위가 전체 프로그램의 학생들에게 통계학 강의를 제공하는 것이 더 효율적일 때, 책임단위들이 모두 약간씩 다른 통계학 과목을 따로 제공할 수 있다. 만약 학점 수에 따라오는 수입이 책임단위를 지속가능하게 만든다면, 단위는 가능한 많은 학점 수를 늘리려는 인센티브를 갖게 될 것이다. 비록 RCM 실행의 구조가 이런 행동을 다소 누를 수는 있더라도, 시스템을 관리하는 경영의 복잡성은 커질 수밖에 없다.

더욱 문제가 되는 것은, RCM 모델이 질을 위한 직접적 인센티브를 제공하지 않고, 대신 질의 요구를 하지 않은 채 수입-비용 방정식에서 긍정적 결과를 극대화하도록 만들 수 있다는 것이다. 효과적인 대학 RCM 시스템은 재정적 신뢰에 더하여 질-인센티브 요소를 포함하는 것이 반드시 필요할 것이다. 일부 대학들은 특별 기금을 만들어 모든 단위들에 질-인센티브 기금을 지원하도록 하지만, 이것이 성공하기 위해서는 그 질-인센티브 기금이 그냥 기대되는 '좋은 소식'이 아니라 분명하게 측정된 질 요소들을 반영하는 것이어야 한다. 대학의 성공은 돈을 요구하지만, 그 성공을 위해서는 돈이 개선된 생산성은 물론 개선된 질에 투자되어야만 하고, 실제로 투자가 개선의 결과를 낳는지 확인해야만 한다.

대부분의 대학들에서, RCM의 최종적 도전은 비용과 수입을 단위에 정확하게 배분하기 위해 요구되는 데이터의 복잡성과 정교함에 있다. 대학들의 많은 비용과 수입은 대학 내에서 관리되고 협상되는 시장, 즉 경쟁적 행동이 별 힘을 발휘하지 못하는 대학 내 시장에서 발생한다. 대학의 수입과 비용이 책임단위의 행동과 직접적으로 더 잘 연관될수록, RCM은 더 잘 작동할 것이다.

RCM은 중요한 통찰력을 갖는다. RCM은 대학의 효율성과 생산성은 드물게 톱다운 현상이고, 그렇기 때문에 그 기반을 대학의 일을 실제로 하는 단위들과 학술 길드들이 이루는 성취에 둘 때 가장 잘 작동한다는 것을 말해 준다. RCM의 책임센터들은 수입을 생성하고 비용을 발생시키며 가치를 생산하는 사람들에 집중한다. 이들은 어떻게 개선을 이룰 수 있는지 가장 잘 아는 사람들이다. RCM은 또한 수입과 비용의 면밀한 분석에 주의를 집중하는 데 있어 매우 우수한 모델이며, 이는 학술경영에서 많이 간과된 주제이다.

성과예산

과거에 사용되었던 다른 예산 모델들은 물론 RCM을 따랐던 대학들의 경험에서 추론해 볼 때, 오늘날 대학들은 다양한 시스템들의 최선의 특징들을 모아서 실행하는 혼합 형태의 모델을 흔히 갖고 있다. 가장 효율적인 버전은 성과예산(Performance Budgets)이라 부르는 것으로, 이를 창출하기 위해 기본원리를 일부 RCM으로부터 빌려 오면서 또한 생산성과 질의 개선에 초점을 맞춘 접근방법이다. 다양한 예산시스템들로부터 채택된 여러 원리들이 그 접근 방법을 작동시킨다.

- 재무적 인센티브는 효력이 있다. 대학은 단위들과 교수길드들을 위해서 또는 자신들을 위해서 재무적 인센티브를 얻을 기회에 반응한다.
- 글로벌 예산과 모든 수입과 지출의 회계는 효율적 예산시스템의 본질적 특색이며, 대학은 모든 예산 결정을 둘러싼 논쟁을 줄이기 위해 수집된 모든 데이터를 시스템 내 모든 참가자들에게 투명하고 구조화된 형태로 제공해야 한다.
- 좋은 결과는 상대적으로 작은 수의 주요 지표들(key indicators)을 추적하고, 그에 따른 실적을 보상하는 것으로부터 얻어진다. 평가시스템 내 큰 복잡성은 통상적으로 이점이 아니다.
- 예산시스템의 바탕이 되는 가치들은 명확해야 하고, 대학 단위들에 의해 인식되고, 일관성 있게 보상되어야 한다.
- 대학과 그 단위들의 생산성과 질을 측정하는 좋은 데이터는 본질적으로 중요하다.
- 대학의 예산은 개선에 초점을 맞추고 구체적이고 측정 가능한 결과에 대해 단위들을 보상할 때 가장 잘 작동한다.

- 보상이 생산성과 질 둘 다에 대해 단위들에게 주어져야 한다.
- 단위들은 질 개선에 대한 보상을 받기 전에 생산성에 대한 기준선(baseline) 기대치를 충족시킴으로써 대학의 우선순위에 대한 책무감을 가져야 한다. 이 생산성의 기준선은 분명하고 단위 책임자와 상위 관리자에 의해 받아들여져야 하며 대학 구성원 모두가 볼 수 있어야 한다.
- 경영진은 예산시스템이 보상하는 가치를 명확히 설명하는 책임을 가져야 한다. 모든 사람이 보상을 위해 선택된 가치들은 학술적 판단의 결과여야 하고, 생각 없는 재무시스템의 기계적 또는 임의적 반영이어서는 안 된다.
- 대학은 직전 연도, 당해 연도, 향후 3개 연도의 예측치를 포함하는 5년 예산 계획을 운영해야 한다. 매년, 5년 예산은 전방회전(roll forward)해야 하고 직전 연도와 당해 연도의 실제 경험을 향후 연도에 반영해야 한다.
- 5년 예산 계획은 대학이 수입과 지출의 기대치를 현 연도와 직전 연도의 현실을 반영하여 조정하도록 만든다. 흔히 비신축적인 대학 공약(commitment)의 성질을 감안할 때, 5년 예산 창구는 미래의 필요한 변화를 예측할 수 있는 기회를 제공한다.
- 만약 성공적이라면, 성과예산시스템은 초기에 실행될 때 상당한 내부 반대를 낳을 것이며, 제도화되기 위해서는 적어도 5-7년의 일관된 운영을 필요로 할 것이다. 이는 많은 대학 최고경영자들의 짧은 재임 기간을 고려할 때, 도전적인 일

이 될 것이다.

학장회의의 선임 학장이 말한다. "총장님, 우리가 지금 하고 있는 이 5년 전 자금예산(five-year all-funds budget)이라는 거 매우 어렵습니다. 우리는 미래에 무엇이 일어날지 모르고, 우리 학장들은 총장님이 우리가 할 수 없는 것을 시도하고 있다고 생각합니다."

총장이 말한다. "그럴지 모릅니다. 그러나 학장님들은 교수 신규임용이나 정년보장임용을 결정할 때마다, 연구보조금에 서명하는 건 언급하지 않더라도, 오늘 결정을 내리고 향후 수년에 걸쳐 보상을 받을 결정을 하고 있는 셈이지요. 우리의 오늘 결정이 내일을 위해 무엇을 의미하는지 숙고해야 한다고 생각하지 않으신지요?"

선임 학장이 말한다. "아마도 그렇겠지요. 그런데 총장님은 제가 내일 은퇴하는 걸 아시고, 총장님은 또 다른 대학에 가 계시겠지요. 새로운 사람들은 다른 어떤 것을 하기를 원할 것이고, 그렇다면 왜 이 모든 것을 해야 하나요? 우린 매년마다 한 해의 일을 하면서 잘 했습니다."

총장이 말한다. "아, 그래요, 만약 예산이 학장님이나 저의 개인적 열심을 따랐다면, 새 사람들이 들어설 때 예산은 물론 변하겠지요. 그런데 대학은 영원하고, 대학의 예산은 안정적이고 성과에 기반해야 하고, 학장님과 제가 가진 개인적 매력과 영향력에 기반하면 안 되겠지요."

선임 학장이 웃는다. "제가 총장님이 이상주의자(utopian)인지 몰랐습니다."

우리는 대학의 미래가 티칭과 연구의 전달에서 성공하는가에 달려 있다고 상상할 수 있다. 대학이 다른 일을 할 수 있지만, 대학이 자신을 위해 명확히 하는 일차적 가치는 이 두 근본적 대학 목적인 티칭과 연구이다. 효율적인 5년 예산시스템은 티칭과 연구라는 대학의 1차적 생산물을 위해 질과 생산성에 집중할 것이다. 대학이 하는 일의 이 두 가지 요소들을 분리하고 모든 비용과 수입을 (고정비용은 제외하고) 이 두 가지 기능에 할당하는 것이 성과예산모델의 주 성공요인이다.

그러나 동일하게 중요한 것은, 질을 벤치마킹하고 질 개선을 측정하는 과정을 개발하는 것이다. 질의 평가는 생산성의 측정보다 훨씬 덜 개발되어 있기 때문에, 이 작업은 대학의 다양한 단위들에게 증식(propagate)시키는 데 있어 재무적 요소들보다 더 긴 시간을 요구할 것이다.

마지막으로, 효율적인 예산시스템은 질, 일관성, 그리고 질과 생산성 측정의 외부 인정에 달려 있다. 생산성과 질의 측정, 그리고 개선 추진의 과정이 효율적인 5년 예산시스템을 구성하는 핵심 요소들로서 생산성과 질을 위한 측정, 그리고 개선을 추진하는 과정이 경쟁시장에서 대학의 성공을 지원하기 위한 효과적인 5년 예산시스템의 핵심 요소들이다.

요점

- 대학의 예산은 돈에 대한 결정이지만 한 해의 수입 및 비용을 요약한 것이 아니고, 대학이 선택한 상대적 가치를 표현한 것이다. 더구나, 예산은 1년 내 실현할 가치를 반영하는 것이 아니고, 당해 연도는 물론 이전 여러 해에 걸쳐 점진적으로 선택해 온 가치들의 단면을 한 시점에서 보여 주는 스냅사진과 같다. 예산은 당해 연도뿐만 아니라 직전 연도와 다음 3개 연도를 포함하는 5년 예산계획을 운영하는 것이 바람직하다.
- 감독기관들이나 기부자들과 같은 외부 행동가들이 예산을 변경함으로써 대학이 다른 행동을 택하도록 유도할 수 있지만, 대학의 근본적 가치들에 영향을 미치는 것은 대학 내부로부터의 능동적 배분의 변화이다. 예산 작성 시, 대부분의 대학들은 매년 같은 활동을 일정 비율의 변화를 주어 지원하는 증분 예산(incremental budgeting) 방법을 사용한다. 매년 예산의 약 95%는 같은 활동을 지원하고, 5%가 대학의 우선순위를 바꾸는 중요한 결정이다. 이 5%에 세심한 주의를 기울일 필요가 있다.
- 대학의 예산시스템은 준기업 수입품으로, 큰 실효성을 가진 책임중심예산(Responsibility-Center Budgeting: RCB)과 성과기반예산(Performance-Based Budgeting: PBB) 시스템으로 대표된다. RCB는 중앙 예산통제보다는 단과대학, 학과 또는 프로그램 등 책임단위의 성과를 강조한다. RCB의 본질적 특징은 단위에게 자체 수입을 올리고 자체 비용을 통제하는 책임을 갖도록 하는 '자체 살아남기'("every tub on its bottom")라 할 수 있다. 그러나, RCB는 지나치게 수입과 비용, 즉 이익에 치중하여 티칭과 연구의 질과 생산성을 강조하지 못하는 단점을 갖는다.
- 반면, PBB 시스템은 목적 그 자체인 질과 생산성에 초점을 맞춘 접근방법으로 개선에 초점을 맞춘다. 투입자원을 산출자원 즉 성과와 연결시키고, 그 둘을 연결시키는 주요 성과 지표(KPI)를 사용한다. 그리고 성과의 측정과 보상을 객관적 데이터에 근거하여 시행한다. 이러한 질과 생산성의 측정과 개선 추진의 과정이 효과적인 5년 예산시스템의 핵심 요소이다.

10장

측정

대학들은 그들의 광범위한 활동과 기능에 관한 데이터를 수집한다. 학생, 학점, 교수, 스태프의 수를 센다. 수입과 지출 예산, 졸업생 수, 입학생 수, 지원자 수에 관한 데이터를 생산한다. 또한, 대학들은 졸업률, 잔존율(persistence rate), 시간제 대 전일제 학생(part-time versus full-time) 수, 남학생우애회(fraternity) 및 여학생우애회(sorotity) 수, 스폰서연구 금액, 수주한 보조금(grants received), 신청한 보조금(grants applied for), 박사학위 수여 수에 대해 말해 줄 수 있다.

대학들은 스포츠경기 참가와 승패 기록, 졸업 5년 후 취업한 학생 수, 경영대학원 졸업생의 초임, 기부 동문 수에 대한 데이터를 제공할 것이다. 그리고 그들은 각종 학위를 취득하려면 얼마의 학점이 필요한지, 강의실 수와 규모, 그리고 강의실 사용빈도는 얼마인지를 안다. 대학들은 소형, 중형 및 대형 등록 과목의 수를 보고할 수 있다. 오락 시설의 이용가능도,

그리고 교육과 연구 공간의 비율에 대한 데이터를 갖고 있다. 이런 것들은 대학들이 수집하는 놀랄 만한 양의 정보의 한 표본에 불과하다.

대학들은 목록에 있는 광범위한 외부 기관들에 보고서를 제출하는데, 공립대학들은 사립대학들보다 훨씬 더 많은 데이터를 제출한다. 이 보고서들은 캠퍼스 범죄율, 민족 다양성, 스포츠경기 참가, 그리고 학생 운동선수와 비학생 운동선수의 졸업률 등에 대한 질문에 답한다. 보고서들은 또한 인간적 주제들과 동물의 권리에 관한 우려, 남학생우애회 및 여학생우애회, 일반장학금 또는 특별장학금, 다른 형태의 장학제도, 그리고 연구의 고정비용에 대한 질문과 관심에 반응한다.

모든 주에서, 공립대학들은 주 기관들, 주지사 사무실, 입법의원들이 요구하는 구체적인 관료적 또는 정치적 질문에 답하기 위해 정신을 빼앗길 정도로 일련의 특별 데이터 요청에 대응한다. 대학들은 인증기관들, 랭킹기관들, 징계 협회 및 대학 로비 그룹들에 데이터를 제공한다. 이 데이터의 양은 정말 놀랍다.

거의 모든 대학들이 데이터 홍수의 상당 부분을 관리하는 연구부서들을 갖고 있고, 대학의 다른 여러 부서들이 또한 참여한다. 회계사들은 회계 정보를 만들고, 전문대학원들은 그들의 특수 인증기관들에 구체적인 보고서를 제출하며, 체육부서들은 그들의 연맹과 전미대학체육협회(National Collegiate Athletic Assocation: NCAA)에 제공할 데이터 세트를 개발하고, 기록 담당 부서들은 학생 정보를 생산하며, 동문회와 기금부서들은 구성원들에 대한 매우 집중된 통계를 수집한다.

이 모든 데이터를 엄격하게 비교-검토(cross-check)한다면, 그 결과는 실망을 안겨 줄 수 있다. 각 부서는 의도된 구체적 목적을 가지고 데이터를 생산하고, 여러 다른 부서들은 원하는 결과를 얻기 위해 서로 다른 정의, 계산방법 또는 데이터 모집단을 사용한다.

한 예를 들면, 만약 우리가 연 기부와 기본재산에 대해 여러 기관들에 보고한 데이터와 대학의 공식 문서에 보고된 데이터를 비교-검토해 본다면, 우리는 상당히 다른 숫자들을 발견할 것이다. 이들 중 어떤 것도 잘못된 것은 아니고 질문에 달리 반응했을 뿐이다. 우리가 손안의 현금을 의미하는가, 또는 연기된 기부금을 현재가치로 또는 미래가치로 포함하는가? 우리가 운동경기 입장권을 사기 위해 지급한 할증액과 개인 기부금에 대한 주 정부의 대응자금을 포함하는가? 우리가 기본재산기금(endowment fund)에 비축된 잉여 운영자금을 포함하는가? 우리의 기본재산에 대한 보고서들이 6월 30일 기준인가 아니면 1월 1일 기준인가? 이 모든 변형들과 그리고 다른 많은 것들이 대학 데이터의 특유성를 보여 준다.

복잡한 대학들에서 학생정보의 일관성은 확보하기가 어렵다. 기록담당관에게 대학의 등록에 관해 물어보라. 쉬운 답이 없다. 우리가 가을, 봄, 여름, 평균 또는 합계를 원하는가? 우리가 가을 등록을 첫째 날 기준으로 원하는가, 아니면 수강변경(drop and add)을 고려한 후 학기 14일째 날 기준으로 원하는가, 또는 등록금 및 수수료 지급 마감일을 고려하여 5주 후로 할 것인가, 아니면 학기말로 원하는가? 우리가 등록 수에서 전일제, 시간제 아니면 총 머릿수(head-count)를 원하는가? 우리가 전일을 학기당 15학점으로 정의하는가, 아니면 12학점으로 정의하는가? 우리가 데이터를 4학기제로부터 2학기제로 전환해야 하는가?

대학마다 이런 것들을 보고하는 데 있어 나름대로의 관례가 있고, 정보를 요청하는 여러 다른 기관들도 그들의 요청사항들이 있다. 누구나 예상할 수 있듯이, 관례는 대학마다 다르고 요청사항들도 기관마다 다르기 때문에, 이러한 데이터에 기반한 많은 비교들을 해석하기 어렵게 만든다.

졸업률과 교수비율

우리가 어떤 정의에 동의할 수 있을 때에도 비교 분석은 어려울 것이다. 졸업률이 좋은 예다. 졸업률이 학부 학생들을 교육시키는 데 있어 대학의 효율성을 말해 주기 때문에 사람들이 관심을 갖는 데이터이다. 불행하게도, 졸업률은 학생의 특징 또는 학술프로그램의 차이로 인해 대학 간 비교 측정치로서는 거의 효력이 없다.

만약 한 대학이 학생의 50%가 시간제로 공부하고, 다른 한 대학은 90%가 전일제로 등록되어 있다면, 시간제와 전일제

정규 학생들은 졸업까지 다른 경로를 갖고 있고, 또 공식적 졸업률 통계는 처음 전일제가 된(first-time, full-time) 학생들만을 포함하기 때문에 졸업률의 적절한 비교는 불가능하다. 다시 말해서, 학생의 특징이 졸업률에서 대학 간 큰 차이를 만들고, 따라서 이를 대학의 효과성을 반영한다고 보기 어렵다. 높은 등록금을 지불하거나 또는 기한부 장학금을 갖고 있는 부자 전일제 학생들은 같은 대학에서 이러한 혜택을 갖지 못한 학생들에 비해 높은 졸업률을 보인다.

오늘날 많은 학생들이 한 대학에서 시작해서 나중에는 집에서 가깝거나 또는 등록금이 낮거나 또는 더 나은 프로그램을 가진 대학으로 전학한다. 이런 학생들은 비록 떠날 때 좋은 성적 순위를 가졌다 하더라도, 졸업률에서는 보통 실패한 학생으로 포함된다. 전학생을 받은 대학에서도, 2년제 커뮤니티대학 또는 4년제 대학 등 어디에서 옮겨 왔든 상관 없이, 일반적으로 이러한 신입 학생을 졸업률 계산에 포함하지 않는다. 이 전학생들이 학위를 취득한 때에도, 대학들이 처음 전일제가 된 가을등록 학생들만을 가지고 졸업률을 측정하기 때문에 그들은 졸업률 통계에 잡히지 않는다. 따라서 관찰자들이 대학 성과에 대해 어떤 논점을 제시하기 위해 비교 졸업률을 인용할 때, 많이 아는 관찰자들은 이 논점을 할인한다.

교수 수로 나눈 어떤 비율도 가짜 비교 측정치를 생산한다. 예로서, 학생 대 교수 비율이 대중에 대한 캠퍼스 홍보로 많이 사용된다. 많은 대규모 연구중심대학들은 교수 1인당 학생

15–18명 범위의 숫자를 갖는다. 대부분의 소규모 인문교양대학들은 교수 1인당 8–10명 학생으로 운영한다. 이러한 숫자들이 무엇을 의미하는가? 거의 아무것도 의미하지 않는다. 인문교양대학과 대규모 연구중심대학의 학생 구성은 매우 다르다.

대규모 연구중심대학들 가운데서도, 교수와 학생 간 실제 상호작용은 교수–학생 비율과 같은 글로벌 통계의 함수라기보다는 교과과정 조직, 티칭 사명, 그리고 무엇이 교수진을 구성하는지에 대한 정의에 달려 있다. 만약 교수진에 도서관 사서, 공개강의 강사(extension agents), 그리고 의과대학의 임상교수(clinical faculty)를 포함할 경우, 그 교수들은 학부생들이 정규직 교수로부터 직접 배우는 기회와는 거의 무관할 것이다. 우등반 학생들은 같은 학생–교수 비율을 가진 같은 대학 내 대형 과목을 수강하는 보통반 학생들과는 아주 다른 경험을 가질 것이다.

학점, 연구비 지출 및 기타 대학의 다른 산출량을 교수 수로 나누는 생산성 측정치들이 거의 확실하게 잘못된 결과를 가져온다. 한 대학은 4천 명의 교수진을 갖고 다른 대학은 3천 명의 교수진을 갖고 있는데, 연구자금에서 같은 금액을 수주했다고 하자. 더 큰 대학의 교수가 작은 대학 교수보다 덜 생산적인가? 반드시 그렇지 않다. 더 큰 대학의 교수가 주로 연구과제가 전혀 없는 티칭 전담 교수, 공개강의 강사, 도서관 사서, 임상교수들로 구성되고, 더 작은 대학의 교수는 전부 티칭 의무가 제한적이거나 전혀 없는 연구전담 교수들일지 모르기 때문이다.

마지막으로, 대학들, 특히 주요 공립 및 사립 대학들은 교과과정의 구조와 지원하는 전공의 수에서 큰 차이를 보인다. 의과대학, 병원 또는 랜드그랜트 농업 사명, 인문학 또는 물리·자연과학의 강조, 공과대학 또는 주요 경영대학(원)의 존재, 많은 계약교수 등 모든 것들이 성과의 비교분석을 불가능하게 만들기에 충분한 영향을 데이터에 끼칠 것이다.

이 중 어느 것도 대학이 무엇을 하는지를 측정하는 것으로부터 대학을 면제시키지 못하고, 오히려 그 반대다. 대학들은 만약 개선을 원한다면, 그들이 하는 것을 측정해야 하지만, 자신들을 오도하는 것을 피하기 위해 데이터를 조심스럽게 수집하고 사용해야 한다.

데이터 관중

대학 데이터는 적어도 두 그룹의 뚜렷한 관중을 갖고 있다. 첫 번째 관중은 대학의 외부 구성원들로, 그들은 각각 다른 양식으로 또는 다른 목적을 가지고 데이터를 보기 원한다. 어떤 경우에는, 이러한 콘텍스트 내 데이터는 대학을 공격으로부터 방어하고, 지금조달의 증가를 정당화하며, 동문들과 친구들을 동기부여하고, 또 다른 경우에는 어떤 구체적이고 목표를 가진 이야기를 말하는 데 도움을 준다. 데이터의 외부 목적이 무엇이든 대학들은 그러한 정보의 특별한 성질을 언제나 인식해야 한다.

두 번째의 훨씬 더 중요한 데이터 관중은 내부 관중이다. 이 데이터는 대학의 행동을 이끌어 가고, 보상과 인센티브를 배분하며, 대학의 가치를 표현하는 예산 배분의 기초를 만드는 데 최대한 기여해야 한다.

대학들은 흔히 이 두 개의 다른 데이터 세계를 혼돈한다. 그들은 효과성에 대한 입법부의 공격으로부터 대학을 보호하기 위해 개발된 데이터를 가지고 이 데이터가 대학의 예산을 결정하는 잣대를 대표한다고 생각한다. 이는 적절하지 않은데, 그 데이터가 부정확해서라기보다는(사실 그럴지도 모르지만), 대학의 개선 필요성과 연관되지 않은 형태로 입법부 공격에 대한 반응이라는 정치적 콘텍스트에 의해 현실을 표현하기 때문이다.

예를 들면, 만약 입법부가 교수진이 학생들을 충분히 가르치지 않는다고 말한다면, 이것이 공통된 불평이긴 하지만, 대학은 교수진의 강의실에서의 역할에 대한 폭풍 같은 정보를 만들 것이다. 이것은 흥미로우며 공격자들을 혼돈시키고 정신을 산란하게 할지 모르지만, 교수진이 강의실에서 쓰는 시간 수에 대한 데이터, 50명 이내 그룹에서 교수와 상호작용을 갖는 학생의 수에 대한 데이터, 또는 이와 비슷한 주제들에 대한 데이터는 보여 주기는 좋을망정 대학이 교과과정을 개선하고, 학생 경험을 강화하거나 또는 주어진 교수자원을 효과적으로 사용하는 데는 실질적 도움이 되지 못한다.

대학들은 흔히 그들이 얼마나 잘 하는지를 보여 줄 대학 랭킹을 열심히 찾을 것인데, 그 랭킹 데이터가 결함이 많고 방법론과 결과를 신뢰하기 어렵다는 것을 알면서도 그렇게 할 것이다. 대학의 구성원들은 기관적 우수성을 보여 줄 증거에 목말라 있기 때문에, 대학들은 단순히 그러한 필요를 채우기 위해 의심스러운 가치를 가진 랭킹을 알리고 배포한다.

대학 리더들의 자체-홍보 열정을 반영하기는 하지만, 나쁜 데이터의 오용은 만약 대학이 자신의 선전을 믿고, 또 홍보(pubic relations: PR) 담당자가 그렇다고 말하기 때문에 대학이 잘한다고 가정한다면 문제가 된다. 대학이 실제로 잘 하고 있을지 모르는데, 의심스러운 랭킹 또는 TV 광고 때문은 아니다. 물론, 누군가 다른 사람이 우리 대학이 잘하고 있다고 생각한 것을 세상에 알리는 것은 그 누군가가 그것을 만들어 낸 것이라 할지라도 효용은 있다.

대중에 데이터를 제공하는 역할을 담당하는 대학기관연구(Institutional Research: IR)* 담당자가 총장실에 PR 담당자와 함께

---

* IR은 대학이 정부기관 보고나 대학전략 수립에서 객관적 판단을 돕기 위해 입학, 장학금, 개설과목, 교과과정평가, 등록관리, 학생생활 등 주요 사항들에 대해 양적 및 질적 데이터를 수집하는 업무를 말한다. 미국에서는 MIT를 비롯하여 여러 대학들이 대학기관연구 부서를 갖고 있으며, 우리나라에서는 일부 대학에 데이터분석 또는 학술정보수집 부서로 존재하고 있는 것으로 보인다.(옮긴이)

있다.

PR 담당자가 말한다. "언론에 제공하기를 원하는 이 표는 무엇인가요?"

IR 담당자가 말한다. "그건 지난 5년간 연구 보조금 변화를 보여 줍니다."

총장이 말한다. "네, 그런데 이건 우리가 퇴보하는 걸 보여 주는데요."

IR 담당자, "네, 데이터가 그런 걸 보여 줍니다."

총장, "보조금 수주보다 나은 측정치를 찾아야 해요. 우리가 퇴보하는 걸 보여 줄 수는 없지요."

IR 담당자가 잠시 생각한 후 말한다. "우리가 국가과학재단(National Science Foundation)에 지원한 보조금 수를 보여 줄 수 있는데, 그게 어떻겠습니까?"

총장, "그거 좋아요."

IR 담당자가 그 표를 만들기 위해 자리를 뜬다.

총장이 PR 담당자에게 묻는다. "헤드라인은 무엇이 될까요?"

PR 담당자가 써서 총장에게 준다. "대학총장이 성장하는 연구책임을 발표하다. 연구보조금 신청이 우리 교수들이 국내 최고들과 경쟁하면서 상승하다."

총장, "대단해요. 이사들과 동문들이 좋아할 거 같아요."

그러면 대학이 측정과 관련하여 무엇을 할 수 있을 것인가? 대학은 비교 지표들을 개발하는 데 있어 소수의 측정치들이

다수의 측정치들보다 일반적으로 낫다는 것을 인식하는 것으로 시작할 수 있다. 소수의 측정치들이 이 목적을 잘 도울 것이고, 복잡한 측정치를 추가하는 데서 오는 평가의 개선은 거의 없다.

연구에서는, 연방 정부로부터의 총 연간 연구비 지출이 보다 신뢰할 수 있는 측정치이다. 연방 정부, 주 정부, 지역, 기업 및 재단 연구 자금을 포함한 모든 외부로부터의 연간 총 대학연구비 지출이 대학의 연구기업 규모를 나타내는 또 하나의 좋은 표시이다. 연방 정부 수치가 특별히 가치가 있는 것은, 동료-평가되는 연방 연구보조금 시장에서 대학의 경쟁 강도를 반영하기 때문이다. 《최고의 미국 연구중심대학(The Top American Research Universities)》 발표는 연구중심대학의 성과 지표들 중 이 두 항목을 포함한다.

대학이 성과를 개선하기 원한다면, 몇 개의 주요 지표들을 사용하여 일관성 있게 측정해 가야 되며, 그리고 개선을 추적해야 한다. 이 과정의 대안은 없다. 대학이 자신의 성과를 측정하는 신뢰할 수 있고 일관성 있는 방법이 없다면, 개선을 측정할 수 없기 때문이다. 대학이 성과를 측정할 수 없다면, 보상을 줄 수 없다. 명확하고 일관된 측정에 기반한 보상이 없다면, 개선은 만약 있다면 매우 특이한 방식으로 있을 것이다.

내부 데이터 관중(Internal Data Audiences)

대학 내부 데이터 측정은 두 개의 일반적 범주, 즉 성과의 글로벌 지표(global indicators of performance)와 효과성의 운영 측정치(operational measures of effectiveness)로 나뉜다. 이 둘은 같은 형태의 측정이 아니다.

- 성과의 글로벌 지표는 대학과 단위들에게 대학의 가치들을 표현하는 주요 변수들에서 개선이 일어나고 있는지를 말해주는 역할을 한다.
- 효과성의 운영 측정치들은 경영자들에게 대학 운영을 개선하는 데 도움을 주어 성과의 글로벌 지표들이 나아지도록 한다.

이러한 구분은 기업이 이사회와 투자자들에게 주가, 주가수익비율(Price-to-Earning Ratio: PER), 시장점유율 및 유사한 숫자들과 같은 성과의 비교 글로벌 지표를 제공하는 것을 연상시킨다.

그러나, 운영 측정치들은 경영자들이 매출 목표, 생산 한 단위당 비용, 재고자산회전율, 신용대출비용, 생산효율성 등과 같이 기업 성공의 글로벌 지표들에 기여하는 과정변수들을 추적하는 데 도움을 준다. 이사회와 투자자들은 기업의 성공을 추적하기 위해 단 몇 개의 글로벌 비교 지수들을 살핀다. 그들은 주가가 상승하기를 원할 뿐만 아니라, 시장에서 유사 기업의 주가보다 더 많이 상승하기를 원한다. 그들은 자기 회사가 시장점유율을 얼마나 차지하는지, 같은 비즈니스에 있는 다른 회사들에 비해 어떤 성과를 내고 있는지를 알기 원한다.

다시 말하자면, 정확하게 어떻게 회사가 좋은 결과를 내는데 성공하는가는 내부 경영을 위한 운영 이슈이다. 글로벌 지표의 개선을 통해 볼 수 있는 결과들은 기업의 성공을 보여 준다. 결과를 얻는 것은 경영자의 일이고, 다른 상황에 있는 다른 경영자들은 좋은 결과를 얻기 위해 다른 기법을 사용할 것이다. 그러나 중요한 것은 결과이다.

대학들은 큰 규모의 비즈니스 경영과 같이 서로 다른 특징을 가진 운영 단위들을 갖고 있다. 국제적 기업이 트랙터, 오토바이, 트럭, 자동차와 건설장비를 만들 때, 각 단위(디비전)는 자신의 성과를 추적하기 위해 생산성과 질의 각각 다른 측정치를 사용할 것이다. 대학의 화학과와 영어영문학과, 공과대학과 교육대학, 또는 건강과학과와 예술학부들은 서로 다른 운영모델, 성취의 정의, 그리고 운영 효과성과 관련된 측정치들을 갖는다.

대학에서 결과 측정치들은 성과의 글로벌 지표들이고, 운영 측정치들은 학장 및 학과장과 같은 단위 경영자들(길드장들)이 좋은 결과를 내기 위해 사용하는 것들이다.

효과적인 예산 과정은, 앞서 언급한 바와 같이, 대학의 생산물을 티칭과 연구라는 두 개의 범주로 나누는 것으로 시작하면 좋을 것이다. 예산은 이 티칭과 연구의 책임단위들을 보통 대학의 단과대학들(schools 또는 colleges)로 정의한다. 단과대학 아래에 있는 책임단위들에 대해서는 어떤 가정도 하지 않고, 그럼으로써 학과들과 프로그램들의 운영 영역을 책임단위 경영진에 남긴다.

두 개의 생산물인 티칭과 연구를 정의한 후, 대학은 각 생산물의 생산성과 질을 분리해서 측정하는 방법을 창출한다. 예산시스템을 통해서 대학은 또한 대학의 모든 직접비용과 간접비용을 티칭 또는 연구에 할당하는 비용–배분 과정을 개발한다.

이 중요한 단순화는 대학의 가치들을 돋보이게 하는 데 도움을 준다. 이렇게 질문한다: "이 대학을 위해서 무엇이 가장 중요한가?" 이 경우 답은 비록 대학이 다른 가치들을 택할 수 있다 하더라도, "티칭과 연구"이다. 이 예에서, 우리는 다음으로 학업상담, 공동체 서비스와 대학이 하는 많은 다른 것들의 간접비용을 어떻게 분류할 것인가를 물어야 한다. 예산을 결정하는 측정 시스템은 다음과 같은 분석을 통해 이 질문에 답한다.

대학의 가치들은 실제로 계층(hierarchy) 안에서 존재한다. 티칭과 연구가, 이 두 가지가 없으면 대학은 사명에서 성공할 수 없기 때문에, 대학 가치들의 최상위 계층에 있다. 이 계층을 인식하고, 대학은 다른 비용들을 티칭 또는 연구에 할당한다.

- 예를 들면, 학업상담은 티칭을 잘 하는 데 따르는 비용이고, 따라서 그 비용을 티칭에 부과한다.
- 또 다른 예로는, 연구와 대학원 프로그램 경영은 연구를 하는 데 따르는 비용이고, 따라서 그 비용을 연구에 부과한다.

모든 비용을 연구 또는 티칭에 할당함으로써, 대학은 미션을 달성하기 위해 어떻게 자원을 투자하는지, 그리고 그렇게 하는 데서 어떻게 대학의 가치들을 명확히 하는지를 평가하는 분명한 수단을 얻는다. 대학들은 일반관리를 위한 고정비용(흔히 대학 간 스포츠경기를 포함)을 비율적으로 티칭과 연구 예산에 배정한다.

예를 들어, 만약 한 대학이 3명의 교수가 2주 작업을 필요로 하는 공동체 서비스 프로젝트에 참가할 기회를 갖는다면, 예산시스템은 이 노력이 티칭 또는 연구, 또는 둘 다에 비용이 된다는 것을 인식한다. 공동체 서비스는 해서 좋은 일이지만, 그것을 하는 데는 대학에 비용을 발생시킨다.

프로젝트, 프로그램 및 활동에 드는 비용을 티칭이나 연구에 배분함으로써, (예산) 시스템은 모든 사람이 분명한 선택을 하도록 강요하고, 교수 일과 시간이 가치 있고 제한된 자원이라는 것을 인식하게 만든다.

만약 대학이 교수진을 티칭이나 연구를 하는 데 배정한다면, 교수들을 다른 프로젝트에 일하도록 재배정할 때는, 대학은 교수가 무료로 일한다고 하지 않는 한(대부분의 경우 있음직하지 않은 대안이지만), 교수들의 티칭과 연구에 대한 책임을 줄여주어야 한다. 이는 티칭 또는 연구 비용을 높게 만드는데, 교수가 더 이상 100% 티칭과 연구에 일하지 못하게 되더라도 대학은 여전히 정규 보수를 지급하기 때문이다. 다른 활동들에 사용하는 교수들의 시간에 대해 특별 지급이 없을 때, 교수들의 비용은 여전히 티칭과 연구에 부과될 것인데, 그러나 그 두 가지 일에 대한 완전한 책임은 없는 것이 된다. 다시 말하면, 교수진 시간과 노력을 경영이나 서비스를 지원하기 위해 티칭과 상관 없이 재배분하는 것이 반드시 나쁘지는 않다. 그것이 공짜가 아닐 뿐이다.

많은 대학 사람들과 그들의 후원자들은 이런 대화를 싫어하는데, 그것이 대학의 사회적 또는 서비스 사명을 부정하는 것으로 보이기 때문이다. 그러나 교수 일의 가치에 대한 이 명확한 인식이 사실상 그러한 사명들을 지원하는 것인데, 그것이 모든 참가자들에게 그들이 무엇을 원하고 얼마나 비용이 드는지에 대해 분명히 할 것을 요구하기 때문이다.

그들은 교수진이 티칭에, 연구에, 공공서비스에, 경영에 또는 이들의 조합에 풀타임으로 일하기를 원하는가? 그런데, 대학이 공공서비스의 요청이나 보다 자세한 경영통제를 갖고 싶은 욕구에 반응하여 교수들의 노력을 이러한 목적으로 전환시키고 난 후, 누군가가 교수들이 충분히 가르치지 않고 충분히 연구도 생산하지 못한다고 생각한다는 것을 알게 되었을 때 문제가 발생한다.

대학의 가치들과 측정치들이 명확하지 않을 때, 대학들은 자원을 고려하지 않은 채 모든 사람의 요구를 들어주려는 시도를 한다. 그 결과는 자연스럽게 대학이 감당할 수 있는 것보다 더 많은 것이 기대되고, 그것이 대학이 효과적인 조직이 아니라는 적절하지 않은 감각으로 이어지게 된다.

실제로, 대학은 효과적이지만 제한된 자원의 사용에서 명확하지 않을지 모른다. 새로운 의무를 비용을 분명히 고려하지 않고 받아들인다면, 사람들을 기쁘게 하려는 대학들은 어떤 구성원들에게는 단기적으로 인기가 있을지 모르지만, 자원에 대한 과다 책임으로 이어지고 결국은 주요 사명에서 효과성을 감소시키게 된다.

티칭, 연구 및 예산

우리의 단순화된 예를 이어 가자면, 효과적인 예산 과정을 수행하기 위해서는, 대학은 티칭과 연구를 측정해야 한다.

티칭은 대학 안에서 여러 형태와 구조를 가지며, 티칭의 생산성과 질을 측정하는 것은 흥미로운 도전이 된다. 대학들은 이 도전을 티칭 과정의 모든 미묘함(nuance)을 잡기 위한 독특하고 구체적으로 맞춰진 데이터 시스템을 디자인함으로써 해결할 수 있다고 믿는다.

그러한 프로젝트들이 흥미롭고 중요한 지적 통찰력을 제공하지만, 보통 실용적인 측정들을 제공하지는 못한다. 그 대신, 대학들은 직무량을 할당하거나 학위요건 충족을 인증하는 등 다른 목적으로 수강과목을 추적하기 위해 이미 존재해 온 어떤 회계 시스템이든 사용하여 생산성의 이슈에 충분히 가까이 접근할 수 있다는 것을 알게 된다.

대부분의 대학들에서 학점은 교육을 위한 공통화폐(common

currency)이다. 학생들은 학위로의 진전을 학점으로 정의하고, 교수진은 그들의 티칭 일을 학점으로 정의하며, 학생들과 부모들은 학점에 대해 지불하고, 주 정부는 학점에 기반하여 돈을 배분하며, 교수진과 인증기관은 학점을 가지고 교과과정을 승인한다.

이런 이유로, 대부분의 대학들은 좋은 학점 데이터를 갖고 있고, 학점에 관한 한 어떤 필요한 정보도 제공 가능하다. 대학들은 졸업에 이르기까지 몇 학점을 학생들이 따야 하는지를 보여 줄 수 있고, 각 교수가 몇 과목을 가르치는지를 계산할 수 있으며, 또는 각 학과가 몇 학점을 생산하는지(가르치는지)를 보고할 수 있다.

효과적인 예산 과정은 티칭 생산성을 학점으로 측정하고, 그 학점을 이수시키는 데 필요한 교수시간에 대한 비용을 지불하는 단위, 즉 (단과)대학에 그 학점을 배정한다. 여기서 중요한 것은 생산성을 비용을 부담하는 단위에 배정하는 것이다. 만약 역사학 교수가 교육학 수업을 가르친다면, 그 학점은 교육대학이 역사학 교수의 수업에 대해 역사학과에 비용을 지급하지 않기로 한다면, 역사학과에 속한다.

예산은 또한 크고 작은 수업의 차등 생산성, 그리고 아마도 과학 분야의 고투자 수업과 인문학 분야의 저투자 수업의 차등 비용을 고려해야 할 것이다. 그러나 실제로는, 세련된 가중 시스템이 미세한 차별화가 중요하다고 생각하는 사람에게는 편안함을 주는 반면, 그런 가중 시스템은 복잡한 (단과)대학들을 다룰 때는 결과에서 거의 차이를 만들지 않는다. 학과 수준에서 수업의 유형과 강도에 의한 차등 가중치들이 차이를 만들지 모르지만, 대학 예산에서 사용되는 규모에서 유일하게 도움이 된다고 보이는 생산성 가중은 수업 크기에 의한 것이다.

이 가중은, 모든 유사한 시스템과 같이, 학술적 가치에 대한 판단을 반영한다. 학술적 가치는 대학이 수업이 크고 작음에 따라 재무적 인센티브를 제공해서는 안 되고, 수업 크기에 대한 결정은 재정적 이슈들보다는 주로 교육학적인(pedagogical) 이슈들을 반영하도록 시스템을 만들어야 하는 것이다. 그렇게 하기 위해서, 성과모델은 큰 수업보다는 작은 수업에 더 높은 가중치를 배정한다. 가중치의 크기는 실용적이여서, 현존하는 데이터의 분석을 통해 어떤 가중이 개선의 측정에서 큰 수업과 작은 수업 간 가장 가까운 균형을 생산하는지를 확인함으로써 결정된다.

목적은 작은 수업을 가치 있게 만드는 것이지만, 대학이 모든 교수들의 노력을 작은 수업에 재배분함으로써 생산성 측정치를 극적으로 개선하는 데 성공할 수는 없고, 이는 오히려 전체적으로 낮은 생산성을 낳는 전략이 된다. 이와 비슷하게, 또 다른 목적은 큰 수업을 더 가치 있게 만드는 것이 될 수 있으나, 마찬가지로 교수들 노력을 큰 수업에 재배분하는 전략이 크고 작은 수업을 교육학적 이유로 혼합시키는 전략보다 더 큰 이점이 있다고 말하기 어렵다.

이런 형태의 거의 모든 가중 시스템은 현 상태(status quo)에 기반을 둔다. 즉, 우리는 크고 작은 수업의 현 구조를 반영하는 가중을 만든다. 그리고, 목적은 현 시스템을 개선함으로써 효과성과 질을 개선하는 것이다. 만약 우리가 균형을 바르게 취하고 있다면, 학과들과 (단과)대학들은 현 실행보다 더 나은 최적화를 달성하기 위하여 크고 작은 수업을 균형시킬 것이다. (큰 수업이 너무 많으면 작은 수업을 많이 만들고, 반대면 반대로 할 것이다.)

실제로, 효과적인 예산시스템을 설치할 때, 어떤 학과들과 (단과)대학들은 시스템과 게임을 하려 시도할 것이다. 만약 예산에서 사용된 가중 시스템이 좋은 최신 데이터를 이용하여 조심스럽게 디자인된 것이라면, 가중치들은 대학이 어떤 하나의 수업 크기에 대한 과잉 강조가 최적 생산성을 가져오지 못하거나, 또는 개선과 연관된 보상을 얻는 데 이점을 주지 못한다는 것을 보여 주게 될 것이다.

경영대학(원) 학장이 화난 채 돌진해 들어오면서, 부총장에게 말한다. “내가 하이브리드 인터넷-라이브 강사 수업 시스템을 가지고 대학 전체에서 최고의 생산성을 보였는데 바이올린 공연과 같은 작은 수업을 가진 단위들을 보상한다고요. 나는 큰 수업을 죽이고 작은 수업만을 하겠습니다. 그래서 말도 안 되는 생산성 게임에서 승리할 겁니다.”

대학 내에서 사용되는 수법에 낯설지 않은 부총장이 말한다.

"학장님은 수학을 하지 않으셨군요. 우리는 생산성 공식에서 큰 수업과 작은 수업에 다른 가중치를 줍니다. 만약 학장님이 전부 작은 수업만을 하면, 경영대학은 질 거에요. 그리고 전부 큰 수업만을 해도 질 거에요. 고생산성의 큰 수업을 유지하고 작은 수업 수를 늘릴 때 이깁니다."

학장이 부총장은 수학을 했고 자기는 안 했다는 말에 언짢아 하면서 말한다. "아마도 그럴지 모르지요. 그런데 만약 그게 사실이라면, 왜 음악대학 학장이 총장의 계획을 지지합니까?"

부총장이 말한다. "음대 학장은 수학을 했고, 그녀의 규모가 큰 음악 및 미술 감상 수업이 바이올린 개인교습과 음악이론에서의 작은 수업이 잘 균형을 이룬다는 것을 알아요."

학장이 말한다. "오, 제가 다시 계산하러 가겠습니다."

연구는 대학의 또 하나의 최고 수준 활동이다. 연구생산성 측정은 티칭생산성 측정보다 훨씬 더 어렵다. 이는, 학점이 대학 티칭의 대부분을 잡는 것과 같이, 어떤 쉬운 데이터 요소가 교수 연구의 대부분을 잡아내지 못하기 때문이다. 그럼에도, 대학 전체로 그리고 단과대학들에서, 외부 지원된 연구에 대한 총 지출은 연구생산성의 좋은 대용치가 된다. 이 데이터는 쉽게 얻을 수 있고, 단위의 경영자들이 이 데이터를 잘 이해한다. 어떤 단위들은 다른 단위들에 비해 연구자금 조달에서 훨씬 더 큰 기회와 성취를 가질 것이지만, 예산-측정 과정이 아래에서 설명하는 것과 같이 이 문제를 해결한다. 외부 지원된 연구지출이 연구생산성을 확인하는 데 아주 효과적인 지표이다.

예산은 또한 **모금**과 **기타소득**을 생산성 평가의 최고 수준에서 추적한다. 두 지표는 대학의 두 미션을 지원하기 위한 스폰서된 연구나 티칭(주로 주 정부 수입과 등록금수입) 이외의 자금 획득에서 얼마나 성공했는가를 측정한다.

모금은 대학 사명을 위하여 개인들, 기업들 또는 재단들로부터 사적 기부를 구하는 개발 또는 전진 활동을 말한다.

기타소득은 임상수입(clinical revenue), 특허(patents)와 라이선스 수입, 그리고 다른 형태의 판매 또는 서비스 수입을 말한다.

모든 명확한 측정치들의 경우와 같이, 이런 것들은 기관적 우선순위를 반영하고 그것을 보이게 만든다. 대학은 개선의 기회들이 연구 자금조달, 주 정부 배분, 기본소득, 또는 등록금 지원에 더하여 다른 소득 원천의 확장에 크게 의존한다는 것을 인식한다. 그런 노력을 위한 필요한 인센티브를 만들기 위해, 대학은 모금과 기타소득 개선을 대학의 최상위 지표들 중에 포함한다.

좋은 측정치들을 찾는 데 있어, 공통적 우려는 규모 및 기회와 연관이 있다. 대학이 어떤 표준화된 측정치들을 만들 때, 다양한 길드와 (단과)대학들은 그 측정치들을 자신들의 특정 길드에 부적절하거나 불공정하다고 즉각 공격한다. 만약 생산성 수치가 학점이라면, 외국어를 작은 수업에서 가르치는 작은 단위들은 원격교육방법을 통해 많은 학생들을 가르치는 경영

대학에 비해 불리하다고 느낄 것이다. (단과)대학들과 단위들의 총 생산성을 비교하고, 가장 큰 몫을 가진 (단과)대학이나 단위들을 보상하는 시스템에서는, 이러한 불평들이 가치를 갖는다. 그런데 좋은 측정 시스템은 이 이슈를 다룬다.

대학은 각 (단과)대학이 대학의 프로그램들에 대한 구체적인 공헌을 하고 가치가 있다는 학술적 판단을 한다. 만약 대학이 한 (단과)대학을 없애려 하거나 새로운 프로그램을 만들려고 선택한다면, 개선을 위한 측정시스템은 주요 사명의 재정의를 달성하기 위한 구조가 아니라는 것을 인식해야 한다. 이러한 프로그램의 추가나 제거와 같은 것을 포함하여 대학의 미션이나 우선순위를 재조정하는 것은 새로운 기회 또는 재정적 위기에 대응하기 위한 특별 전략적 검토에 속한다.

좋은 측정의 기능은 대학의 현존 프로그램의 개선에 있고, 프로그램의 발명 또는 종료가 아니다. 따라서, 그러한 콘텍스트에서 대학은 예산을 사용하여 개별 (단과)대학이 최고의 성과 수준에 이를 때까지 개선을 위한 인센티브를 창출한다. 최고 수준의 성과에 도달한 단위들은 거의 없으나, 만약 있다면 그 단위는 경쟁에서 최고 수준에 남기 위해 개선해야 하고, 예산이 최고 수준 성과의 유지를 보상한다.

생산성 데이터는 각 (단과)대학의 개선을 자신의 이전 성과와 비교해 측정하는 데 도움을 준다. 이 측정 시스템 안에서, 대학은 건축이 비즈니스만큼 많은 학점 수를 갖는지 상관하지 않는다. 중요한 것은 건축이 금년의 성과를 작년의 성과에 대해 측정했을 때 개선됐는지, 그리고 비즈니스가 전년도에 비해 개선됐는지 여부이다.

각 단위가 나아질 수 있고 보상을 받을 수 있다. 물론, 모든 단위가 그렇게 하지는 않는다. 데이터가 각 (단과)대학 또는 학부의 개선을 이전 성과와 비교해 측정하는 데 도움을 준다. 대학이 나아지면 당연히 보상을 받을 자격이 있다.

같은 원리가 연구 생산성에도 적용된다. 연구-집중 의과대학은 연방 정부에서 자금조달하는 생명과학 연구시장의 주요 플레이어이기 때문에 높은 연구 생산성을 가져야 한다. 그러나 미술대학은 보조금으로 측정했을 때, 미술 분야에서 그러한 시장이 작기 때문에 낮은 연구 생산성을 보일 것이다.

그럼에도 불구하고, 미술 프로그램이 외부에서 조달된 보조금 포트폴리오 50만 달러에서 성공적인 보조금 지원과 재단 자금조달에 의해 100만 달러로 개선한다면, 그것은 의과대학이, 주위의 비교 대학들이 2배 정도 자금을 끌어들였을 때, 2천만 달러에 머물러 있는 것보다 훨씬 더 보상을 받을 자격이 있다.

이 측정치들은 성공하는데, 그 초점이 대학의 국가적 콘텍스트 내 개선에 있고 많이 다른 타 대학들과의 비교에 있지 않기 때문이다. 만약 대학 내 각 (단과)대학이 자신의 콘텍스트 내에서 개선된다면, 대학은 전체적으로 개선될 것이다. 총체적 대학 성과는 (단과)대학에서 국지적으로 추진된 성과로부터 온다. 예산이 이 (단과)대학-기반의 성과를 보상해야 한다.

측정에 관한 이 부분의 대화는 생산성에 집중하는데, 생산성은 측정 방정식의 반이기때문이다. 생산성 측정은 대학이 사용가능한 돈으로부터 최대한 성과를 얻도록 만든다. 돈은 모든 대학 사람들이 아는 것처럼 질과 효과성을 위해서 필요하다. 돈은 학술적 일을 하기 위해 필요한 사람과 지원, 그리고 다른 것들을 산다. 돈을 더 많이 가질수록 대학은 더 많은 것을 할 수 있다.

생산성 개선은 새로운 돈과 동등하다. 생산성 개선은 같은 일을 더 적은 돈으로, 더 많은 일을 같은 돈을 가지고 할 수 있는 것을 의미한다. 향상된 생산성에 의해 생성된 매 달러는 질에 투자하고, 새로운 프로그램을 시작하며, 교수와 학생 프로젝트들을 지원하는 기회를 제공한다. 대학의 기능을 강화하기 위한 새로운 돈의 다양한 원천 가운데 생산성 증가는 거의 완전히 대학과 (단과)대학들의 통제하에 있는 몇 안 되는 것 중 하나이다.

그러나, 생산성만으로는 효과적 성과-기반 예산을 추진하는 데 충분하지 않다. 질이 동등하게 중요한데, 질 없는 생산성은 낮은 결과를 생산하기 때문이다. 만약 인센티브가 생산성 만을 위한 것이라면, 대학들은 보상이 질 개선에 달려 있지 않기 때문에 질을 최저 수용가능 수준으로 떨어뜨릴 것이다. 또한, 질은 생산성보다 더 어렵다. 교수진은 일 부담을 많이 늘리지 않고 학생을 수업에 쉽게 늘릴 수 있으나, 질을 증가하는 데는 시간, 노력, 생각, 그리고 일이 요구된다.

이러한 이유로, 대학은 적어도 생산성 개선과 같은 수준에서 질의 개선을 보상해야 한다. 일단 단위가 기본선의 성과 기준을 충족시킨다면, 그 단위는 학생들과 교과과정이 요구하는 수준에서 티칭에 헌신한다고 증명되는 것이고, 질 또는 생산성의 개선은 분리된 보상을 만든다. 질과 생산성 둘 다의 개선은 2중 보상을 만든다.

흔히, 대학은 생산성을 개선함으로 질도 개선하는 것으로 나타나는데, 이는 효율적이고 효과적이 됨으로써 학생들을 위해 연구를 위해 일을 더 잘 할 수 있기 때문이다. 대학이 개선됨에 따라 예산은 추가적 질에 재투자하는 데 사용할 수 있는 금전적 보상을 제공한다.

성과예산은 기술한 대로 대학의 주요 단위들, 보통 (단과)대학의 일에 주의와 측정을 집중함으로써 책임중심경영(RCM)의 통찰력에서 많은 것을 가져온다. 성과예산은 단위의 생산성과 수입생성 능력을 잡아내기를 시도하고, 생산성과 질이라는 쌍둥이 추진자를 다룬다.

그러나, 이러한 예산시스템들은 현존하는 기업(대학)의 개선을 추진하는 데는 도움이 되고, 구조나 사명의 극적인 변화를 생산하는 데는 도움이 되지 않는다는 것을 기억할 필요가 있다. 대부분의 대학 개선은 지속적인 증분 변화(incremental change)를 통해 이루어지기 때문에, 예산을 추진해 가는 측정과정이 더 안정적이고 예측 가능할수록, 대학의 개선은 더 지속적인 것이 될 것이다.

요점

• 대학들은 학생, 교수, 수입 및 비용 등과 관련되어 셀 수 없이 많은 데이터를 생산한다. 그 대상은 첫째로 정부 및 의회, 인증기관, 랭킹기관 등 대학 외부 후원자들로, 그들에게 관료적, 정치적 질문에 답한다. 둘째는 (단과)대학들과 단위들과 같은 내부 구성원으로, 그 단위들이 교육과 연구에서 얼마나 개선을 이루었는지를 추적한다.

• 실제로, 단순화된 측정 과정은, 주된 미션인 티칭과 연구의 생산물의 생산성과 질을 분리해서 측정하고, 예산시스템을 통해 모든 직접비용과 간접비용을 티칭과 연구에 할당하는 것이다. 예산시스템은 대학이 미션을 달성하기 위해 어떻게 자원을 투자하고 대학의 가치를 높일 수 있는지 명확히 할 수 있고, 모든 구성원들이 분명한 선택을 하도록 강요하며, 교수 일과 시간이 가치 있고 제한된 자원이라는 것을 인식하게 만든다.

• 효과적인 예산 과정에서, 티칭의 생산성은 단위들이 생산하는 학점 수로 측정하고 그 학점을 이수시키는 단위에 그 학점을 배정한다. 여기서 단위당 생산하는 학점의 차등으로 인해 효과적인 가중치를 적용한다. 연구의 생산성은 정부와 기업의 스폰서된 연구지출에 의해 측정한다. 티칭의 질을 측정하는 것은 매우 어려운데 티칭은 개인화되어 있고, 티칭의 질에 관한 국가적 벤치마킹도 없기 때문이다.

• 대학이 성과를 개선하기 원한다면, 몇 개의 주요 지표들을 사용하여 일관성 있게 측정해 가야 되며, 그리고 개선을 추적해야 한다. 이 과정의 대체재는 없다.

• 성과예산(PBB)은 비용통제에 치중하는 책임중심경영(RCM)의 통찰력에서 많은 것을 가져온다. 그러나 성과예산은 비용통제보다는 성과(예로서, 졸업생이라는 산출물output, 그리고 취업생이라는 결과물outcome)에 더 집중한다. PBB는 구체적인 목표의 달성에 기반을 두고 돈을 배분한다.

• 예산시스템들이 현존하는 기업(대학)의 개선을 추진하는 데 도움이 되지만, 구조나 미션의 극적인 변화를 생산하는 데는 도움이 되지 않는다. 대부분의 대학 개선은 지속적인 증분 변화(incremental change)를 통해 이루어지기 때문에, 예산을 추진해 가는 측정 과정이 더 안정적이고 예측 가능할수록, 대학의 개선은 더 지속된다.

• 대학들이 생산하는 수많은 데이터 중 사람들이 관심을 갖는 비율에 주의를 기울일

필요가 있다. 대표적 예로 졸업률과 교수 대 학생 비율이 있는데, 학생 및 교수의 구성이 다르고 측정 시점이 다르기 때문에 타 대학과의 비교 시에는 특별한 주의가 필요하다.

11장

질

질은 학술적 측정에서 가장 이해하기 어려운 것 중의 하나이다. 모든 사람이 질에 대해 말하고 질을 좋아하며 대부분의 대학인들은 질을 보면 안다고 말한다. 그러나 우리가 학과들, 단과대학들, 대학들의 질의 구체적 측정치들을 요구할 때, 그 작업은 매우 복잡해진다.

《최고의 미국 연구중심대학(The Top American Research Universities)》은 연구중심대학을 9개 지표를 가지고 순위를 매긴다.* 이 방법이, 최고품질 연구중심대학 캠퍼스 집단을 확인하려는 목적에서 논란의 여지가 없는 것은 아니지만 훌륭하게 잘 작

---

* 매사추세츠대학 애머스트 캠퍼스에 있는 대학성과측정센터(MUP센터. '감사의 말' 참조, 옮긴이)는 연구규모(총 연구개발비 지출,과 연방정부 지원 연구개발비 지출), 교수진의 질(학술원 회원 수, 우수교수 수상 수), 외부에서 본 대학의 질(박사배출 수, 박사후 진출자 수, 학부생의 SAT(수능) 중위값), 자원의 규모(기본재산, 연 기부금)와 같은 4개 영역, 9개 지표를 가지고 연구중심대학의 질을 평가하여 상위 50개 대학을 최고 연구중심대학으로 선정한다.(옮긴이)

동한다. 그러나 효과적인 예산편성 과정을 구축하기 위해, 충분히 높은 구체성과 신뢰성의 수준에서 대학 내 질을 측정하는 것은 추가적인 도전을 만든다.

질의 개선을 추구하기 위한 예산은, 만약 그것이 돈의 보상을 효과적으로 배분하기 위한 것이라면, 상당히 견실한 측정치들을 요구한다. 대학이 무엇을 측정할 수 없다면, 개선을 보상할 수 없다. 그 측정치들이 만드는 인센티브와 행위는 깨끗한 측정을 요구한다.

질—1차적 사건

비록 질과 생산성이 예산편성을 위한 측정에서 같은 취급을 받는다 해도, 대학의 개선에서 같은 역할을 하지는 않는다. 질이 1차적 사건(main event)인데, 최고의 대학들은 최고 품질의 학생들, 교수들, 교육 및 연구 프로그램들을 차지하려는 질 엔진이기 때문이다.

질은 목적 그 자체이다. 이론적으로는, 만약 세계 최고의 질을 가진 교수 한 사람과 최고의 학생 한 사람이 있으면 질이 만족스러울지 모른다. 이것은 스포츠와 승자독식 기업을 움직이게 하는 극단의 이론이다. 그러나 대학에서는 이 접근방법이 효과적이지 않다. 대학은 시즌도 없고, 학술적 성과에서 챔피언십을 따는 것도 아니다.

대학은 사회에 대하여 안정적이고 영구적인 그리고 지속

적인 지식, 배움 및 관련된 서비스와 혜택의 창작자로서 역할을 한다. 대학에게 중요한 것은 생산성과 질 양면의 지속적인 최고 성과이다. 이것이 대학을 질 엔진이라 부르는 이유이다.

생산성은 대학이 개인들, 주 정부 및 연방 정부, 그리고 기타 지원그룹들의 투자와 교환하여 재화와 서비스의 상당한 양을 제공하는 대학의 전력투구에 대하여 말하는 것이다. 질은 대학이 국가적으로 국제적으로 경쟁력 있는 재화와 서비스를 제공하는 책임에 대하여 말하는 것이다.

기업으로서 대학의 성공은 시장에서 질의 상당한 지분을 위해 경쟁할 수 있는 능력에서 온다. 질은 희소하고, 그것을 위한 경쟁은 치열하다. 또한, 질과 생산성의 관계는 대학 관찰자들이 간과하기 쉬운데, 그 주된 이유는 대학이 국가적 및 국제적 질 시장에서 탁월해지기 위해 필요한 돈을 얻는 데서 생산성과 질이 둘 다의 중요성을 과소평가하기 때문이다.

질 측정 콘텍스트

성과예산은 질에 대해 두 가지 관점, 즉 국가적 및 내부적 관점에서 접근한다. 연구중심대학들의 연구 질은 국가적 콘텍스트에서 측정되어야 한다. 질은 추상이 아니라 국가적 표준과 대비한 구체적인 측정이다. 각 길드는 질의 국가적 표준을 갖고 있고, 한 길드에서 질이라 인정되는 것이 다른 길드에서는 관계가 없다.

간단한 예를 들면, 역사학자들에게는 책과 책 길이의 논문(monograph)이 그들이 평가하는 주된 질 생산물이고, 저널 논문은 중요하지만 책을 대체할 수는 없다. 과학 분야에서는 저널 논문이 질 관리에서 주된 수단이다. 어떤 분야들에서는 1인-저자 출판이 질을 결정하는 반면, 다른 분야에서는 복수-저자 출판이 규범이다. 과학 분야는 보조금을 측정하고, 반면에 미술, 연극, 음악 분야는 전시와 공연을 본다. 질의 정의에 대한 여러 변형들이 각 길드와 길드의 하위전공(subdisciplines) 내에서 다시 분야(fields)와 하위분야(sub-fields)가 확장됨에 따라 증폭한다.

비록 학술적 생산물들의 이 복잡한 혼합의 질을 측정하는 것이 희망적이지 않게 보일지라도, 대학 사람들은 타 대학의 같은 분야 동료의 업적을 평가하는 데 꽤 능숙하다. 그들은 외부인들에게 과정을 명확하게 설명하지 않는 경향은 있으나, 질을 어떻게 측정하는지 알고, 만약 강요된다면, 평가 과정에서 이를 분명히 말할 수 있다.

만약 대학이 성과예산을 채택하고, 또 만약 나타난 질 개선에 대해 의미 있는 보상을 제공한다면, 교수들은 효과적인 질 측정을 개발할 것이다. 물론 측정이 완벽하지는 않겠지만, 보상을 배분하는 데 필요한 공평한 기반을 제공하는 것에는 충분히 가까울 것이다. 경험이 질 측정이 두 가지 차원(dimensions)을 요구한다는 것을 보여 준다. 국가적 경쟁과 대비한 외부 벤치마크(external benchmark)와 개선의 내부(교내) 측정

(local measurement)이다.

연구의 국가적 벤치마킹(National Benchmarking of Research)

이상적으로, 모든 질 측정은 국가적 벤치마킹을 개입시킬 것이다. 국가적 벤치마킹에서, 대학은 학술 프로그램의 성과를 같은 형태의 전국 최고와의 관계에서 측정한다.

어떤 사람들은 질 측정의 목적이 자신들의 대학과 유사한 동료그룹과 대비해 측정하는 것이라 생각한다. 그러나 그것은 국가시장에서 최고의 유능한 교수를 초빙하기 위해 경쟁하는 대학들에게는 만족스럽지 않은 벤치마킹을 제공하는 것이다. 동료 벤치마킹은 주의 깊게 선택된 그러나 상대적으로 쉬운 타겟에 대한 비교를 만드는 경향이 있어, 문제의 단위를 인위적으로 더 낫게 보이도록 할 수 있다. 그 대신, 대학들은 성과의 최고 수준에 있는 표준들과 대비한 국가적 벤치마킹을 고집해야 한다

많은 전공에서 벤치마킹은 비용이 많이 들고 시간 소모적인 과정이다. 대부분의 (단과)대학들과 그들의 프로그램 및 학과들은 자기들 분야에서 무엇이 질을 정의하는지 안다(출판 수, 보조금 수, 수상 형태, 인용 횟수 등). 그러나 벤치마크를 위한 이러한 요소들의 데이터는 쉽게 얻을 수 있고 일관성 있으며 비교 가능한 형태로는 가끔 존재할 뿐이다.

많은 경우에, (단과)대학들과 학과들은 그들의 상대적인 국가적 질을 보여 주기 위해 경쟁자들로부터 일관된 형태로 데

이터를 수집해야 한다. 이에 드는 비용과 시간 때문에 단위들이 이 프로젝트를 매년 완수할 수는 없다. 국가적 벤치마킹은 3년 사이클이 아마도 합리적이라 할 수 있는 것에 가깝지 않을까 한다.

벤치마크들이 성과의 국가적 수준을 정하는 반면, 그 벤치마크들이 성과예산을 효과적으로 운영해 가고 집행하기도 어려운데, 이는 그 벤치마크들이 실제 성과 변화에 비해 측정치들을 수집하는 데 요구되는 시간만큼 뒤지기 때문이다(1-3년 사이). 예산은 연례적인 증분적 인센티브 시스템이고, 그 효과성은 성과 변화와 인센티브 보상 전달 사이의 짧은 사이클에 의존한다. 이 문제에 대한 해결책은 질 개선의 내부 측정치를 추가하는 것이다.

연구의 내부 측정(Internal Measurement of Research)

질의 내부 측정은 국가적 벤치마킹에서 확인된 것들과 같은 측정치들을 택하고, 개별 단위의 성과를 매년 추적하여 개선을 일어나는 즉시 확인하고, 개선에 대한 보상을 제공하는 것이다. 이것이 개선을 위한 즉각적 반응(feedback)과 보상을 제공함으로써 인센티브의 유용성을 강화한다. 이에 더하여, 내부 측정치들이 외부 벤치마크들보다 더 상세하고 미세조정될 수 있다.

이 과정이 상대적으로 쉬워 보이나 그렇지 않다. 많은 대학들은 질을 분명하게 비교하는 프로그램에 참여하기를 원하지 않는다. 많은 대학인들은 질에 대해 분명하게 측정하기보다는 추상적으로 말하는 것을 선호하는데, 이는 그들의 자아상(self-image)이 데이터에 의한 질 평가와 맞지 않을지 모른다고 우려하거나 또는 성과-기반의 예산 과정 자체를 믿지 않고 반대를 위한 최고의 공격은 그것이 질 개선을 지원한다는 것을 부정하는 것이라 판단하기 때문이다. 동기가 무엇이든 대학의 질 측정치 개발에서 두 개의 보편적 실수가 나타난다.

자원을 질로 잘못 판단하는 것: 이 실수는, 단위가 질을 교수진의 평균임금, 학과 소속 교수 수, 또는 그들 분야의 도서관 장서 수와 동일시하는 데서 온다. 이것들은 중요한 이슈이지만, 질에 대해 말해 주지 않고 질을 지원하기 위해 사용 가능한 자원에 대해 말해 준다. 만약 우리가 대학이 교수들에게 과소지급한다고 말한다면, 그것이 사실일지 모르지만, 그것이 과소지급 받는 교수들이 하는 일의 질에 대해서는 아무것도 말해 주는 것이 없다.

과소지급 받는 교수들이 고품질을 생산하는 것이 가능하고, 이는 과다지급 받는 교수들이 저품질을 생산하는 것이 가능한 것과 같다. 성과예산 관련 주된 이슈는 생산되는 질이다. 성과 측정은 그 단위에게 어떻게 품질을 생산하는지를 말해 주지 않는다. 그 대신 질에서 실제 연간 개선을 측정하고 보상한다.

질의 측정가능한 요소가 존재하지 않는다고 단언하는 것: 이 실수에서, 단위는 교수들이 하는 일은 심오하고(esoteric) 정의하기 불가능해서, 성과예산이 요구하는 구체적 방법으로 측정될 수 없다고 말할 것이다. 확인된 모든 경우에, 보다 면밀한 조사에서 이는 틀렸다고 증명되었다. 그 이유는 간단하다. 길드 내에서 무엇이 고품질을 정의하는지에 대한 합의가 없다면, 대학은 길드가 신뢰성 있게 측정할 수 없는 것을 추적하는 데 희소 자원을 지출할 이유가 없다.

실제로, 모든 대학 길드는 무엇이 질을 정의하는지 안다. 예술의 예를 들어 보자. 어떤 사람은 음악공연, 조각, 발레의 질은 비교 측정을 거부하는 것이라 말할 것이다. 아마도 그럴지 모르나, 음악, 시각예술(visual arts), 발레를 감상하는 사람들은 우수성을 정하는 기준의 분명한 세트를 가지고 있다고 말할 것이다. 《뉴욕타임스》의 평론, 뉴욕메트로폴리탄 미술관에서의 전시들, 링컨센터에서의 공연, 전국적 명성의 피아노 경연들, 그리고 비슷한 공적 평론 등을 예로 들 수 있을 것이다.

예술적 질(artistic quality)의 시장을 정의하는 요소들은 권위 있는 학술지에 실린 과학논문만큼 구체적이다. 일단 길드 회원들이 질 개선에 대한 보상이 질의 합리적이고 측정 가능한 정의를 요구한다는 것을 알게 된다면, 그들은 거의 항상 측정치를 개발하고 이를 내부 개선과 외부 벤치마킹에 사용할 수 있는 방법을 찾을 것이다.

"이 질 측정 시스템은 공정하지 못합니다." 미술대학 학장이 말한다.

부총장이 놀란 표정을 짓는다. "왜 그런가요?"

미술대학 학장이 웅변하는 말투로 말한다. "미술은 주관적입니다. 그 가치가 보는 사람의 눈에 달려 있습니다. 이 질 측정 시스템은 과학 같은 분야에는 맞습니다. 그러나 미술에는 맞지 않습니다."

부총장이 재미있어 하며 말한다. "만약 미술대학 교수들이 질의 국가적 측정치를 찾을 수 없으면, 우리는 그들에게 많이 지급할 필요가 없지요. 그림 그릴 줄 아는 누구든 찾아 싸게 고용할 겁니다."

이 반응이 의도한 대로, 미술대학 학장을 화나게 만든다. "물론 우리가 무엇이 전국적으로 좋은지 압니다."

부총장이 말한다. "뉴욕의 큰 갤러리에 있는 미술전시가 내 리빙룸에 있는 전시보다 더 중요하다는 말인가요? 국제 피아노 경연이 지역 도서관에서 하는 연주회보다 더 중요하다는 말인가요? 《뉴요커》지에 있는 미술평론이 우리 대학 신문에 있는 리뷰보다 더 중요하다는 말인가요?"

학장이 이 대결에서 진 것을 깨닫고 미술대학 교수들에게 돌아가서 질의 국가적 벤치마킹 측정치들을 개발하도록 일을 시킨다.

어떤 분야에서는, 전국길드협회가 그 분야에 맞는 출판율(publication rates)과 질의 다른 정의된 요소들에 대해 데이터를 수집한다. 이런 측정치들이 존재하는 곳에서, 그런 요소들은 단위들이 개선을 보여 주는 데 도움을 줄 수 있다. 특히, 최근 개발된 글로벌연구벤치마킹시스템(Global Research Benchmarking System: GRBS)은 UN대학의 국제소프트웨어기술연구소(International Institute for Software Technology)와 미국의 대학성과측정센터(MUP)의 협업으로 만들어진 것으로, 과학 · 기술 · 엔지니어링 · 수학(Science, Technology, Engineering, and Mathematics: STEM) 분야에서 성과를 벤치마크하는 매우 효과적이고 유용한 방식을 제공한다. 대부분의 STEM 분야와 그 하위분야에서 주로 저널 게재의 빈도와 영향력을 측정하는 데서, GRBS가 질 성과의 상당히 정확한 참고점을 제시하고 국제적 참고그룹을 소개한다.

티칭의 질

마지막으로, 우리는 티칭의 질이라는 어려운 질문에 다다른다. 이 질 평가의 영역은 최고의 도전과 최저의 만족스런 해결책을 제공한다. 전반적인 티칭의 질은 측정하기가 매우 어려운데, 부분적으로는 1등급 대학들에서 티칭 질의 범위가 매우 좁은 경향을 보이기 때문이다. 다시 말해서, 거의 모든 티칭의 질은 '좋음(good)'에서 '매우 좋음(very good)'이다. 이에 더하여, 티칭의 질을 정의하는 국가적 길드 표준이 거의 완전히 없다. 티칭에서 우리가 갖고 있는 것은 역량하한(competency floor)이다. 길드들은 모든 멤버들이 괜찮거나 능숙한 선생들이 되도록 만드는 데서 약간의 우려를 갖지만, 뛰어난 티칭의 질을 정의하는 것에 대해서는 우려하지 않는다.

티칭은 물론 배움을 경험하게 하는 것이지만, 공연예술(performance art)이기도 하다. 거의 모든 대학들에서 사용되는 티칭의 학생평가는 티칭의 질을 정의하는 데 거의 효용이 없다. 이 설문조사는, 잘 검토해 보면, 학생이 그 과목에서 무엇을 배웠는지와는 관련이 없는 데이터를 생산한다, 학생이 얼마나 그 과목을 즐겼는지, 학생이 강사가 얼마나 현명하게 학생의 성과를 평가했다고 믿는지, 또는 강사가 인기가 있는지 등에 대해 말해 주는 것이 조금 있기는 하다. 모두 다른 이슈들이다.

학생평가는 학생의 즐김(enjoyment)을 추정하는 데서 가장 믿을 수 있기 때문에, 강사들은 그들 공연의 여흥적 가치를 높임으로써 강의평가를 개선할 수 있는데, 이는 반드시 그렇지는 않지만, 학생 배움의 측면에서는 현저하게 낮아진 기대를 낳을 수 있는 실행이다. 학과나 (단과)대학에서 티칭의 당연한 결과로 인식되는 학생의 총체적 배움(aggregate learning)은 측정을 문제 삼지 않는데, 그렇지만 어떤 대학에서는 비판적 사고의 검증과 과목 학점이 알려 주는 것을 넘어 무엇을 배웠는지를 발견하기 위해 디자인된 다른 수단들의 검증을 제공하기도 한다.

티칭이 개별 학생의 과목수강(course work)에 미치는 영향은 종합하기가 정말 어렵기 때문에, 많은 (단과)대학들과 단위들은 특정한 학부 전공과목을 택하는 학생들의 향상에 집중한다. 취업, 면허시험 합격, 대학원 진학 및 이와 유사한 교육-후(postinstruction) 결과에서 학생의 성공을 추적하는 것을 통해, 배움을 잘 반영하는 어떤 성공의 지표들이 나타나기도 한다.

추가적으로, 어떤 단위는 대학원 프로그램의 질에 대해 입학생들의 자격(GRE, GMAT, MCAT 또는 LSAT 등과 같은 입학시험 점수)을 가지고 권위 있게 말할 수 있다. 비록 이런 것들이 고등학업(advanced study)에 대한 투입 측정치들이지만, 그 이전 교육경험으로부터의 산출물 측정치로 역할을 할 수 있다. 다른 산출물 측정치는 쉽게 확인할 수 없다. 단위들은 어떤 분야에서 박사-후(post-docs) 진출, 전문가협회 시험 합격률, 그리고 졸업생의 시장성을 말해 주는 다른 외부 참고사항들에 대해 이야기할 수 있다.

여기서 측정치들의 가능한 범위는 상대적으로 넓으나, 티칭의 질 지표로서의 신뢰도는 낮다. 이는 질적 우수(quality) 티칭의 측정가능한 특징을 구체화하는 데서 국가적 무능함을 반영한다. 국가적 지표는 거의 항상 실패하는데, 그 이유는, 여기서 언급한 요소들 이외에 거의 모든 티칭이 제한적인 국가적 시장을 가진 지역 생산물이기 때문이다.

티칭은 또한 선생과 학생의 능동적이고 분주한 참여를 요구하는 협업기업(collaborative enterprise)이다. 배울 생각이 없거나 준비되지 않은 학생들은 가르치기 쉽지 않다. 무관심하고 비고취적(uninspiring)인 선생들은 준비된 학생들이 배우기 어렵게 만든다. 선생과 학생의 결합이 티칭과 러닝(배움) 성취에 얼마나 공헌했는가를 측정하는 것은 인기 언론에 나오는 많은 기사들이 우리를 믿게 만드는 것보다 훨씬 더 어렵다.

티칭과 학생 배움의 중요성이 주어진 가운데, 많은 혁신과 노력이 다른 티칭과 배움 평가를 위한 방법론의 개발에 주입된다. 강의의 새로운 기법, 배움을 평가하고 개별 학생의 어려움을 확인하기 위한 '기술-가능 피드백(technology-enabled feedback)', 그리고 교육 과정 자체와 학생 성취의 평가 둘 다에 영향을 미치는 많은 다른 혁신들이 개선의 전망을 밝게 한다. 이런 솔선함(initiatives)의 효과성이 점차 더 자리를 잡아 가면서, 이러한 것들이 전 교육과정을 통해 실행되기를 원하는 압력이 확실히 증가할 것이고, 아마도 이것이 티칭 과정의 더 나은 평가로 이어질 것이다.

학생 생활

많은 관찰자들이 학생생활, 학생활동 및 다른 강의실 밖(non-classroom) 학생 상호교류를 대학들이 제공하는 배움의 중요한 요소들이라고 확인하고 있다. 이 관점에 대해 많은 동정이 있지만, 학생생활의 질과 생산성의 측정치들이 학술적 강의실 성취의 측정치들보다 더 얻기 어렵다고 증명되고 있다.

학생 인사관리 전문가들은 참가율, 활동 등을 계산하고, 대학경험의 요소들이 어떤 영향을 미치는지 파악하려는 설문조사를 실시한다. 그들은 또한 그들 분야에서 요구되는 전문성을 문서화하기 위해 전문가 인증서(professional certifications)을 발급해 왔다. 어떤 경우에는, 이런 측정치들이 학생생활을 평가하는 목적으로 사용되고 학생경험에서 큰 개선으로 이어질 수 있기도 하지만, 그것이 배움에 공헌하는지는 쉽게 답할 수 없다. 이런 지표들이 학생서비스 개선을 위한 좋은 측정치들을 개발하는 데 약간의 희망을 제공하지만, 현재로는 보상체계를 만들 만한 좋은 측정치는 거의 없다.

부분적으로 이는 학생 일(student affairs)이 전문성의 무한한 수요를 가진 다른 사회서비스와 아주 비슷하기 때문이다. 대학들은 언제나 더 많은 상담사들, 전문서비스 제공자들, 또는 레크리에이션 센터를 이용할 수 있다. 학생서비스 사무실을 설치하면 며칠 안에 고유의 고객군을 만들 수 있다. 동시에 이러한 서비스에 대한 추가 투자로부터는 대학의 티칭과 연구의 소임에 대한 증분적 혜택을 찾기가 어렵다. 이러한 이유로 대부분의 학생서비스 활동은 교육기업의 부분이 아니고 물적 서비스, 보안, 또는 주차서비스 등과 비슷한 조건으로 평가되는 지원구조의 부분으로 남게 된다.

이에 더하여, 교수진, 특히 대규모 연구중심대학들의 교수진은 이런 활동에 관심을 거의 보이지 않고, 길드는 이 활동을 그들의 주된 관심사의 일부로 보지 않는다. 학생생활의 질 측정과 그 성과를 지원하기 위한 보상구조의 디자인은 미해결 사항이다.

성과예산하에서는 모든 인센티브가 같은 방향에서 집중된다: 질과 생산성에서 티칭과 연구 성과의 측정과 개선에 대한 보상 인센티브라는 한 방향에서 집중된다. 인센티브가 모두 같은 방향에서 집중되기 때문에, (단과)대학들과 단위들은 시간이 지나면서 계속적으로 발전하는 성과의 증명 가능한 시현(demonstration)에 집중하면서 측정의 질 자체가 개선된다.

요점

- 대학에서 질과 생산성은 둘 다 중요하지만, 질은 대학을 '질-엔진'이라 부르는 제1차적 사건이다. 대학이 성과예산을 택하고 질 개선을 측정하고 의미 있는 보상을 제공한다면 대학은 효율적인 질 측정을 개발할 것이다. 그러나 연구의 질을 측정하는 방법은 비교적 쉬우나 티칭은 개인화되어 있어서 질을 측정하는 것은 거의 불가능하다.
- 연구의 질은 국가적인 내부적인 두 가지 콘텍스트에서 측정하고 평가한다. 연구는 국가적 벤치마킹에서 전국 최고와 비교하고 유사한 동료그룹과 대비해서 측정한다. 질의 내부 측정은 국가적 측정에서 사용된 측정치들을 가지고 단위들의 성과를 매년 추적하고 개선에 대한 보상을 한다. 질 측정치 개발에서 두 가지 보편적 실수가 나타난다. 첫째는 교수 수와 임금, 소장 자료 수 등 자원을 질로 잘못 하는 것이고, 둘째는 질은 심오한 것이어서 측정하는 수단이 없다는 것이다. 후자와 관련하여, 미적 질의 정의는 권위 있는 과학 논문만큼 구제적이다. STEM 분야에서는 질을 벤치마킹할 수 있는 아주 유용한 방식으로 글로벌연구벤치마킹시스템(GBRS)가 있다.
- 반면, 티칭의 질을 측정하는 것은 구체적이지 못하고 신뢰성이 낮다. 티칭의 평가는 '좋음'에서 '아주 좋음'과 같은 정도로 그 범위가 넓거나 '역량하한'이 적용되기도 한다. 강의 학생평가는 강사에 대한 인기투표의 성격이 짙다. 많은 대학들에서 졸업 후

취업, 면허 취득, 대학원진학 등을 티칭의 질 관련 지표로 사용하기도 한다.

- 비교과과정인 학생생활의 질 평가에서는 전문가 인증 등이 있으나, 아직 학생서비스 개선을 위한 측정치들은 거의 없다.

12장

개선을 경영하기

개선에 초점을 맞춘 성과모델은 일단 만들어지면 실행계획을 요구한다. 흔히, 효과적인 운영모델은 세련된 문서와 많은 데이터를 생산하지만, 실행의 어려운 과제와 싸우는 데는 실패한다. 여러 해에 걸쳐 증분의 변화에 의해 세워진 대학 경영과 예산결정 시스템은 체계적 개선(overhaul)에 저항하고, 대학 길드는 거의 모든 형태의 생산성과 질 경영에 저항한다.

개선과 변화에 대한 저항

외부 제약들이 또한 변화를 막는다. 대부분의 공립대학들에서 입법 및 정책 이사회가 성과 위주의 경영모델의 목적 및 데이터 요소들과 상충되는 규칙, 규제, 예산정책, 그리고 회계 및 보고 과정을 가지고 있다. 이런 경우에, 그 차이를 중재하는 과정이 겨우 자국만 남긴 채 책무 과정을 함몰시키며, 잘 해 봐야 변화에 대한 저항의 층을 하나 더 추가한다.

보다 분명하게 정의된 사명과 다소간 자립의 역사를 가진 사립대학들은 흔히 이러한 실행을 빨리 받아들이는데, 그들의 기관 역사 때문만은 아니고 그들의 목적과 지배구조가 잘 정렬되어 있기 때문이다.

공립대학들은 기관 목적에서 다수의 버전을 갖고 있고, 또한 여러 중복되는(cross-cutting) 지배구조를 갖고 있으며, 그로 인해 책임 있는 변화가 어렵다는 것을 알게 된다. 대부분의 경우, 공공시스템은 보여 주기식 방법, 다수의 보고서, 컨퍼런스, 그리고 태스크포스(task forces)를 택하는데, 모두 최소한의 행동과 적은 개선을 얻는다.

개선의 인센티브를 창출하는 성과 과정의 성공적 실행을 위해 공립대학들은 다국적기업에게 익숙한 방법을 따르는데, 공립대학들도 다국적기업처럼 복잡하고 일관되지 않은 환경에서도 기능을 해야 하기 때문이다. 이 기법은 여러 다른 목적들을 위해 여러 다른 보고서들을 유지하는 것을 포함한다:

- 한편에서, 대학은 외부 지원자들인 정부 대리기관, 이사회 등에 의해 요구되는 보고와 회계의 모든 요구조건들을 충족시킨다.
- 다른 한편에서, 대학은 내부 운영을 성과-기반 예산에 의해 요구되는 보고서들과 일치되게 관리한다.

다국적기업들은 흔히 본질적으로 같은 일을 한다. 그들은 주재국 정부 규제에 맞는 양식으로 성과를 보고하지만, 또한 기업의 질과 생산성을 일관된 전 세계적 기준에 근거하여 추구하도록 해 주는 결합보고서 세트를 유지한다.

공립대학에서 정부 대리기관의 외부 요구조건들을 질과 생산성의 내부 추진자들에게 감수시키려는 어떤 노력도 성과 과정을 거의 확실하게 탈선시킬 것인데, 주 정부의 고등교육 경영에 대한 관심은 높은 성과와 국가적 경쟁의 질문들에는 거의 초점을 맞추지 않기 때문이다. 많은 주 정부들은 또한 성과를 위한 인센티브와 보상에 대해 공무원 관료주의의 전통적 저항을 갖고 있고, 그 대신 전면적(across-the-board)이고 공식에 기반한(formula-based) 자원분배 시스템을 지원한다.

여기서 서술하고 있는 것과 같은 성과-기반 모델의 실행에 있어서 가장 중요한 요소는 그것이 작동하도록 만드는 책임이다. 그것은 총장이나 부총장이 자신들이 추인한 방법이 따르라고 한 대로 하고, 또한 이사회도 그 노력을 지원해야 한다는 것을 의미한다.

대학의 성과 시스템이 구체적 측정치들 세트에 의거하여 생산성과 질을 보상할 것이라 말할 때, 대학은 그 성과를 반드시 보상해야 한다. 측정치들이 생산성이나 질의 부족함을 보여줄 때, 대학이 정신을 차리지 못한 채, "아 이런, 그것이 우리가 사랑하는 대학이 보상을 잃게 하리라고는 예상하지 못했네요"라고 말하면서 예외를 만들어서는 안 된다.

동시에, 대학이 보상의 배분을 명확히 하려고 한다면, 대학은 모든 단위의 장들이나 학장들에게 그들의 생산성이 어디서 개선에 실패했는지, 그리고 왜 질 데이터가 보상을 정당화하지 못하는지 보여 주도록 준비되어 있어야 한다. 이는, 비록 거의 모든 경우에 잘 운영되는 시스템에서 생산성 데이터가 꽤 객관적이고 질 데이터가 대학 리더십과 교수진에 의해 이미 승인된 원천으로부터 온 것이라도, 학장이 데이터에 도전할 수 있도록 허용한다.

생산성과 질의 예상치를 충족시키는 데 실패한 경우, 단위의 예산에서 증분의 조정이 음(negative)이 될 수 있다. 대학은 비어 있는 자리를 채우기 위해 자금을 회수할 수 있고, 비생산적 연구 프로그램들에 대한 지원을 줄일 수 있으며, 또는 아마도 가장 중요하게는 성과미달 단위에 새로운 리더십을 찾을 수 있다.

학장이나 학과장과 같은 길드장들은 거의 모두 경영 혁신의 오랜 경험을 갖고 있다. 그들은, 때로는 수동적이더라도, 강한 저항과 여러 형태의 지연책이 그런 혁신을 그들이 실질적 성과 책무를 실행하기 전에 끝낼 수 있다는 것을 안다. 그 결과로서, 대학은 그 성과-기반 모델을 상당한 기간에 걸쳐 일관성 있게 집행하고, 돈이 측정을 따르도록 하며, 시스템이 작동하는 것을 보여 주어야 한다.

어떤 관찰자들은 변화를 얻기 위해 대학의 예산 운영을 완전히 개조하는 것이 본질적으로 중요하다고 생각한다. 그러나 이것은 학술기업의 성격을 오해하는 것이다. 대학들이 하는 거의 모든 것은 잘 되어 있고 올바르게 되어 있다. 대학 비즈니스의 태반은 마땅히 그래야 하는 대로 이루어진다. 변화와 혁신, 질과 생산성에서의 개선은 오랜 시간에 걸친 일관된 증분 변화들의 결과로서, 기업 즉 대학의 한계(margin) 상황에서 생긴다. 성공적인 경영모델은 재무적 마진(margin: 여유, 수익)을 만들고, 그 후에 그 마진을 생산성과 질을 지원하기 위해 옮긴다.

그러나, 만약 인센티브와 보상의 분배가 정치적 목적, 인적 네트워킹, 또는 다른 비성과(nonperformance) 기준을 따른다면, 대학의 사람들은 대학이 보상하는 것은 무엇이든 할 것이다. 확실하고 가시적인 기준을 따르는 성과–기반 예산이 갖는 힘은 그것이 대학 내 정치적인 개인적인 관계들을 개인들과 단위들의 측정 가능한 학술적 성과보다 훨씬 덜 가치 있게 만든다는 것이다.

대부분의 대학 사람들은, 다른 사람들과 같이, 자기가 일부인 미세시스템(microsystems)이 보상하기로 선택하는 것을 따라서 하는 경향이 있다. 상대적으로 짧은 기간에 걸쳐, 만약 대학이 예산 계획을 명확하게 효과적이게 관리한다면, 대학의 길드 멤버들은 마진의 자기 몫을 위해 경쟁하려고 그들의 행동을 수정할 것이다. 그 마진이 가능한 개선을 정의하는데, 대학의 지속적인 운영이 대학 자원의 대부분을 요구하기 때문이다.

만약 한 (단과)대학이 나아지기를 원한다면, 전부 새로운 교수로 교체하지 않고 몇 명의 교수를 더 요구한다. 마찬가지로, 대학이 장비를 교체할 때는 모든 장비의 교체가 아니라 특별한 실험실 장비 몇 개를 더 요구한다. 한계에서의 지출(spending at the margin)이 대학의 행동을 변화시킨다. 개선 즉 극적이고 혁명적인 변화가 아닌 개선은, 대학의 성공을 위해 필수적인 과정이다. 적절한 시간 내에, 즉 수십 년이 아닌 수년으로 측정된 시간 내에, 한계에서 일관되게 추구된 개선은 대학을 변환시킬 것이다.

어떤 길드장들은 성과예산의 결과를 적용하는 과정이 너무 기계적이거나 아니면 충분히 기계적이지 않다고 우려한다. 성과예산은, 다른 모든 유용한 경영모델들과 같이, 학술적 판단의 적용을 위한 도구일 뿐이다. 성과예산 구조의 목적은 학술적 결정을 일관되게, 신뢰할 수 있게, 확실하게, 그리고 데이터에 기반하게 만드는 것이다. 성과예산 구조는 대학이 무엇을 기대하는가를 보여 주고, 모든 참가자들을 위해 대학이 어떻게 성취를 측정할 것인가를 분명하게 정의한다.

그것은 학술 디자인, 판단, 또는 가치를 대체하지 않는다. 그것은 단지 예산에 의해 배분된 돈이 대학이 명확히 추구하는 가치들과 일치해야 한다는 것을 데이터에 기반하고 일관성 있으며 가시적인 형태로 고집하는 것이다. 성과예산은 모든 대학들에게 모든 상황에서 적용 가능한 기계적 모델이 아니고, 대학의 상황, 규제환경, 그리고 최고경영층에 의해 창출되는 콘텍스트 내에 대학의 목적을 포함시키기 위해 주의 깊은 측정(calibration)을 요구하는 디자인된 시스템이다. 한계에서 보상을 추진하는 것에 더하여, 개선을 추구하는 대학들은 또한 효과성을 강화하는 방법을 찾기 위해 그들의 시스템과 운영의 전부를 보아야 한다.

학생의 전진을 개선하기

예를 들어, 학부생이 학위를 향해 전진하는 이슈를 살펴보자. 크고 복잡한 공립대학들에서, 학생들은 많은 선택을 할 수 있다: 많은 전공들 중에서 선택을 할 수 있고, 또 전공을 바꿀 수 있다. 이 선택들이 너무 많아서 소수의 학부생들만이 어떻게 대학의 풍부하지만 복잡한 학술 환경을 헤쳐 갈 것인가에 대해 분명하고, 집중적이며, 지속적인 조언을 받는다.

(단과)대학들, 학과들, 그리고 교수진이 정상적으로 여러 프로그램들 중 하나를 전공하는 학생들에게 책임을 가질 것이지만, 다수의 학부생들은 일반 교양과목들을 택하는 동안 전공을 1–2년간 정하지 않는다. 이런 시스템의 결과는, 잘 관리되지 못하면, 다양한 곳에서 문제로 나타난다. 그 증상은 다양하지만, 논의를 위해 한 특정 케이스를 검토해 볼 수 있다.

이 경우, 빈약한 학부 관리의 증상은 학부 교육(education)의 과정에 대한 학생들의 불만족에서 시작되었다. 설문조사에서, 학생들은 티칭의 질에서는 만족을 표시했고, '교육의 관료주의(bureaucracy of instruction)'(수업을 신청하는 것, 선수과목을 이해하는 것, 또는 좋은 상담을 찾는 것 등과 같은 번잡한 수속)를 개입시키는 어떤 것에도 불만족을 표시했다.

이 불쾌함의 증상은 등록관리를 재검토하는 과정에서 나타났다. 대학은 실험실습과 기술영어 과목에서 큰 과잉수요가 있음을 발견했다. 이 과목들은 다양한 전공에서 졸업을 위한 필수과목들임에도, 학생 요구를 충족시키는 데는 매 학기 너무 적은 수의 분반이 개설되었고, 다수의 1학년 학생들은 1학년 과목이었을 일부 기본과목들을 3학년 또는 4학년이 될 때까지 끝낼 수 없었다.

또 하나의 증상은 학생들이 첫 번째 등록 후 한 과목을 취소하고 다른 하나를 추가하는 수강신청변경(drop/add) 과정에서 나타났다. 너무나 많은 사무 처리가 지연과 좌절을 유발하는 '과목등록 휘젓기(churning)'의 한 형태를 생산했다.

또 하나의 추가적인 증상이 졸업에 아무 도움이 되지 않는 학생성적표상 초과학점의 형태로 나타났다. 이 초과학점은 졸업생당 매우 높은 평균 24시간, 즉 두 학기 전일제 등록에 해당하는 학점에 달했다. 이와 관련된 또 다른 증상은 높은 탈락률, 낮은 유지율과 그 결과로서 나타난 상대적으로 낮은 졸업률이었다.

3천 명을 넘는 학부생들을 가진 대학에서 교육과정에서의 어떤 혼란과 조치(motion) 부재가 학생들에게는 물론 대학에게도 큰 비용을 안긴다. 대학은 이 등록관리가 필수적이라는 것을 인식하고, '보편적 추적(universal tracking)'이라 불리는 표현하기는 간단하나 실행하기는 복잡한 시스템을 도입함으로써 이 문제를 해결해 나갔다.

'보편적 추적'은 대학 4년 교육이라는 고전적 개념을 택하고, 그것을 한 주요 랜드그랜트, 다전공(multi-disiplinary) 대학의 복잡한 환경 내에서 실행했다. 그것은 모든 학생에게 이런 것들을 해야 한다고 말했다.

- 대학에서의 첫날에 전공을 선택할 것, 아니면 적어도 과학, 사회과학, 수학, 비즈니스, 또는 인문학과 같은 일반 분야를 전공으로 선택할 것.
- 매 학기 그 전공 분야에 머물고 구체적인 전공을 가능한 빨리 선택하되, 4번째 학기 말보다 늦게는 하지 말 것.
- 어느 학기 동안에라도 필수과목을 선택하고 통과하지 못하여 트랙에서 벗어나게 되면 학업상담사(academic advisor)를 만날 것.

이에 대한 반대급부로, 대학은 모든 학생들에게 다음 것들을 약속했다.

- 원하는 경우 어느 때나 상담사와의 상담 후 전공을 변경할 수 있음.
- 언제나 온라인에서 전공 쇼핑(degree shop)을 할 수 있음. 온라

인 전공 쇼핑은 개별 학생이 전공을 바꿀 경우 무엇이 요구되는지를 보여 줌: 몇 개의 이미 택한 과목들이 대체 학위를 향해 카운트되고, 어떤 추가 선수과목들이 적용될 것인지, 그리고 몇 개의 추가 과목들이 새로운 전공을 수료하는 데 필요한지, 온라인에서 학생들은 대학이 제공하는 수백 개의 전공들을 훑어볼 수 있고, 컴퓨터 시스템으로부터의 즉각적이고 개별화된 반응을 가지고 원하는 만큼의 다수의 흥미로운 전공들을 시험해 볼 수 있음.

- 구체적 전공 분야에 명시된 필수과목은 언제나 원하는 학기 또는 학년에 자리를 배정받을 수 있을 것이지만, 가능한 분반이 원하는 시간대에 속하지 않더라도, 전공 분야가 지시하는 때에 택해야 함.

학생과 대학 간의 이 합의는 소규모 사립 인문교양대학에서, 비록 그런 환경에서는 관리 이슈가 컴퓨터-주도라기보다는 개인적이고 개별적인 규모에서 발생하지만, 학생들이 갖는 경험과 크게 다르지 않다. 교수진과 컴퓨터 디자이너의 상당한 노력 끝에, 이 시스템이 시행되기 시작했다. 등록관리는 극적으로 개선되었고, 초과 시간은 줄었으며, 학생 유지율과 졸업률은 상승하였고, 수강신청 변경은 역대 최저 수준으로 떨어졌으며, 학술적 관료주의 과정에 대한 만족도는 상승했다.

이 이슈들에 대한 집중과 이 이슈들을 학생 중심의 방법으로 해결하겠다는 책임이 대학의 광범위한 다른 활동에서 개선을 이루는 흥미로운 혜택을 얻게 되었다. (단과)대학들과 프로그램들은 전공에서 요구하는 것이 무엇이고, 학생 교육의 어느 시점에서 구체적인 선수과목들과 기타 과목들이 완성되어야 하는지를 분명하고 조심스럽게 구체화할 필요가 있다는 것을 알게 되었다. 다수의 학과들과 프로그램들이 교과과정을 수정하고 개선을 얻게 되었다. 학생들이 기대하는 모든 전공들과 학위 취득에 필요한 과목들에 대한 분명한 이해와 함께, 대학은 강의 일정을 짜는 데서 더 잘 할 수 있었으며, 그 결과로서 과잉등록 및 과소등록 분반들이 적게 나타났다.

수강신청 변경의 감소는 교육적이다. 이전에는 많은 학생들이 수강신청 변경에 참여했는데, 그 이유는 학생들이 필수과목들을 택할 수 없었기 때문이었다. 학생이 미분(calculus) 과목을 필요로 하는데 그 과목이 다 찼으면, 영문학을 자리지킴(placeholder)으로 신청하고, 수강신청 변경 기간에 누가 미분 과목을 포기하면 그 자리에 들어갈 수 있기를 바라기 때문이다. 그 학생은 장학금 지원과 그 밖에 여러 캠퍼스 특권(예, 스포츠티켓)을 가질 자격을 얻는 전일(full-time) 지위를 유지하기 위해 어떤 과목에든 등록해야 했다.

동시에, 영문학을 원하는 또 한 학생이 그 과목이 마감된 것을 알고 자리지킴으로 미국역사에 등록했다. 수강신청 변경 시, 만약 그 미분 학생이 미분 과목에 먼저 들어갔고 영문학을 취소했다면, 영문학 학생이 영문학 과목을 택하고 미국역사 과목을 취소할 수 있다. 그러나, 만약 영문학 학생이 수강신청 변경을 먼저 사용하려고 시도했다면, 운이 따르지 않고 계속 원하는 과목에 들어가려 시도해야 했다. 확실히, 학생들은 이런 것을 좌절감을 일으키고 비효율적인 시스템으로 보았다. 추적이 수강신청 변경을 통한 과목 휘젓기를 거의 제거했고, 타당한 과목 변경만 남겼다. 같은 긍정적 결과가 비슷한 학생 추적 시스템을 실행하고 더 세련된 변형으로 발전시켰던 다른 복잡한 대학들에서 나타났다.

여기서의 메시지는 최고 수준에서의 성과예산이 개선을 위해 충분치 못하다는 것이다. 대학은 잘못 돌아가는 것들과 더 잘 될 수 있는 것들을 찾아내기 위해 모든 시스템을 모든 시간에 평가해야 한다. 다수의 증분 개선들이 더 큰 생산성을 창출하고, 비용을 절감하며, 학술의 질 개선과 혁신을 지원하는 데 사용할 수 있는 여유 자금을 만든다.

교무처에 전화가 울리고, 반대편에는 요동하고 있는 헬리콥터 부모가 있다.

그가 말한다. "담당자와 통화하고 싶은데요."

경험 많은 스태프가 전화를 처장에게 넘긴다. "안녕하세요, 어떻게 도와드릴까요?"

"여러분들은 우리 아이가 졸업에 필요한 과목들을 택하게 할 수 없으시잖아요. 우리 아이는 기술영어(technical English) 과목이 필요한데, 그 과목에는 자리가 없어요. 이걸 고쳐 주세요, 아니면 상원의원에게 전화할 겁니다."

처장은 헬리콥터 부모의 비합리성에 무감각해 하며 묻는다. "댁의 자제 이름과 사회보장번호(Social Security Number)가 무엇인지요?"

그리고 처장은 말한다. "잠깐만 기다려 주세요. 제가 기록을 가져와서 이 문제를 즉시 해결해 드리지요."

부모가 말한다. "그러기를 바라요."

보편적 추적의 덕분에, 처장은 부모에게 할 말이 있다.

"네, 댁의 자제가 기술영어 과목을 이번 학기에 택해야 합니다. 그리고, 우리가 월요일 오전 8시에 자리를 제공했는데, 댁의 자제가 거부했습니다. 그래서 다시 수요일 오후 6시 자리를 제안했는데 또 거부했습니다. 그래서 금요일 오후 2시에 택할 기회를 제공했는데 이것도 거부했습니다. 댁의 자제가 기술영어 과목을 택할 기회를 3번 가졌었는데 어느 것도 선택하지 않았습니다."

전화선에서 적막이 흐른다. 그러고는 헬리콥터 부모가 부드럽게 말한다. "아이와 이야기해 봐야겠네요."

처장이 말한다. "자제가 도움이 필요하면, 저한테 전화하라고 해 주세요."

요점

- 책임단위들에 자원을 배분하고 질과 생산성의 성과를 측정하며 성과에 따라 보상하는 일련의 성과모델 과정은 실행하기가 쉽지 않다. 점진적 변화에 익숙한 교수진과 경영스태프 등 외부 구성원은 체계적 정밀검사에 저항하고, 상위 계층에 있는 입법 및 정책 기관들은 성과모델과 상충되는 규칙 및 규제, 회계 및 예산 시스템을 갖고 있을 뿐 아니라 고등교육의 성과와 국가적 경쟁에는 관심이 없어 변화를 추진하기가 어렵다.
- 그렇다 하더라도, 예산 시스템을 완전히 바꿀 필요는 없고 재무적 이윤을 만들어 그것을 생산성과 질 향상에 지원해야 한다. 대부분의 대학경영은 잘 되어 있고, 점진적 변화에서 생기는 한계에서의 지출에서 생긴다. 그리고 한계에서 보상이 발생한다.
- 학사관리는 학생 위주로 한다는 책임을 가질 때 여러 다른 활동에서도 개선이 일어난다. 학생들의 불만의 징후는 보통 등록관리에서 시작되는데, 여기서 수요와 공급을 잘 관리하는 것이 중요하다. 이것이 과잉 또는 과소 등록을 줄일 수 있기 때문이다. ('보편적 추적'이라는 등록관리 시스템을 도입하였다.)

13장

지원서비스와 특수 단위들

규모가 큰 대학들은 티칭과 연구 이외에 여러 가지 일을 한다. 지원서비스는 대학들이 학생들, 교수진, 스태프의 특별한 필요를 채우는 것이 본질적으로 중요하다는 것을 깨닫고 크게 확장되어 왔다. 대학들은 외국 유학생과 교수, 특별한 도움이 필요한 학생들, 정서적, 재무적 또는 가정의 문제를 갖고 있는 학생들, 그리고 특별한 전문성을 필요로 하는 다른 그룹들을 지원하기 위해 전문화된 사무실을 갖고 있다. 이 서비스 중 어떤 것들은 입법상의 강제에 반응하는 것이고, 또 다른 것들은 대학의 자원과 프로그램에 가장 광범위한 접근을 확보하는 것이다. 그러나 몇 특수 단위들은 그들의 규모와 예산에 미치는 영향 때문에 특별한 중요성을 가진다.

대학 부속기관

대학 부속기관(auxiliary enterprises)은 상대적으로 보조금을 받지 않고 사용자 요금에 기반한 서비스를 캠퍼스 공동체와 여러 구성원들에게 제공한다. 이러한 비즈니스는 기숙사, 캠퍼스 센터, 주차, 푸드서비스, 세탁서비스와 서점을 포함한다. 이런 것들은 대학의 사명 달성을 돕기 위해 존재하지만, 비용을 자체적으로 지급하도록 하는 시장 방식으로 운영된다. 거의 모든 것들이 사기업이 할 수 있고, 또 때로는 실제로 계약하에 사기업이 하는 서비스들이다. 점차적으로, 대학들은 사기업이 더 효율적으로 덜 비싸게 제공할 수 있는 일부 서비스를 아웃소싱(outsourcing, 외부조달 또는 하청)하는 방법을 찾는다.

어떤 경우에는, 대학들이 고객들이 원하는 서비스를 제공할 수 없기 때문에 아웃소싱한다. 전형적인 예가 푸드서비스이다. 오늘날 많은 대학들에서 학생들은 유명 브랜드의 패스트푸드를 고전적인 대학 카페테리아보다 선호한다. 대학들은 학생들이 발로 찾아 다니면서, 점점 더 많은 영양상 달러를 맥도날드(McDonald's), 웬디스(Wendy's), 또는 타코벨(Taco Bell) 같은 캠퍼스 밖의 상표이름 있는 아웃렛에서 쓴다는 것을 알게 되었다.

많은 대학들이 수입을 유지하고 학생들의 선호를 지원하기 위해 캠퍼스 내 푸드서비스를 여러 방식으로 제공할 수 있는 유명 프랜차이즈들과 계약을 맺는다. 대학들은 보다 강화된 전통적 카페테리아 또는 스낵숍, 그리고 일반 케이터링 서비스를 포함하여, 모든 푸드서비스를 더 낫게 더 싸게 제공할 수 있는 대규모 공급업자들과 계약하는 것이 더 효과적임을 자주 발견한다.

서점이 또 하나의 예이다. 동네 서점들이 필수 교과서들의 완전한 품목을 둘 수 없기 때문에 한때 캠퍼스에 제공되는 독특한 서비스였던 것이 이제는 큰 기업에 의해서 보다 효과적으로 제공될 수 있게 되었다. 연쇄서점들(chain bookstores)이 거의 모든 동네에 아웃렛을 갖고 있으며, 이 기업들이 캠퍼스 서점의 모든 특별 서비스를 통상적으로 할인가에 제공할 것이다.

대부분의 대학들이 이 비즈니스에서 비교우위가 거의 없다는 것을 인식하고, 서점서비스를 캠퍼스에서 학생들과 교수진에 제공하기 위해 대형 연쇄서점들과 계약을 한다. 더구나, 오늘날의 시장에서 서점들은 학술 사명과 관련이 없는 상품들, 예를 들어 대학 로고가 새겨진 의류, 백팩, 컴퓨터 장치 등의 판매로부터 더 많은 수입을 얻는다. 대학 내 책 비즈니스는, 아마존(amazon.com)과 같은 인터넷 아웃렛들이 경쟁력 있는 서비스를 유리한 가격에 제공함으로 인해, 상업적 책 딜러들이 받는 압력과 같은 압력에 대응해야 한다.

이런 결정들은 대학의 경쟁 능력에 대한 시장-기반의 추정을 반영하는 것이다. 만약 대학이 가격 또는 질에서 경쟁할 수 없다면, 아웃소싱해야 한다. 대학에서 아웃소싱되는 다른 서비스로는 복사기, 에어컨, 공기조절기와 엘리베이터의 전문회된 유지보수, 그리고 특별한 형태의 컴퓨팅, e-러닝 플랫폼, 그리고 어떤 대학에서는 일반 빌딩 청소와 유지보수 등이 있다.

다른 기능들은 아웃소싱하기가 쉽지 않다. 예를 들면, 대부분 대학들에서 기숙사 관리는 주된 보조 서비스이지만, 학부생을 위한 전문 숙소의 운영은 직접 감독이 필요하기 때문에 아웃소싱이 어렵다. 학생업무 담당 직원의 전문성이 이런 장소들에서 일어날지 모르는 학생 활동과 학업 지원을 관리하기 위해 필요하다. 그럼에도 여전히 사기업에 의해 관리되는 기숙사, 보통 1학년생 위의 상급 학생들과 특별히 대학원생들을 위한 기숙사가 캠퍼스나 그 인근에 계속 생겨나고 있다.

다른 부속기관들은 보다 더 확실하게 대학의 티칭 및 연구 사명과 연관되어 있다. 이들 중 아래 다섯 가지가 특별히 중요성을 가진다.

농업

랜드그랜트대학에게 농업은 대학의 대표 생산물(signature products) 중 하나이다. 특별한 목적을 가지고, 랜드그랜트대학들은 그들이 속한 주의 농업을 지원하기 위한 프로그램을 창출하고 연구를 개발한다. 농업기업(agricultural enterprise)이 하는 어떤 부분은 일반적인 대학의 연구와 티칭 사명에 직접 속하고,

정규적인 예산과정이 다른 학술 단위들과 마찬가지로 생산성과 질을 평가하고 측정한다. 농과대학과 수의과대학은 학위를 수여하고, 과목들을 가르치며, 연구보조금을 위하여 경쟁하고, 일반적으로 다른 단과대학과 같이 운영된다.

동시에, 농업기업은 또한 관계된 산업과 개인들에게 연구와 연장(extension) 생산물을 직접 전달한다. 대부분의 주들에서 이 대학활동은 주 정부로부터 연구와 연장을 전달하는 목적으로 직접 돈을 받고, 사기업 상품그룹(private enterprise commodity group)으로부터 자금을 받으며, 연방 정부 또는 주 정부로부터 다양한 지원을 받는다. 일부는 질병면역 또는 고생산성 곡물 변량(variates)과 같은 연구 생산물의 매각으로부터 상당한 수입을 올린다.

이런 종류의 분리되어 자금조달된 단위들은 대학예산에 보조금(grant)과 같은 것으로 나타난다. 대학은 직접 조달한 자금으로 지원된 비학술적 농업활동이 주의 농업산업과 소비자들을 위해 질 좋은 생산물을 생산하기를 기대한다. 대학의 의무는 농업 프로그램이 자금을 제공하는 주 또는 전국 구성원들에게 이러한 생산물을 효율적으로 적절하게 전달하도록 하는 것이다. 이는 마치 대학이 연구 또는 서비스를 위한 보조금이나 계약이 기대하는 결과를 낳도록 하는 것과 같다.

농업 연구와 연장은 예산에서 특별 단위로 나타나고, 성공의 책무는 대학에게 예산을 통한 내부적인 것이라기보다는 주로 외부적인 것이다. 대학은 프로그램이 잘 운영되고 그 구성원들에게 잘 반응하는 기관이 되도록 노력한다. 대학은 이 활동들을 위한 자금을 더 많이 조달하기 위해 열심히 일하지만, 예산은 이 기업을 외부 시장에 대해 반응하는 자체-지원(self-supporting) 활동으로 취급하고, 학술 단위에 적용되는 정규 보상과 인센티브 구조의 부분으로 취급하지 않는다.

지난 몇 십 년에 걸쳐, 랜드그랜트대학의 농업 사명은 크게 바뀌었다. 이 단위들은 한때 가족 농부들(family farmers)에게는 좋은 농업기술에 대한 일반적 교육을, 농부 가족들(farm families)에게는 건강과 재무적 조언을, 그리고 농업경제와 관련된 다양한 다른 지원 서비스에 대한 일반적 교육을 제공하였다. 오늘날의 농업은 개인들에 덜 의존하고, 매우 큰 자본과 경영능력을 가진 기업 또는 대규모 사농업회사들에 더 의존한다.

그 결과, 한때 농업생태계에 필요 불가결했던 많은 기능들이 덜 필요하게 되었고, 구성원들은 많은 전통적 연장 서비스 활동을 지원하는 주 자금을 위해 경쟁하는 것이 더 어렵다는 것을 발견한다. 옥수수, 밀, 쌀, 설탕, 감귤, 또 어떤 주에는 가축 프로그램과 같은 표준 생산물의 새로운 변량을 개발하는 주요 곡물연구 프로그램은 아직 중요하게 남아 있고, 산업과 주 정부가 이러한 활동들을 통상적으로 지원할 것이다. 이 연구는 생산성을 높이고, 질병-면역 변량을 창출하며, 공해와 수자원 통제를 관리하는 더 나은 방법들을 찾아냄으로써 가치를 증가시킬 것이다.

주요 고부가가치 곡물의 연구와 지원에 집중하고, 농장 가족들에게는 개인적 지원을 줄이는 전환은 전통적 랜드그랜트 프로그램들과 그 프로그램의 지지자들에게 큰 도전이다. 여러 주들의 축소된 재무 상황 속에서, 이런 프로그램들은 다른 대리기관들에 의해 시행되는 다른 사회적 프로그램들보다 주 자금을 덜 요구한다.

임상의학

두 번째로 큰 대학기업은 임상의학(clinical medicine)으로, 어떤 대학들은 한 개 또는 그 이상의 티칭 병원을 포함한다. 어떤 경우에는 대학이 직접적으로 학술적 티칭 병원을 경영하지 않고, 대학이 다양한 연합과 계약–기반의 관계를 유지한다는 제휴하에 병원은 분리된 비영리기업으로 존재한다.

임상기업(clinical enterprise)은 주로 학술적인 의과대학을 포함하지만, 또한 치과의술, 간호, 보건건강, 약학 및 수의학의 활동들을 포함한다. 이 모든 (단과)대학들은 환자들에게 돌봄을 제공하는 임상서비스를 운영하고, 그 결과 진찰료(fees) 또는 비용 관련 변제(reimbursements)를 받는다. 이 진찰료는 대학의 활동들을 지원하기 위한 자금을 받고 지불하는 외부 계좌의 한 형태인 진료계획(practice plans)으로 들어간다. 진료계획은 서비스 제공에 따르는 비용을 지불하고, 잉여금을 티칭과 연구를 보조하기 위해 해당 대학에 돌려 준다.

이러한 단위들의 성공에 대한 검증은 외부의 고도로 규제되고 경쟁적인 헬스케어 시장에 놓여 있다. 교수 의사들과 기타 헬스케어 제공자들은 이 서비스를 전달하고, 동시에 다양한 연구와 티칭 기능을 수행한다. 외부 평가의 세련된 시스템이 서비스의 질을 규제하고, 대학은 재무적 운영이 플러스가 되도록 노력한다.

임상의학은 의과대학과 다른 건강과학대학의 연구 프로그램들에게 주된 지원자가 될 수 있다. 신약개발을 위해 사용되는 임상실험을 포함하는 임상활동에 의해 만들어지는 보조금(subvention)과 신 의학치료와 의학기구들의 특허사용계약으로부터 오는 수입이 없다면, 이 (단과)대학들의 연구 사명은 흔들리고 하락하며, 어떤 경우에는 사라질 것이다. 따라서, 대학은 임상의학과 관련된 비즈니스 이슈들에 긴밀한 주의를 기울인다. 이것이 직접적으로 대학의 성과예산에 영향을 주지는 않는데, 임상의학은 외부 시장에서 운영되고, 자체-지원(self-supporting) 기업이며, 대학의 직접적 학술 사명 안에서 활동하지 않기 때문이다.

대학병원 또는 대학-제휴 병원은 의과대학에 대해 중요한 책임을 가진 대학들에게 또 하나의 주된 관심사이다. 어떤 대학들은 학술적으로 연관된 병원들을 협력 비즈니스(affiliated businesses)로 직접 관리하고, 또 어떤 대학들은 대학이 회원자격을 가진 비영리 이사회를 통해서 근거리(arm's length) 관계를 가지며, 또 다른 대학들은 계약 관계를 통해 다수의 독립적 관계를 가진 병원들을 운영한다.

병원 비지니스와 의사들에 의해 실행되는 임상의학 비즈니스는 약간 다른 비즈니스 모델을 따른다. 이런 이유로, 학술적이고 의사(academic and physician) 면(side)의 재무적 운영과 그 관계 속의 병원 경영 면은 확실하게 분리되는 것이 성공적인 학술적 의료기업(academic medical enterprise)의 결정적 요소라 할 수 있다. 그 분리가 없이는 병원도 의과대학도 최적의 효과성을 가지고 운영되는지 분명히 알기 어렵다.

학술적 의학은 강한 병원과의 관계(하나 또는 여러 병원)를 요구하고, 병원은 의사들, 학생들, 레지던트들, 펠로들이 병원 일에 참여함으로부터 크게 혜택을 얻는다. 잘 경영된다면, 학술적 의학과 제휴 병원들 간의 관계는 양자에게 모두 혜택이 된다. 병원들과 의사들을 위한, 그리고 학술적 의료 트레이닝을 위한, 자금조달과 변제구조의 복잡성은 그럼에도 여전히 고도의 전문성과 효과적 경영을 요구한다.

대학 간 스포츠

대학 간 스포츠 경기는 거의 모든 공립 및 사립 대학들에서 상당한 중요성을 갖는다. 이 기업이 대학에서 많은 기능을 수행한다. 미국에서, 빅타임(big-time: 일류의) 대학 간 스포츠는 거의 모든 주요 연구중심대학이 성취한 발명의 일부였다. 몇 개의 이름만 언급하자면, 하버드(Harvard), 예일(Yale), 프린스턴(Princeton), 미시간(Michigan), 버클리(Berkeley), 스탠퍼드(Stanford),

시카고(Chicago), 일리노이(Illinois), 오하이오주립대(Ohio State), 플로리다(Florida), 그리고 텍사스(Texas) 등 모든 대학들이, 특히 미식축구에서, 빅타임 대학 간 스포츠가 지원하는 콘텍스트 내에서 주요 기관들로 성장해 왔다.

20세기 초부터 존재해 온 이런 관계는 미국 고등교육을 위한 자금조달 모델의 결과로서 유래되었다. 연방 고등교육정책, 자금조달, 또는 통제의 부재하에서, 대학들은 지역 동문의 지원을 여러 세대에 속한 졸업생들에게서 얻어 낼 수 있는 수단을 찾고자 했다. 스포츠가 이를 성취하는 효과적인 구조 중의 하나로 판명되었다.

20세기 초, 미국 대학들은 대학 간 스포츠 경쟁이, 특히 미식축구에서, 큰 관중을 끌어들이고 동문들과 기부자들의 관심과 주의를 지속시킬 수 있다는 것을 알게 되었다. 조직된 경쟁이 매년 반복되는 스포츠 캠페인을 전개하게 만들었고, 이것이 여러 해 전의 졸업생들을 포함한 대학 후원자들이 열심히 따르게 만들었으며, 또 그들의 스포츠에 대한 관심이 대학에 대한 관심을 생기 있게 유지하도록 만들었다. 20세기 초 수년 동안, 공립 및 사립 대학들이 대학 간 스포츠 경영의 세련된 시스템을 개발하였고, 이를 통해 고프로파일, 고비용, 고가시도(visibility) 생산물을 계속 전달할 수 있었다.

미국 대학스포츠 성공의 주요 요소들 중 하나는 아래 콘텍스트에서 모든 참가자들을 대상으로 대학스포츠를 규제하고 표준화하는 프랜차이징 시스템을 발명한 것이라 할 수 있다.

- 20세기 첫 10년간, 대학들은 외부에 사적, 비영리 멤버십 조직을 만들었고, 그 후 대학스포츠 규제의 모든 중요한 측면들을 협회에 위임하였다. 이 프랜차이즈 조직, 즉 전미대학체육협회(NCAA)가 모든 회원 기관들을 대신해 프랜차이즈 시스템을 운영한다.
- NCAA는 그후 대학스포츠 경쟁의 모든 측면들(게임 규칙, 참가자들을 정의하는 규칙, 경쟁을 정의하는 규칙)을 표준화함으로써 대학스포츠 프랜차이즈의 기준을 설정한다.
- NCAA는 대학 간 스포츠 프로그램을 운영하기 위해 참가 기관들에게 프랜차이즈 면허(license)를 준다. NCAA는 각 대학이 디테일한, 구체적인, 그리고 표준화된 프랜차이즈 요구조건들을 따른다는 조건하에 대학 간 스포츠 프로그램들을 운영한다.
- 이 시스템이 미국의 대학들이 서로 매우 다른 규모, 범위, 부(wealth), 학생 특징, 지배구조와 그 밖의 다른 특징들을 갖고 있더라도, 표준화된 스포츠 생산물을 제공한다.
- 예를 들어, 두 개의 프랜차이즈 대학 간 모든 미식축구, 농구, 또는 배구 게임은 모두 같은 규칙과 같은 조건하에서 개최하고, 대학 간 게임과 챔피언십 경쟁들은 각각 다른 형태의 기관들 간 여러 스포츠에서 허용한다.
- NCAA 대학 스포츠 프랜차이즈는 스포츠 규칙과 운영의 단일성을 의무화하지만, 스포츠팀의 홍보와 그와 관련된 활동들은 개별 기관들에 맡긴다. 그 결과, 대학들은 고품질의 표

준화된 스포츠 경쟁을 개발하기 위한 크고 효과적인 시장을 개별화된 대학 브랜드하에서 얻게 되고, 그럼으로써 기관별로 구체적이고 헌신된 구성원들을 유지한다.

최고 수준의 미식축구는 게임과 학생 운동선수의 처우에서 프랜차이즈 요구조건을 따르는 반면, 포스트시즌 경쟁을 전통적 볼(bowl) 게임과 2014년 소개된 4팀 플레이오프 시스템을 통해 통제한다. 이 볼 게임의 창설은 볼 기업이 수입을 만들기 위해 게임을 증진시켰던 사적 볼 개최지의 기업가적 활동의 결과이다. 볼 기업들은 다양한 포스트시즌 경쟁에 컨퍼런스와 대학들을 참여시켰는데, 이는 텔레비전 네트워킹을 이용한 광고수입에 의해 크게 영향을 받았다. 원래는 짝을 이루었던 두 개 연맹의 챔피언팀들 간에 시즌 종료 후 전통적 볼 게임으로 디자인되었으나, 그 볼 게임이 광고와 텔레비전 수입으로부터 큰 돈이 개입되면서 큰 도박(high-stakes)의 경쟁으로 진화하였다. 볼 시스템이 실제로 다른 NCAA 스포츠와 같이 챔피언십을 운영하지 않기 때문에, 결선시합제(playoff system)를 창설하려는 압력은 억제할 수 없게 되었다. 챔피언십에 근접하기 위한 볼 시스템의 다양성에 대해 긴 논의를 거친 후, 2014년에 4개팀 플레이오프 계획을 낳았으며, 이것으로 챔피언을 생산하고, TV 광고수입을 훨씬 강화시켰다. 이 방법이 만족스러운 것으로 증명될지는 두고 봐야 할 것이다.

비록 놀랍게 성공적이었지만, 이 프랜차이즈 시스템은 많은 문제들을 만드는데, 거의 바로 그 성공 때문에 일어난 것들이다. 모든 규모와 자원의 수준을 가진 대학들을 대상으로 스포츠 경쟁을 위한 표준화된 경쟁적 환경을 만듦으로써, 대학들이 표준화된 경쟁에 동등한 금액을 투자해야 한다는 의무화를 또한 만든다. 같은 게임을 같은 규칙에 의해 해야 하기 때문에, 제한된 자원을 가진 대학들은 훨씬 더 많은 돈을 가진 대학들과 경쟁해야 한다. 모든 이들의 동문들과 후원자들은 그들의 모교가 전국적 경쟁에서 좋은 성과를 내기를 원한다.

스포츠는 물론 분명한 승자를 생산하기로 디자인된 애매모호하지 않은 활동이다. 승리가 스포츠 경기의 목적이고, NCAA의 표준화된 프랜차이즈 시스템 안에서 대학들은 승리팀에게 필요 불가결한 최고 선수들을 얻기 위해 치열하게 경쟁한다. 이에 더하여, 20세기 전반 대학 리더들에 의해 만들어진 프랜차이즈 시스템은 "프로그램"의 개념을 포함했다. 프로그램은 미식축구와 같이 단 하나의 스포츠가 아니고 여러 스포츠의 집합이다. 프랜차이즈는 참가 대학들에게 규정된 수의 표준화된 스포츠 경쟁 프로그램을 만들 것을 요구한다. 어떤 기관도, 예를 들어, 육상을 제외하면서 미식축구에 집중할 수 없다.

"프로그램"을 유지해야 하는 이 요구조건은 프랜차이즈 참가자들이 모두 넓은 범위의 운동 능력과 관심을 가진 많은 학생들을 스포츠 활동에 참여하게 만들고, 그럼으로써 스포츠를 학술기업에 더 가깝게 유지하려는 이점을 가진다. 한편, 이 요구조건은 모든 참가 대학들에서 대학 간 스포츠 프로그램 내 여러 스포츠팀 운영에 상당한 투자를 해야 하는 바람직하지 않은 결과를 낳는다.

시간이 지나면서, 대학스포츠의 역사는 프랜차이즈 시스템의 성공과 도전을 보여 왔다. 여러 위험에 맞서 프랜차이즈 시스템은 성공적으로 지켜져 온 반면, 스타 플레이어들의 스카우트와 유지에서 경쟁과 관련된 부정 사건이 생기는 등, 프랜차이즈 시스템의 성공이 대학 자원의 상당한 왜곡을 만들었고, 이는 오늘날 대학경영에서 하나의 특별한 도전을 대표한다.

최고 수준의 대학 간 스포츠 프랜차이즈에 참가하는 대학들은 연 1억 달러 또는 그 이상의 예산을 가지고 운영한다. 이는 대략 한 중요한 학교 또는 대학(college) 예산의 범위이다. 가장 성공적인 몇 개의 대학들을 제외하고, 모든 대학 스포츠 프로그램들은 적자를 보인다. 그들은 미식축구와 농구와 같은 인기 스포츠경기는 입장료를 부과하고, 매점으로부터 수입을 얻으며, 스폰서십, 텔레비전 출연 및 광고 수입을 벌며, 학생들에게 특별 스포츠 회비를 부과하고, 스타디움 내 VIP석 수입을 올리며, 기부금을 유도하고, 또 다양한 방법으로부터 다른 소득을 얻는다. 그렇다 해도, 매년 거의 모든 대학 스포츠 프로그램은 생성하는 수입보다 지출하는 비용이 더 크다. 대학들은 기업이 광고 및 PR 비용을 흡수하는 것과 같은 방법으로 그들의 운영예산 안에 이 비용을 포함시킨다.

대학 간 스포츠 프랜차이즈의 장기적 성공은 세 가지를 요구한다. 고품질과 상대적으로 스캔들 없는 경영, 승리 전통, 그리고 재무적으로 건전한 예산을 요구한다. 이것은 대학의 책임이다. 그러나, 이 프로그램들이 비록 돈을 잃고 대학의 일반 기금으로부터 보조금을 받을 필요가 있다 해도, 모두 보조기업들처럼 운영된다. 교과과정 밖의 기업으로서, 그들은 대학의 학술적 성과예산에 참여하지 않는다.

거의 모든 대학들에서, 규모와 상관 없이, 대학의 일반 예산이 스포츠 적자를 메꾸어 주어야 한다. 이 보조금들은, 비록 대학 예산 내 다른 곳에 있더라도, 티칭과 연구에 대표적 직접 비용이 된다. 앞서 언급한 광고 및 PR과 같이, 대학은 그 비용이 가치 있다고 믿을지 모르나 비용은 실질적이다.

모금

모금은 연구중심대학의 가장 중요한 활동 중의 하나이다. 다른 어떤 프로그램과 달리, 모금부서는 대학에 큰 잉여금을 전달하기 위해 존재한다. 모금의 목적은 비용을 낮게 유지하고 수익은 높게 유지하는 것인데, 일반기부, 기본재산 기부(endowments grants)와 유증(bequests)을 통해 얻는 모든 것이 어떤 활동을 지원하기 위해 대학으로 돌아가기 때문이다.

사립대학들에서 모금조직은 돈을 조달하는 것을 소임으로 하는 단순히 또 하나의 경영 단위를 대표한다. 그러나 공립대학들에서는 자금의 원천과 운용에 대한 많은 제한으로 인해, 모금단위는 대학을 지원하는 기관으로 존재하지만 대학의 관료적 또는 공공적 활동을 하는 부분이 아닌 분리된 비영리재단으로 나타난다. 이 재단과 모금단위는 네 가지 일을 수행한다: 기부금을 요청하고 수령하는 것, 기본재산으로부터 적절한 수익을 얻기 위해 투자를 감독하는 것, 그리고 대학이 기부자가 바라는 것을 따르고 있는지 지출을 감시하는 것, 그리고 기부자에게 기부금의 성공적 사용을 보고하는 것이다.

모금은 공립이든 사립이든 모든 대학에게 절대적으로 결정적인 요소로서 그 시스템과 기법이 점진적으로 복잡해지고 있다. 사립대학들이 여러 세대에 걸쳐 모금에 훨씬 더 많이 참여해 왔고, 잘 개발된 프로그램들을 갖고 있다. 직전 세대에서, 대부분의 주요 공립대학들이 가장 오래된 사립대학들을 제외하고는 다른 사립대학들과 견줄 만한 모금역량을 개발해 왔다.

어떤 관찰자들은 공립대학들이 주 정부 자금조달을 대체하기 위해 충분한 사적 기본재산과 연기부를 창출할 수 있다고 생각한다. 사적 자선(philanthropy)이 큰 기본재산을 가진 공립대학들이 주 정부 예산 삭감에 대응하는 데 도움을 준 것이 사실이더라도, 사적 자금으로의 완전한 전환은 비현실적 대안이다. 대학 예산의 상대적으로 작은 부분이 주 정부로부터 올지 모른다. 아마도 총 예산 20억 달러 중 3억 달러, 약 15%가 될지 모른다. 3억 달러를 대체하기 위해서는 모금단위가 기본재산을 추가적으로 60억 달러만큼 늘려야 할 것이다(5% 연 금리를 가정).

이러한 추가적 자금조달의 목표는 공립대학에서는 달성이 불가능하다. 현재의 예산이 이미 다른 목적을 지원하기 위해 기본재산으로부터의 수입을 가져갔기 때문이다. 기본재산수입과 연 기부금이 공립대학 운영에 중요한 공헌을 하지만, 그것이 없어진 주 정부 자금을 대체하거나 또는 주 정부 지원이 감소한 만큼 빨리 자금을 증가시킬 수는 없다.

신임 총장이 모금책임자가 잠재 주요 기부자를 방문하는 것을 계획하면서 말한다. "내가 처음 만나는 사람인데 무엇을 달라고 해야 하는 거예요? 내가 그 사람이 무엇에 관심이 있는지 어떻게 알 수 있어요?"

모금책임자가 말한다. "그의 눈을 잘 보십시오."

총장이 말한다. "아니, 뭐라고요?"

모금책임자가 말한다. "돈 많이 가진 사람들은 매우 똑똑합니다. 그래서 돈이 많은 거지요. 그 사람들은 총장님이 돈 달라고 온 줄 다 압니다."

총장이 말한다. "그런데 그 사람이 무엇에 관심 있는지 어떻게 안단 말이에요?"

모금책임자가 말한다. "그분이 대학에 관심 있다는 걸 압니다. 그렇지 않으면 약속을 잡지 않았겠지요. 그분 시절의 대학 이야기를 꺼내십시오. 그리고 그 이후 개발된 새로운 프로그램에 대해 이야기하십시오. 여러 분야에서 생긴 새로운 기회, 학생들과 스포츠의 성공, 캠퍼스의 새로운 시설을 말하십시오. 한마디로, 현재 대학을 대화로 여행하십시오. 대학의 위대한 미래, 그리고 그것이 과거 그분 시절과 연결되어 있다는 점을 강조하십시오."

총장이 말한다. "그런 것들이 그 사람이 무얼 좋아하는지 아는 데 무슨 도움이 된단 말이에요?"

모금책임자가 말한다. "그분의 눈을 잘 보십시오. 그 눈이 깜빡일 때 그것이 그분의 관심사입니다. 그러면서 계속 이야기하십시오. 점차, 그분이 구체적 질문을 하기 시작할 것입니다."

총장이 말한다. "오케이! 그럼 눈 깜빡이는 것을 보고 나서 돈 달라고 하는 건가요?"

모금책임자가 말한다. "아닙니다. 그 눈을 보면서 관계를 개발하십시오. 그러나 세 번에서 다섯 번 만난 후에 돈을 달라고 하십시오."

총장이 말한다. "모금은 어려운 일이네요."

모금책임자가 말한다. "네, 기억하십시오. 대화는 항상 그 잠재 기부자와 대학으로 제한하고 절대 총장님 개인에 대해 이야기하지 마십시오."

지적재산권

연구는 발견, 발명 및 기타 지적 생산물들로부터 지적 재산의 흐름을 창출하며, 이 중 일부는 시장가치를 가질 수 있다. 대학은 이 결과를 시장에 내놓을 의무가 있으며, 시장에서 상업과 국가의 경쟁력을 강화하고 무슨 가치든 가능한 것을 되찾는다.

가장 보편적 형태의 지적 재산은 특허(patents), 라이선스, 어떤 경우에는 특허권사용료(royalties)이다. 대학은 상업적 잠재력을 가진 발견에서 특허를 취득하고, 그런 후 그 발견을 더 개발하고 제품으로 전환하는 역량을 가진 회사들에게 특허사용면허를 준다. 제품이 성공할 때, 특허사용면허 수입 또는 특허권사용료 지급이 대학 발명가들과 대학으로 돌아온다. 대학의 몫은 연구개발을 증진시키는 데 재투자된다.

특허, 라이선스 및 특허권사용료 수입은 대부분의 대학들에서 한계 투자자본(marginal investment capital)의 중요한 수입을 만들 수 있지만, 상업적으로 가능한 연구를 확인하는 과정은 많은 사람들이 생각하는 것보다 훨씬 더 복잡하고 훨씬 더 신뢰하기 어렵다. 대부분의 과학적 발견들은 즉시 상업적으로 실행가능한 것이 아니다. 대학에 속하는 많은 특허와 특허사용면허는 소득을 전혀 가져다주지 못한다.

성공한 약품이나 의학적 발명으로부터 때로는 큰 상업적 지급금이 발생하는데, 이는 주위 사람들로 하여금 이 활동이 대학의 핵심 재무적 지원 원천으로 역할을 할 수 있겠구나 하는 상상을 하게 만든다. 현실에서, 지적재산권의 상업화는 주요 대학 활동을 기대 수입흐름에 기댈 만큼 충분히 신뢰할 수 없다. 상업적 곡물을 위해 특별히 개발된 씨앗과 같은 중요한 연구생산물은 상당한 그리고 지속되는 수입 흐름을 가져올 수 있을지 모르나, 여기에서조차 상업적 가능성을 유지하기 위해서는 품종들을 끊임없이 개선하고 갱신해야 한다.

대학의 연구활동이 더 크고 더 확장적일수록, 성공적 상업화의 기회가 더 많이 존재한다. 많은 연구가 기초적, 즉 생명의 근본적인 성질이나 물질적 세계의 특징을 다루는 연구이다. 궁극적으로, 기초연구는 어느 시점에서 크게 이익이 나는 생산품의 기반이 될 수는 있으나, 그 발견을 시장으로 가져오는 데 요구되는 시간과 투자는 매우 크다. 연구를 많이 하면 할수록 그 결과 내에서 상업적 생산물을 찾을 기회는 많아지기는 하지만, 그때도 상업적 성공의 예측은 고도의 위험을 수반한다.

도서관

도서관은 대부분 대학들에서 상징적인(iconic) 기관으로, 전통적으로 대학 사명의 중심에 서서 지식의 습득, 전달, 나눔과 보존에 대한 대학의 책임을 상징한다. 여러 해 동안, 대학 도서관들, 특별히 연구중심대학의 도서관들은 교수들이 연구에 요구되는 자료들과 그들의 교육적 사명 지원을 위해 학생들에게 할당되는 자료들을 구하기 위한 세련된 시스템을 개발했다. 도서관들은 오디오 레코딩과 컴퓨터 파일로부터 희귀 도서와 필사본(manuscript)에 이르기까지 모든 종류의 지식 가공물을 대량으로 수집 축적해 왔다. 도서관 시스템들은 더욱 복잡하고 컴퓨터화 되고, 교수들과 학생들에 흥미로운 국내 및 세계적 자원에 확장된 연결을 가지면서 성장했다.

근년에는, 도서관 기능을 지원하는 전자서비스의 빠른 가속화가 대학 도서관의 역할과 목적에 대한 전통적 가정에 도전을 해왔다. 이전에는, 대학 도서관이 학술기업에 대한 대학의 지원 강도의 상징으로서 책, 정기간행물과 기타 자료의 물리적 수집물의 규모, 범위, 그리고 깊이에 의존했다. 대학들은 도서관 간 대출(inter-library loans)을 통해 나눔의 장치도 개발했다.

그러나 오늘날, 전자 자원의 급증이 저널을 온라인과 프린트를 통해 접근 가능하게 만들면서 학술지의 출간에도 영향을 미쳤다. 서비스를 집합시킴으로써 수많은 연속 출판물들에 온라인으로 접근하는 것이 가능하고, 다양한 e-북 프로젝트가 도서관 수집물의 물리적 자료들을 전자 형태로 전환하여 이론적으로 모든 사람에게 어디든지 접근이 가능하도록 개발되었다. 전자 복음전파자들은 학생들, 선생들 또는 연구자들에게 필요한 어떤 물리적 자료들도 전자 형식으로 전환되어 세계 어느 곳에 있는 사용자들에게 순간적으로 접근이 가능하게 될 멀지 않은 미래를 상상한다. 비록 이 보편적 접근가능성을 성취하기 위한 기술이 근거리에 있다 하더라도, 그러한 보편적 가상(virtual) 도서관의 인프라, 조직, 경영과 자금조달은 아직 완전히 나타나지 않고 있다.

수학, 공학, 과학 및 의학과 같은 분야들에서 출판된 학술자원의 가상화(virtualization)는, 비록 재무적 환경, 권위 및 경영의 구조가 아직은 안정적이지 않더라도 비교적 잘 진행되어 가고 있는 것으로 보인다. 학술지 논문들에 덜 의존하고 출판된 책들에 더 의존하는 분야에서는, 소책자와 다른 프린트된 자료의 전산화는 개발 중에 있다.

도서관으로서 그 도전은 조직적인 것이고 재무적인 것이다. 도서관 이용자가 요구하는 자료들이 보다 전자화되면서 도서관 스태프는 추가적 기능을 습득해야 한다. 어떤 전문가들은 퇴화되고 다른 준비를 해 온 전문가들에 의해 대체되어 왔거나 대체될 것이다. 사서들과 사용자 간 상호작용의 전통적 업무 패턴은 자료들을 낯선 전자수집 장소(electronic collections)에 옮기면서 극적으로 변하고, 도서관의 물리적 공간은 재구성을 크게 거쳐야 할 것이다. 프린트된 참고 및 기타 자료들, 책들과 정기간행물들의 현장에서 물리적인 존재, 그리고 참고사서들과 같은 도우미들의 전성기 때 역할은 전자화 혁명이 냉혹한 진전을 계속함에 따라 변화한다.

이 모든 것이 재무적 도전을 수반하는데, 전자 자원들은 흔히 더 많은 돈을 필요로 하고 보다 복잡한 인프라를 요구하기 때문이다. 그 전환은 새롭고 비싼 전자 서비스에 대한 투자에 더하여, 유행하는 물리적 수집물들의 지속적 유지와 개발을 요구한다. 사서들은 물리적 형태에서 전자하 형태로의 이 전환 과정에서 상당한 진전을 보여 왔으나, 전환은 이제 겨우 시작되었다. 연구중심대학 도서관들은 매우 큰 물리적 수집물을 갖고 있으며(수집 중앙값은 약 400만 장서), 이러한 수집물을 전자 형태로 전환하는 도전은 엄청나다. 동시에, 도서관 이용자들은 이전에는 탁월한 서비스라는 공통된 요구조건에 집중했지만, 지금은 상당히 다른 우선순위를 가진 다른 분야들에 자신들의 관심을 옮기는 것으로 보인다. 과학, 기술 및 의학 이용자들은 많은 물리적 인프라의 필요성을 거의 느끼지 않고 있는데, 그들의 관심은 전자 접근을 통해 새로운 자료를 빨리 이용하는 데 있기 때문이다. 도서관의 보존과 보호적 의무(custodial imperative)에 대한 그들의 관심은 극히 작은데, 그들에게 오래된 것들은 거의 제한적 관심에 머물기 때문이다. 인문학자들, 다수의 사회과학자들, 그리고 다른 사람들은 아직 완전히 전자화되지 않은 책들이나 학술지들에 의존하고, 도서관의 전통적 기능, 즉 물리적 학술지와 책들을 취득하고 유지하고 보존하는 역할에 아직은 관심을 가지고 있다. 이들에게 실제 책들과 기타 물리적 자료들을 사용 가능하게 하는 것은 필수이고, 그들은 모든 세대의 자료들을 보존하는 데 강한 책임을 느낀다.

학생들도 그들의 수강과목과 관련된 정보와 연구논문이든 또는 강의와 관련된 읽기 과제이든 필요한 정보를 추구한다. 그들은 도서관을 서비스센터, 그룹작업을 위한 장소, 그리고 전자세계(electronic world)에 플러그를 꽂아 넣고 필요한 자료에 접근하는 장소로 본다. 그들은 전자 교과서와 다른 자료들이 특히 낮은 가격에 공급된다면 그것들을 원한다. 그들은 온라인 참고 자원을 사용하고 전통적 대면 도서관 참고 서비스는 덜 중요하게 여긴다.

이 모든 변화들이 대학들이 자금을 찾고, 여러 대안들 중 맞는 해결책을 찾으며, 그들의 수집 실행을 수정하고, 지속적으로 불확실한 환경에서 교수들과 학생들을 돕도록 대학들에 도전을 준다. 참고점으로, 연구도서관협회(Association of Research Libraries)에 참여하는 115개 연구도서관이 있다. 총 도서관 지출은 광범위하게 400만 달러–5,600만 달러 사이에 있고, 중위값은 1,200만 달러를 조금 넘는 수준이다. 모든 종류의 전자 지출은 중위 대학의 경우 총 지출의 1/3가량이나, 일부 대학들은 총 도서관 예산의 반 정도를 전자 자원을 위해 지출하고, 다른 대학들은 10% 또는 그 이하를 지출한다.

학술 자료에 대한 전자적 접근과 저작권과 소유권에 영향을 주는 상업적 및 재무적 이슈들의 도전하에, 대부분의 도서관들은 표준의 실행이 나타나면서 그것에 조심스럽게 적응하고 집중하는 데서 최선의 전략을 찾을 것으로 보인다. 세련된 접근 방법과 시스템을 가지고 하는 비싼 실험은 안정적이고 표준적인 도서관과 정보구조가 나타나기 전에 생길 것이고, 그 리스크는 상당한 재무적 강점을 가진 대학들이 가장 적절하게 부담하게 될 것이다.

기타 활동

대학들은 또한 연구개발단지(R&D parks)에 참여하고, 비즈니스 및 산업과 더불어 하이테크 인큐베이터를 포함한 다양한 프로젝트에 협업하고, 주 대리기관과 광범위한 서비스를 제공하는 데 함께 일하며, 대학의 강점을 활용한 비학술적 활동의 계속되는 흐름에 참여한다. 이 비학술적 활동의 예로서, 대학들은 좋은 분위기와 환경을 콘텍스트로 사용하는 영화나 텔레비전 쇼의 촬영 장소로 캠퍼스를 제공하기도 한다. 모든 경우에, 대학들은 이러한 비학술적 활동을 대학의 이해에 도움을 주고 어떤 추가 비용을 회수하는 방향으로 추진한다. 가능한 최고의 세계에서, 이런 일들은 대학에게 이익을 만들거나 다른 유형의 혜택을 생산할 것이다.

대규모 대학들은 호텔과 컨퍼런스 센터 개발의 기회과 위험을 캠퍼스 내 또는 인근에서 발견할 수 있다. 개발자들과 파트너를 구성하여 대학이 스폰서하는 프로그램을 만들고, 대학 관련 사람들의 확장된 공동체를 만드는 것을 추진할 수 있다. 이러한 추진력은 쇼핑센터 또는 임상 외래환자 시설과 함께 수입을 생성할 수 있다. 그러나 이 또한 상업적 시장의 모든 리스크를 내포하고 있다.

요점

- 대학들은 티칭과 연구의 학술 사명을 지원하고, 그 밖에 학생, 교수 및 스태프의 특별한 필요를 지원하기 위한 특수단위를 둔다. 이 특수단위는 대학의 학술조직, 경영조직으로 2원화되는 대학기능 이외에 제3의 기관이다.
- 대표적인 특수단위는 푸드서비스와 서점서비스를 제공하는 영리 형태의 보조기업, 농업 연구와 확장을 위한 농업기업, 의과대학과 건강과학과의 소유관계 또는 제휴를 통해 실행되는 병원과 임상의학 비즈니스, 대학 간 스포츠경기를 총괄하는 체육부(미국의 경우 NCAA), 돈을 조달하기 위한 모금부서, 지적재산권 관리와 이를 이용한 연구의 상용화를 담당하는 테크노파크 형태의 산학협력기관, 대학 주요 사명의 중심에 있는 도서관 등이 있다.
- 이 중에서 돈을 조달하는 데 크게 기여하는 모금부서와 산학협력기관의 중요성은 점점 강화되고 있으며, 향후 대학의 성공에 크게 기여할 것이다.
- 대학 간 스포츠경기는 연구중심대학들이 모금을 위해 동문들의 관심을 끌기 위한 방법으로 시작되어 지금은 매우 상업화되어 그에 따른 문제들을 일으키기도 한다.

14장

규제와 지배구조

경쟁과 선택이 21세기 미국 대학을 지속적으로 정의한다. 대학들은 질 높은 학생으로부터 탁월한 교수진에 이르기까지, 주 세금 지원으로부터 연방 보조금과 계약에 이르기까지, 기업 지원금(support)으로부터 개인 자금과 기본재산에 이르기까지, 중요한 모든 자원을 위해 경쟁한다. 대학들은 개선 능력을 강화하고 더 효과적으로 경쟁하기 위해 이 자금을 어떻게 사용할 것인가에 대한 선택을 한다. 생산성과 질은 대학 경쟁의 쌍둥이 엔진이 된다.

- 생산성은 사용된 달러당 가치를 배가하기 때문에, 그리고 대학의 고객들과 후원자들을 위해 가치를 창출하기 때문에 중요하다.
- 질은 대학활동에 투자하는 사람들이 낮은 비용은 물론 질적으로 우수한 생산물을 추구하기 때문에 중요하다. 비록 많은

수사(rhetoric)가 비싸지 않은 교육에 초점을 맞추지만, 소비자, 최우수 학생들, 교수진, 주 정부, 보조금 대리기관, 그리고 기부자들은 모두 질과의 연합을 추구한다.

규제

대학 간 경쟁은 치열하고, 그 경쟁을 될 수 있는 한 제한하기 위해 주 정부와 길드들이 광범위한 규제기관들을 창출한다. 공립대학들은 사립대학들에 비해 훨씬 더 많은 규제에 대응하지만, 모든 대학들은 어떤 종류든 다양한 규제 감시를 마주한다.

모든 대학들이 인증으로 어려움을 겪는다. 인증은 원래 사기성의(fraudulent) 기관과 프로그램을 찾아내기 위해 고안되었으나, 결국은 교육 유행의 보호자와 길드 특권의 규제자가 되었다.

대학 수준에서, 지역 협회들이 효용이 의심스러운 일련의 기준을 가지고 10년 주기와 5년 갱신(updates)으로 대학들을 평가한다. 흔히, 이 협회들은 당시의 정통교육이라 하는 것(education orthodoxy)을 보급하고, 회원 대학들이 현재의 원칙을 유리한 인증보고서를 받는 대가라 생각하고 이를 포용할 것을 권장한다. 대학들은 이에 순응하는데, 다르게 할 경우 인증을 요구하는 연방 정부나 주 정부 당국으로부터 큰 어려움을 가져올 부정적 보고서의 위험을 무릅써야 하기 때문이다.

특정 길드에 초점을 맞춘 다른 협회들은 더 많은 장비와 공간, 더 확장된 지원서비스, 더 낮은 학생-교수 비율을 필요 이상으로 요구함으로써 인증을 대학의 자금사용 우선순위를 뒤흔들기 위해 사용한다. 말하자면, 인증이 흔히 정부의 인정을 받으려면 필수적인 것이기 때문에, 대학들은 회원인 길드들을 대신해 협회의 협박(blackmail)에 순응하기 위해 배분 구조를 바꾼다.

대학들이 흔히 인증의 임의적 표준에 저항하는 반면, 대학들은 또한 인증 과정을 다루기 힘든(reluctant) 입법부 의원들이나 다른 프로그램 후원자들로부터 추가 자원을 확보하기 위한 힘(leverage)으로 사용한다. 이것이 입법기관들이 교육비용을 줄이기 위한 압력을 억제한다. 이는 자금이 너무 줄어든다면 인증을 잃을 수 있다는 것을 대학이 명확히 말하기 때문이다. 대학들, 인증협회들, 자금조달 대리기관, 입법기관들, 그리고 연방 대리기관들 간의 규제 파티가 대학이 수행하는 비싸고 노동집약적인 관료적 활동 중의 하나이다.

주 정부는 거의 언제나 공립대학들에 대한 복잡한 규제 시스템과 사립기관들에 대한 약간의 감시 기능을 갖고 있다. 주립대학들이 어떻게 조직되어 있든, 주 정부는 기회를 제한하고, 학술적 사명을 쪼개며, 아니면 경쟁을 규제하고 중복을 줄이려고 시도할 것이다. 주 정부는 이 모든 것을 경제와 접근성(access)의 명분을 가지고 행하지만, 그 대신 흔히 프로그램의 독점(programmatic monopolies), 추가비용의 관료주의적 조작, 그리고 정치화된 시스템을 얻게 된다.

어떤 공립대학도 자유시장경제 안에서 살아가지 않지만, 시장 반응의 범위는 다양하다. 어떤 시스템에서는, 대학이 등록금을 조정하고 입법부는 배분(appropriation)을 통제한다. 다른 시스템에서는 입법부 또는 행정부와 주지사가 자금 조달과 지출의 모든 면을 통제한다, 대부분의 질과 생산성의 진전은 대학에 책임이 주어지고 그 후에 경쟁하도록 남겨질 때 일어나지만, 많은 주립대학들은 안전, 정치적 조작, 그리고 규제환경의 비효율성을 공개시장경제의 경쟁과 위험보다 선호한다.

연방 정부가 또한 대학운영의 여러 면을 규제하는데, 소수민족우대(affirmative action)와 재무적 지원에 영향을 미치는 법률로부터 체육과 연구자금에 관한 규칙에 이르기까지 여러 면을 규제한다. 국가적 연구 어젠다가 대학 연구환경의 운영에 강력한 영향력을 행사하고, 연방 규칙들이 대학기반 연구의 자금조달과 경영에 관련해 많은 것을 결정한다.

대학들은 이 규제환경에 영향을 주기 위해 연방 정부와 주 정부 수준에서 꽤 많은 로비기업들(lobbying enterprises)을 유지한다. 이에 더하여, 때로는 행정부로부터 하원(Congress)에 이르는 다양한 연방 정부 대리기관들이 특정한 교육적 또는 정치적 어젠다를 촉진하기 위해 디자인된 연구그룹, 위원회, 청문회, 그리고 기타 활동들을 만든다.

지배구조

모든 대학들이 지배구조(governance)를 갖고 있다. 지배구조는 여러 형태로 나타나는데, 어떤 것은 유용하고, 어떤 것은 유연하며, 또 어떤 것은 파괴적이다. 지배구조의 주제들은 구성원들에게 많은 것을 의미한다.

- 교수들에게, 지배구조는 승진과 정년보장을 포함, 교과과정과 임용과 같은 학술적 이슈들로부터 예산 배분에 이르기까지 대학생활의 여러 측면에서 개입과 조정을 의미한다.
- 학생들에게, 지배구조는 학생생활을 규제하는 구조, 학생회의 힘과 권위, 그리고 학생들이 대학의 정책과 실행에 영향을 줄 수 있는 구조를 의미한다. 그것은 많은 과외 활동을 지배하는 규칙에 대한 학생 개입과 남성우애회(fraternities)와 여성우애회(sororities)의 희랍식 시스템의 운영을 포함한다.
- 사립대학들에서, 지배구조는 거의 항상 대학을 위한 최종 권위와 운영에 대한 책임을 갖는 이사회(boards of trustees)를 말한다. 사립대학들은 또한 교수와 학생 지배구조 조직을 갖고 있지만, 지배구조를 말할 때는 주로 이사회를 의미한다.
- 공립대학들에서, 지배구조는 이사회(boards of regents), 이사(trustees), 또는 감독자(supervisors), 지사, 교육위원, 고등교육위원회, 그리고 입법부를 말한다. 이 모두는 대학에 대해 어떤 형태의 지배구조를 주장한다.

• 직원들에게, 지배구조는 보고관계(reporting relationships)와 권위 라인(lines of authority)을 설정하는 대학의 관료주의 조직을 의미한다.

이 모든 참가자들이 대학운영의 콘텍스트 내에서 지배구조 역할과 책임을 주장한다. 권위와 책임의 이 복잡한 구조를 분류하는 것이 결코 쉽지 않고, 모든 대학 지배구조 설정에 어떤 보편성이 존재하기는 하지만 개별 대학별 변형은 상당히 많다.

이사회(Governing Boards)

모든 대학들에는 이사회가 있으며, 하나 이상이 있는 경우도 있다. 이사회(board of regents 또는 trustees 또는 supervisors 등 어떤 술어 nomenclature이든 큰 의미 없다)는 일반적으로 대학의 본원적 권위이고, 모든 권력과 권위가 흘러나오는 곳이며, 또 모든 책무가 돌아가는 곳이다. 이사회의 주된 역할은 가장 중요하게는 대학의 재무적 안정을 지키는 신탁(fiduciary)상의 것인 반면, 대부분은 비록 권위의 상당 부분을 경영과 학술 담당자들에게 위임하더라도 대학 운영의 모든 면에서 폭넓은 힘과 권위를 가진다.

사립대학들의 경우, 이 기술(description)이 현실과 매우 잘 맞아떨어진다. 사립대학 이사회는 60명 이상이 될 수 있는데, 이사들은 총장을 임용하고, 대학의 재정건전성을 지키며, 주요 정책들을 승인한다. 이사회는 흔히 총장의 제청에 의해 선임 경영담당자의 임명을 승인하고, 교수들과 총장의 추천에 의해 교수의 정년보장을 승인하며, 교수들과 총장의 추천으로 학위를 수여하고, 모든 경우에 대학의 모금활동에 지속적으로 열심히 참여한다.

사립대학 이사회는 일반적으로 대학의 구체적인 이슈들에 단단히 초점을 맞추고, 이사회의 일이 대학의 재정건전성을 확보하고 대학의 성공을 증진시키는 것임을 인식한다. 이사회는 이 일에만 전념하고, 어떤 실수를 하거나 어떤 이슈를 이해하지 못할지라도 대학에 대한 관심에서 흔들리지 않는 경향이 있다.

사립대학 이사회는 대개는 무한 지속되고(self-perpetuating), 때로는 학생, 교수와 동문 대표들을 포함하여, 이사들을 선택하고 임명한다. 다른 경우에는, 즉 주 정부가 상당한 재정지원을 제공하는 경우에는, 주지사가 이사를 임명하기도 한다. 어떤 이사회에서는 이사들 임기가 있고 또 어떤 이사회에서는 무기한 임명을 하기도 한다. 사립대학 이사로 선택되는 데에는 여러 자격요건들이 요구되지만, 주로 기부 형태의 대학 복지에 대한 상당한 기여가 가장 중요한 자격을 제공하고, 탁월한 공공서비스가 그 다음이다.

이사들은 흔히 자신들이 기본재산에 기부한 것을 통해, 또는 가족유증(family bequests)을 통해, 대학의 성공에 주요 재무적 투자를 하고 있다. 사립대학 이사회는 대부분 분기마다 드물게 만나는 경향이 있으며, 그들 일의 대부분을 위원회 구조를 통해 수행한다. 많은 경우, 대학총장은 직권에 의해(ex-officio) 이사가 된다. 거의 모든 대학 이사들은 대학의 일을 하기 위해 위원회와 소(sub)위원회에 소속되며, 흔히 이사회의 주요 방향은 이사회 의장(chair)과 그 임원, 그리고 재무위원회에 의해 결정된다.

공립대학 이사회는 많이 다르다. 공립대학 이사회는 거의 모든 경우에, 그 구조가 다양하지만, 정치적 결정으로 만들어진다. 어떤 주에서는 입법부나 주지사가 이사들을 임명하고, 드물게는 이사들이 공적 선거를 통해 선출되기도 한다. 많은 주들이 임명 권한을 주지사에게 주고, 임명의 비준 권한을 입법부에 준다. 다른 주에서는 대학 이사회가 정치적으로 임명된 이사와 더불어 동문을 이사로 선출하기도 한다. 많은 이사회들이 학생 이사를 두는데, 주지사가 학생 이사를 임명하고 때로는 학생들이 학생 이사를 선출하기도 한다.

이 주제에 대한 변형은 여럿이다. 매우 복잡한 대학 시스템을 가진 어떤 주에서는 단일 이사회가 모든 대학들을 감독한다. 이런 경우, 이사회는 대학들에게는 실질적으로 외적(external)이고, 전통에 따라 "총장(chancellor and president)"이라 부르는 임원을 가진 자체적인 관료적 지원 구조를 갖고 있다.

어떤 시스템은 주 수준에서 총괄적 이사회를 가지며, 그리고 개별 대학의 이사회를 따로 갖는다. 또는, 주가 몇 개의 복수 대학 시스템들을 갖고 있어 개별 이사회와 조정 이사회를 각각 따로 갖는 경우도 있다. 다른 경우에는, 시스템 내 각 대학이 이사회를 가지나, 최종 권위는 주로 상위의 주 이사회가 갖는다. 이 경우 대학 이사회는 중요한 권위를 갖지 못하고, 주로 모금과 로비 기관으로 역할을 하며, 총장을 초빙하고 선정하는 데 참여한다.

공공부문에서, 대학의 이사들은 대학의 최고 관심사에만 초점을 맞추지 않고, 주지사로부터 주 의회 의원들과 다른 특별한 구성원들에 이르기까지 여러 인사들을 섬긴다. 복수 캠퍼스 대학(multiuniversity) 이사회에서, 이사들은 흔히 높은 지역적 충성도를 갖고 있어 그 시스템의 혜택을 추구할 뿐만 아니라 그들 지역과 지역 내 대학의 구체적 정치적 관심사를 보호하고 진전시키기 위해 일한다.

좋은 공공이사회는 또한 입법부 및 행정부의 간섭으로부터 대학을 보호하는 역할을 한다. 선출 공무원의 변덕스러운 마음, 또는 이런저런 형태의 특별한 이해관계에 너무 쉽게 반응하는 이사회는 대학에 큰 해가 되는 가혹한 처사를 하는 셈이 된다. 이론적으로는 독립적이고 광범위한 책임을 가지면서, 이 공공이사회 이사들은 대학에 도움을 줄 수 있다. 그러나, 공립대학들은 소속된 주 정부의 정치적 관료주의적 공간 내에서 매우 다른 위치를 차지하기 때문에, 그리고 그 대학들은 주로 자기 대학의 구성원들과 대화하기 때문에, 공립대학 지배구조에 대한 일반화는 정확하게 이루어지기 어렵다.

또한, 고도로 정치화된 성질 때문에, 주립대학 이사회들은 그들의 성과와 효과성에서 정치적 시점의 상황과 특성에 따라 극적으로 다르게 나타난다. 한 정치적 시기에 잘 작동되는 것이 다른 시기에서는 묘하게 비효율적이 된다. 공립대학 이사들의 임명 과정에서, 그들이 감독하는 대학들보다 그들의 외부 구성원들(주지사, 주 의회 의원, 다양한 특수 이해집단)의 관심에 더 잘 반응하는 것을 발견하기는 어렵지 않다. 사실상, 공공이사회와 사립이사회 간의 가장 중요한 차이는, 공공이사회는 공공이익의 어떤 개념 안에서 대학을 규제하기 위해 존재하는 반면, 사립이사회는 대학의 성과를 극대화하고 대학 일을 지원하기 위해 존재하는 데 있다고 말할 수 있다.

공립대학 이사회는 일반적으로 사립대학 이사회와 대부분 같은 권력을 가지나, 대학에 대한 통제력에서 덜 완전하고, 이사회 자체가 복수의 법, 규칙, 규제 및 정치의 역사와 주의 구조에 의해 주어지는 기타 제약들에 반응해야 한다. 어떤 주에서는 대학이 헌법상의 것이고, 그 존재가 주 헌법 조항들에서 유래한다. 그 대학들과 이사회들은 주 법률(state law) 덕으로 존재하는 대학들보다 주 법률의 간섭과 주지사들로부터 약간 더 자유로운 경향이 있지만, 독립성은 흔히 공식적 권위보다는 정치적 기후의 함수이다.

대학이 입법부의 창조물일 때, 대학의 지위, 기능, 자율, 그리고 권위의 변화는, 모든 주법의 경우와 같이, 오로지 입법부와 주지사의 행동만을 요구한다. 대학이 헌법적 기관일 때는, 입법부가 여전히 큰 영향을 미칠 수 있으나, 헌법 개정의 과정을 동원하지 않으면 대학의 기본 권력과 권위를 변화시킬 수 없으며, 이는 매우 어렵고 예측 불가능한 행동이다. 이러한 경우, 입법부는 흔히 그 목적을 달성하기 위하여 특별지출예산과정(appropriation process)을 통해 지갑의 힘을 사용한다.

공립대학들은 이사회, 입법부 및 주지사에 의해 정의된 대로 공공적 이해에 봉사하기 위해 존재한다. 사립대학들은 공공적 이해에 봉사하기도 하지만, 자신들의 조건에 의해 공공적 이해를 정의한다. 대부분의 사립대학들은 더 집중적이고 효과적이며 오랜 시간 일관성을 유지할 수 있는데, 그 이유는 공립대학들처럼 쉽게 지역의 임시적인 정치적 열광에 종속되지 않기 때문이다.

이사회 의장이 총장에게 전화한다. "이건 무엇입니까? 신문에서 대학이 주 자금이 줄어들어 프로그램들을 폐지할 계획이라고 쓴 걸 읽었는데 무엇입니까?"

총장이 답한다, "네, 지난번 이사회에서 우리가 예산에 대해 토의했던 것 기억하시지요. 우리가 지난 3년간 25%의 주 자금을 잃었고, 따라서 우리의 수입에 맞추기 위해 대학의 예산을 재조정해야 합니다."

이사회 의장이 말한다, "네, 그러나 주지사 스태프가 전화해서 우리가 주지사를 비난하는 어떤 행동도 하지 않기를 원한다고 말했습니다."

총장이 말한다, "의장님, 우리는 주지사를 비난하지 않겠지만요, 그러나 프로그램이 줄어드는 학과들의 학생들과 교수들은 다른 접근을 하겠지요."

이사회 의장이 말한다. "총장님, 총장님은 이 축소를 관리해서 공공적 하락(fallout)이 없도록 해야 합니다."

총장이 말한다. "그런데 의장님, 그것이 대학의 효용적 운영을 위해 중요한 본질적인 변화를 이루지 못하도록 할 것입니다."

이사회 의장이 말한다, "총장님, 제 지시 사항들을 가지셨지요…"

교수 지배구조(Faculty Governance)

교수 지배구조는 대학의 의사결정 과정에 교수진의 참여를 정의한다. 일반적으로, 매우 다양하기는 하나 교수진은 교과과정, 대학의 일반적 학술표준, 학위의 정의, 그리고 학위후보자 승인에 관해 주된 권위를 가진다. 교수진은 또한 교수의 채용, 승진 및 정년보장에서 거의 모든 영향력을 행사한다. 이 모든 것이 길드의 최우선적 기능이며, 비록 많은 대학들에서 법과 경영규칙이 일부 영역에서 자유로운 교수진 활동을 억제하고 있지만, 거의 모든 대학이 교수진의 권위를 인정한다.

교수 지배구조는 주로 위원회(committees), 평의회(councils) 및 의회(senates: 성격상 대의제적representative이거나 참가적participatory) 구조로 구성된다. 이러한 교수 집합체는 주로 길드의 기준에 의해 정의되는데, 학과 교수회의(faculty meeting)로부터 전체 대학

교수평의회 또는 교수의회에 이르기까지 모든 수준에서 존재한다. 교수진의 권리와 책임은 보통 문서의 형태로 교수헌장이나 편람(handbook)에 존재하는데, 편람은 교수의 권리는 무엇이고, 교수들이 어떻게 권리를 행사할 것이며, 그리고 누가 교수진의 권리를 뒤엎을 수 있는가를 서술한다. 대부분의 대학들에서 총장이 (그리고 물론 이사회가) 거의 모든 사안들에 대해 교수진을 뒤엎을 권리를 가지나, 좋은 이유로 권리를 행사하고 핵심 길드 사안들을 다룰 때는 비교적 드물게 그 권리를 행사한다.

교수진은 또한 재정 및 예산 사안들에 개입하기를 원한다. 여기서 대학의 실행은 대학들마다 다르다. 거의 모든 대학들이 교수진이 의견을 갖고, 대학의 재무적 이슈들을 논의할 위원회를 열며, 그리고 아마도 의견과 자문을 제공하도록 허용하지만, 거의 모든 대학들이 교수진에게 돈을 관리하는 권리는 주지 않는다. 이는 교수진이 돈에 대해 책임이 없기 때문이다. 권위와 책임은 같이 가며, 따라서 공립 및 사립 대학들의 이사들이 재정적 권위와 책임에 관하여 분명한 선을 고집하는데, 만약 이사회가 단 하나의 의무를 갖는다면 그것은 대학의 재정건전성을 위한 것이기 때문이다.

노동조합 운동의 상승이 또한 교수 지배구조에 중대한 양향을 미쳐 왔다. 미국교원연맹(American Federation of Teachers: AFT), 전미자동차노조(United Auto Workers: UAW), 전국교육협회(National Education Association: NEA), 미국대학교수협회(American Association of

University Professors: AAUP)와 같은 다양한 노동조합들이 산업의 직능별 노동조합(trade union) 운동을 그들의 모델로 삼고 교수진의 경제적 이슈들을 프롤레타리아화 한다. 여기에는 여러 이슈들이 끼어들기는 하나 대부분 노동시간, 보수와 기타 혜택에 대한 우려이다. 많은 대학들에서 노동조합들은 조심스럽게 학술 길드 사안들을 회피하고 그들의 관심사를 작업장과 보상 이슈로 제한한다.

노조 운동의 한 결과는 다른 영역들에서 교수 지배구조의 권한 약화였다. 돈이 중요하기 때문에, 경영부서와 노동조합은 돈 관련된 일을 정상적인 길드-주도의 전통적 교수 지배구조 시스템 밖에서 해결한다. 길드 중요성을 갖는 다른 이슈들에 대하여는, 교수 지배구조가 중요성을 덜 갖는데, 참가자들이 돈에 대한 대화에 참여한 사람들이 아니기 때문이다.

조합은 직원들을 위해 많은 어려운 이슈들을 해결한다. 조합이 있음으로 인해, 불평호소(grievance)와 관련된 이슈들은 더 이상 길드와 같은 교수위원회에 의한 해결 방식으로 남지 않고, 과정의 관료적 규칙에 의한 노동조합의 방식, 즉 본질적으로 갈등해소의 민간서비스(civil service) 방식으로 남게 된다. 이것이 교수진에게는 많은 경우에 보호를 제공하지만, 한편으로는 직원들이 불평호소의 일부가 될 수 있는 교수의 학술적 우려를 쉽게 무시하게 만들 수 있는데, 이는 관료적 규칙과 조합 계약이 문제해결을 위한 의식화된(ritualized) 경로를 제공하기 때문이다.

그러나, 교수진의 주된 리더십은 위원회와 지배구조 조직들에서만 오지 않는다. 학장들과 학과장들이 대학 정책과 과정에 관한 대화에서 교수진의 목소리를 대변한다. 그들은 대학의 기업적 성격과 교수진의 교수길드 의식 사이의 중개자들이다. 그들은 교수진을 위해서 교수진을 대신해서 말하지만, 기업의 마음 내키는 대로의 역할을 한다. 따라서, 그들은 길드의 고전적 학술 전통과 기업적 경영조직(shell)의 경쟁적, 상업적, 노동조합, 시장-주도의 임무 사이에서 갈아타는 지점(transfer point)에 있다고 할 수 있다.

흔히 상대적으로 비효과적으로 보이지만, 대학의 일에서 교수진의 목소리는 위기나 대학의 청렴(integrity)에 대한 도전의 시간에 크고 강해질 수 있다. 보통 이러한 순간들은 이슈와 연관되어 있으며, 위기에 의해 생성된 교수의 힘은 매우 빨리 흩어진다.

학생회(Student Government)

모든 대학들에서 학생들은 자신들의 어젠다를 갖고 있다. 그들은 낮은 등록금, 능동적인 캠퍼스 생활, 그리고 학생들에 영향을 주는 대학경영의 모든 면에서 권위 또는 적어도 상당한 목소리를 원한다. 그들은 승진과 정년보장과 같은 교수길드 이슈들에 참여해야 한다고 생각하고, 예산을 배분하는 데 도움을 주어야 한다고 믿으며, 교과과정을 진전시키는 데 돕기를 기대하고, 또한 대부분의 경우 복잡한 기능과 큰 예산을 가진 학생생활이 그들의 책임이고 그들의 힘의 기반이라는 것을 안다.

학생들은 많은 조직을 통해 운영하는데, 중요한 기관은 학생회(student government)이다. 대부분의 큰 공립대학에서, 학생회는 상대적으로 소수인 정치적으로 능동적인 학생들, 그리고 주로 남자우애회와 여자우애회를 통해 이미 조직화된 학생들에 의해, 그리고 학생회 선거 승리를 위해 상대적으로 적은 수의 학생이라도 동원할 능력이 있는 다른 동종집단(affinity groups)에 의해 통제된다.

그 밖에, 학생들의 특별 집중의사소통그룹(포커스그룹)이 조직하고 로비한다. 여기에는 여학생그룹, 성소수자협회, 환경론자, 흑인학생조합, 라틴학생협회, 아시아학생협회, 진보(libertarian) 학생그룹, 민주당 또는 공화당 학생 클럽, 또는 레크리에이션 위주의 학생그룹(바위 타기, 하이킹 및 기타 유사활동)이 포함된다. 이들 중 일부는 오래된 지위를 갖고 있는 선거민(constituency) 그룹으로 대학에 의해 제도화된 흑인학생조합, 히스패닉학생협회, 여학생센터, 또는 교내 스포츠협회와 같은 것들이다.

다른 그룹들이 환경이나 노동 이슈와 같은 특정 운동(cause)을 지원하는 특별(ad hoc) 조직들로 등장한다. 기원이 어디든, 이 학생인구의 세부 단위들(subunits)은 기존 학생회에 필요한 돈과 참여를 위해 로비하고, 대학과는 그들의 특정한 관심과 연관된 정책에 더 많은 영향력을 위해 로비한다. 학생들은 다른 대학 활동가들과는 확실히 다른 준거기준을 갖고 있다. 그들의 대학 내 시간은 교수진 경력이나 다수의 주요 대학 경영 담당자들과 비교할 때 상대적으로 짧다. 그들은 인내심이 적고, 그들의 초점은 흔히 당시 현안이 되는 뜨거운 이슈들에 모아진다.

다른 대학활동가들, 즉 대학 내에서 행동에 영향을 주려 시도하는 조합들 또는 교수그룹들 또는 외부 이해단체들이 때로는 학생들이 대학 관심사에서 특별한 위치를 차지하고 있는 것을 인식하고, 특정 어젠다를 추진하기 위해 학생들을 이용한다. 학생들은 흔히 국내적 또는 국제적으로 중요한 이슈들을 대학 안으로 들여오는데, 대학 내에서 포럼을 통제할 수 있고, 중요하고 매우 잘 보이는(visible) 진술을 할 수 있다고 믿기 때문이다.

여러 해에 걸쳐, 특히 1960년대 후반과 1970년대 초반에, 대학들은 학생 이슈들을 티칭과 연구와 연관된 것과 외부 캠페인에 응답하는 것으로 구분하는 데서 약간의 경험과 기능을 개발하였다. 그러나, 대학들이 대학을 지원하는 사회의 더 큰 이슈들과 항상 연관되어 있기 때문에, 외부적 이슈로 보이는 것이 대학 자체의 콘텐트와 운영에 영향을 미치는 캠페인으로 흔히 발전하기도 한다.

지배구조 운영(Governance Operation)

이 구조 내에서, 대학의 지배구조는 전통은 물론 문서화된 정책과 과정에 맞게 운영된다. 공립대학들은 외부의 정치적 개입에 대항하기 위해 디자인된 성문 규칙과 규제를 가진 많은 관료주의적 구조들을 갖는 경향이 있다. 공립대학은 대학 내 이점, 기회 또는 플랫폼을 추구하려는 다수의 정치적 소구성원들을 잠재우기 위해 규칙을 창출하고 집행의 관료주의적 과정을 사용한다.

공립대학들의 권위가 약하고 거의 모든 경우 잠재적으로 변동성 높은 정치적 과정으로부터 도출되기 때문에, 규칙 제정 시스템이 일부 구성원들을 불만족스럽게 만들 결정에서 피난처를 만든다. 공립대학들은 많은 구성원들을 갖고 있기 때문에 거의 모든 결정이 정치적 논란을 일으킬 잠재력을 갖고 있다. 대학이 결정사항을 실행할 때 사용하는 규칙들과 과정들이 그러한 논란을 잠재우고, 보통 (항상은 아니고) 기관이 해야 할 것을 하도록 허용한다.

주요 대학들에서 **정책 수립**은 복잡하고 다양하다. 어떤 대학들은 정책결정을 위해 위원회, 미팅, 그리고 공식적 과정을 통해 잘 표현된 다른 대의제도(representation)를 개입시키는 잘 정돈된 구조를 갖고 있다. 그러나 거의 모든 대학들은 정책결정을 위한 전통과 기대 행동을 갖고 있다.

정책과정의 일부는 누구의 영역 안에 정책의 콘텐트를 둘 것인가를 결정하는 것이다. 재정적인 것이면 주로 경영조직의 영역에, 교과과정과 학술표준에 관한 것이면 교수길드의 영역에 속한다. 만약 그것이 학생들에 영향을 미친다면, 학생회 또는 학생 이해그룹이 개입될 것이다. 그러나 거의 모든 정책들은 실제로 세 가지를 다 포함한다.

만약 대학이 어떤 방식으로 학술표준을 변화시킨다면, 그 변화는 재정적 영향(더 많거나 적은 학생들, 더 많거나 적은 교수진)을 받게 될 것이다. 만약 대학이 어떤 방식으로 재정정책을 변화시키려 한다면, 그 변화는 학술적 영향을 가질 것이다. (만약 연기된 유지보수에 더 지출한다면 도서관에 덜 쓰게 되고, 주차에 더 많이 지출한다면 실험실 장비에 덜 쓰게 된다). 이에 더하여, 학생들은 이러한 이슈들에 예리한 관심을 가지며, 흔히 학생의 이해와 교수의 이해는 일치하지 않게 된다. (학생들은 낮은 등록금을 원하나 대학은 교수봉급 인상을 위해 등록금 인상을 원하고, 학생들은 더 넓은 레크리에이션 공간을 원하나 교수들은 더 넓은 실험실 공간을 원한다.) 그 결과, 대학 지배구조 과정에는 넓은 범위의 복잡한 협상, 회의, 자문 등 이해갈등 해소를 위한 과정이 필요하며, 이는 모두 갈등하는 이해를 잠재우는 것이다.

어떤 주에서는, **공공미디어**(*public media*)의 역할이 대학의 의사결정 과정에서 불안하게 다가오는데, 다양한 계파들이 특정 내부적 결과에 영향을 주기 위해서 미디어의 논쟁에 대한 열기를 조종하기 하기 때문이다. 공격적인 공공 기록과 공개회의 법률(public records and public meeting laws)의 대리행위(agency)를 통해, 미디어가 일반인들의 알 권리라는 위장하에 공립대학의 의사결정 과정에 참여자가 된다. 이런 콘텍스트에서, 언론과 다른 미디어 아웃렛들이 갈등을 과장하고, 합의를 최소화하며, 냉소를 조장하고, 공개 토론을 무력화하는 역할을 한다.

소셜 미디어의 상승이 논쟁과 토론의 새로운 공공 포럼을 창출하였다. 때로는, 대학 정책, 조직, 또는 목적의 변화가 트위터(Twitter), 페이스북(Facebook)과 다른 인터넷상 논쟁의 거의 순간적 대폭발(firestorm)을 일으킨다. 대학 스포츠와 관련된 새빨간 거짓말(ups and downs), 소문과 험담 등을 따르는 사람들에게 가장 익숙한 것이지만, 이 같은 고강도의 그리고 흔히 스타일적으로 극단적인 전자미디어 반응이 때로는 대학 지배구조의 질서있는 과정을 뒤흔든다. 최선의 접근방법은 제안된 어떤 것도 눈에 띄지 않은 채 지나갈 수 없다는 기대 속에서 조심스럽게 준비를 하는 것이다.

이러한 환경에서 복잡한 토론의 공공적 성격이 대학인들로 하여금 그들의 비즈니스를 책을 떠나서, 공식적 과정을 벗어나서, 그리고 공공 기록을 떠나서, 처리하도록 만든다. 이것이 과정을 덜 보이게(visible) 만들고, 그것이 보이는 과정을 이슈들을 덜 정확하게 반영하는 것으로 만든다. 그것이 흔히 토론을 대학의 조직화된 포럼으로부터 미디어를 통한 흑막에 좌우된(brokered) 토론으로, 또는 내부자들 간 뒷방 협상으로 옮긴다.

공격적인 언론 노출이 교수진, 경영담당자들 및 이사들의 사려 깊은 목소리를 제거하고, 그 목소리를 독단적인 신념에 기반하여 극단적 포지션을 추구하는 사람들이나 다른 목적으로 미디어 노출을 추구하는 사람들의 조작적 목소리로 대체한다. 그것은 또한 공개적으로 토의 주제로 선택하지 않는 개인들을 대화로부터 제외시킨다.

공적 기록과 공개 회의 법률이 더 공격적이고 효과적일수록, 길드의 대학 활동이 덜 효과적일 것이다. 관찰자들은 대학의 모든 활동을 언론에 공개하는 것과 관련된 비용–혜택 비율에 대해 각각 다른 평가를 내릴 것이다. 물론, 사립대학들은 이로부터 고통을 덜 받지만, 많은 주들이 모든 대학 활동들을 언론에 공개하는 것과 관련하여 무엇이 공개 가능하고 무엇이 대외비인지에 대해 합리적인 한계를 가지고 있다.

대학 지배구조는 비행동(inaction)을 향한 결정된 편향(decided bias)을 보여 준다. 복잡함과 관료주의는, 특히 공공부문에서, 변화의 이니셔티브를 빨아들이고, 그것들을 관료주의적 늪과 규제적 지류(tributary)의 넓은 어귀에 가로질러 분산시켜 변화의 흐름을 실질적 정지로 천천히 향하게 만드는 경향이 있다. 그러나 그 과정이, 변화의 흐름이 잡히면서, 흔히 극적인 또는 적어도 허세 부리는 말의 화려함(verbal pyrotechnics)의 전시 속에서 에너지를 포기하도록 구성되어 있다. 위원회 보고서, 의향서, 위원회 문책(high-sounding charges to committees), 사려 깊은 자문, 복수 보고서, 데이터 전시, 언론광고 — 이 모든 것들이 타성의 말잔치 안에서 분산되는 것들이다.

공공부문에서 지배구조는 변화를 요구하지 않는데, 생존이 학부학생의 자격 조류(entitlement tide)에 떠다니기(floats on) 때문이다. 학부학생들이 다른 곳으로 가지 않는다면, 상당한 크기의 공립대학들은 극적인 주 정부의 재정위기가 없는 한, 중대한 변화로부터 보호되어 있다.

사립대학들도 변화에 저항하는데, 그 대학들도 그들의 길드를 통해서 살기 때문이다. 그러나 민간 부문에서, 대부분의 대학들에게는 흔히 기본재산이 주요 대학의 규모를 보장할 만큼 충분하지 않고, 따라서 교수, 학생 및 경영진은 항상 동의하지 않을지 모르지만 그들이 경쟁하는 시장의 현실을 인식한다. 그들은 학술세계의 경제적 구조에 더 초점을 맞추는 경향이 있다. 공립대학 상대들(counterparts)보다 덜 자신에 몰두되어(self-absorbed) 있지 않음에도, 사립대학들은 대학의 경제적 성공이 자신들의 어깨에 달려 있고, 납세 대중의 금품(또는 축의祝儀, largess) 제공에 크게 달려 있지 않음을 인식한다.

공립 및 사립 대학 활동 간의 일부 차이점이 변화율(rate of change)을 반영한다. 공공부문에서, 대학들은 어떤 사건이 비교적 중대한 재조정(경제하강, 예산삭감, 입법홍수)을 강요할 때까지 변화에 저항한다. 민간부문에서는, 길드의 번영을 보장할 수입의 확보가 매년 큰 도전이 되면서, 변화는 필요한 대로 그리고 학술적 재화와 서비스의 수요가 지시하는 대로 증분적으로 오는 경향이 있다. 결과적으로, 사립대학들은 그들의 시장 내에서 경쟁우위를 추구하기 위해 끊임없이 변해야 하기 때문에 흔히 변화하지 않는 것으로 보여진다.

그럼에도, 사립대학들조차 때로는 그들의 세계에서 길을 잃게 되고, 그들을 둘러싼 현실의 시야를 잃게 된다. 사립대학들은 위기로 낡고 위험한 건물을 수리하기 위한 예산 재조정이 요구될 때까지 유지보수를 연기하고, 교수보수를 높게 유지할 수 있다. 그들은 기부나 등록학생 증가의 기대 속에 세련된 시설을 짓기 위한 돈을 차입할 수는 있으나, 결국 그 자금이 들어오지 않으면서 어느 날 갑자기 불가피한 재정적 결과를 맞이하기 위해 극적인 재조정에 눈 뜨게 된다.

사립대학들은 자신들의 수입으로 살아가기 때문에, 대학을 건전하게 유지하기 위해 그들의 경영과 이사들에 의존하기 때문에, 공립대학들에 비해 더 위험한 세상에 살아가고, 여러 관찰자들과 회계사들과 비판자들에 둘러싸여 있다. 사립대학들은 대체로 공공 기록 법률에서 면제되면서, 비록 때때로 위기가 공공의 표면에 드러날 정도의 규모에 이르게도 되지만, 기관적 위기를 공공 미디어로부터 지킬 수 있다. 통상적으로, 눈에 띄는 예외는 있지만, 그러한 위기를 대중이 알게 되는 것은 실패나 재조정을 막기 위한 자원이 많이 부족한 작은 사립대학들의 경우이다. 그때는 지배구조가 작은 사회의 미시정치(micropolitics)에 관심이 있는 사람들에게는 복잡하고 환상적인 주제가 된다.

요점

• 대학은 정부 기관들로부터 다양한 규제 감독 상황을 직면한다. 프로그램들은 적절하게 운영되는지, 설비는 충분히 갖추어 있는지, 교수-학생비율은 적절한지, 또 때로

는 수업료와 각종 수수료는 적절한 수준인지 등을 규제 감독받는다. 지역협회는 이를 인증이라는 이름으로 시행하는데, 프로그램의 부정함을 막고 과다한 경쟁을 제한한다는 원래 목적과는 달리 프로그램의 독점화, 관료주의적 발상의 추가비용, 심지어는 정치화된 시스템을 결과로 얻는다.

- 대학들은 지배구조 체제를 갖고 있다. 지배구조에는 일반적으로 받아들여지는 정의가 없으나 "누구의 책임인가?"의 질문으로 귀속된다. 대학에서 지배구조는 거의 항상 대학의 최종 권위와 운영에 대한 책임을 갖는 학교법인의 이사회를 말한다. 대학 지배구조, 과정과 책임 면에서 특히 공립이냐 사립이냐에 따라 큰 차이를 가질 수 있으며, 대체로는 교수, 학생 및 경영스태프의 세 가지 지배구조가 있다.
- 대학의 규모가 커짐에 따라 이사회는 대학 권위의 상당 부분을 경영진과 학술진에게 위임하는 경향이 있으나, 대학운영의 모든 면에서 폭넓은 힘과 광대한 권위를 갖는다. 그러나 이사회의 최종적 책임은 대학의 재무안정성을 확보하는 일이다.
- 교수 지배구조는 교수진의 승진과 정년보장, 교과과정으로부터 예산배분에 대한 개입과 조정을 의미한다. 교수의 보수와 기타 혜택 등에 대한 불평호소 등은 학술적 우려 때문에 학장과 학과장들이 교수진의 목소리를 대변하는 것으로 노조활동을 대신한다. 학생들에게 지배구조는 학생회를 통한 개인사 및 학사에 대한 개입과 조정을 의미한다. 경영스태프에게 지배구조는 보고 체계를 설정하는 대학 내 관료주의 조직을 의미한다.
- 대학 지배구조의 운영은 각종 위원회, 회의, 그리고 때로는 대의제도를 개입시키는 정돈된 구조를 통해 일어난다. 그러나, 일부의 문제는 정책결정의 콘텐트를 교수, 학생, 또는 경영스태프 중 누구의 영역에 둘 것인가이지만, 문제는 대부분의 정책들이 세 가지 영역을 다 포함하기 때문에 어렵다. 다양한 계파들이 갈등하는 가운데 공공미디어가 대학의 의사결정에 참여하기도 하는데, 극단적인 소셜미디어의 반응은 대학 지배구조의 과정을 흔들기 때문에 바람직하지 않다.

15장

파괴적 변화

대학들과 대학의 구성원들은 우려해야 할 전통과 책임을 갖고 있다. 5년에서 10년 주기의 세상의 변화, 미국과 세계 경제의 확장 또는 축소, 전쟁과 평화의 역학, 도전하는 문화적 추세의 등장, 그리고 새로운 기술의 개발 등 모든 것이 강한 자성과 우려의 시동을 건다.

고등교육 공동체는 큰 변화를 예상하고, 고등교육 전통의 통제되지 않거나 예기치 않은 변화들에 대해 우려하며, 미래 시장상황의 더 나은 예측을 찾고, 새로운 기술이나 인구구조의 변화에 적응하기 위해 고군분투하며, 또한 그들 대학의 재정적 기반에서 대규모 재조정이 있을까 우려한다. 어느 정도는, 이러한 우려가 대학 생활의 정상적 부분이고,또 여러 세대 동안 그래 왔다. 서양 세계의 주요 구성 요소로서의 대학이 오랜 궤적을 그려 왔던 것이 우려를 가진 사람들에게 위안을 줄지 모르지만, 많은 사람들이 그럼에도 불구하고 "우리가 알고 있는 대학(university as we know it)"의 종말을 상상한다.

거의 모든 경우에, 우려의 원인은 순수하고 대학들이 번영해 온 환경 내의 실질적 변화들을 반영한다. 글로벌 통상(commerce)의 이동하는 경제적 구조와 그것이 미국 경제에 미치는 영향은 실질적 변환(transformation)이다. 하이테크가 대학을 포함하여 우리 사회와 일터의 일상 운영에 침투적으로 주입되어 운영과 가치의 변화를 강요해 왔고, 앞으로도 계속 그럴 것이다. 대학에 다니는 사람들의 특징과 열망(aspiration)을 변화시키는 인구통계학적 이동과 달라지는 여러 기능 수준의 일자리들을 미국 안과 밖으로 이전시키는 경제 재구조화가 고등교육에 영향을 미친다.

이러한 변화들과 다른 많은 것들이 대학에 도전을 준다. 그 변화들이 여러 고등교육기관들의 시장과 운영에 상당한 진화를 자극해 왔으며, 앞으로도 계속 그럴 것이다. 그러나 세계 역사상 이 시점이 미국이 이전에 경험했던 어떤 위기들보다 대학생활에서 더 혁명적이고 파괴적일 거라는 가정은 과장된 것 같다. 우리 모두는 드물게 도전적인 시간에 살고 있고, 우리의 위기가 이전에 왔던 것들보다 특별하고 더 결정적인 것이라 믿을지 모른다. 그러나 우리는 약 한 세대 전 1960년대 후반과 1970년대의 극적인 사건들을 뒤돌아 보면서 안심할 수도 있을 것이다. 당시 많은 사람들이 그들이 알았던 대학(university as they knew it)이 종말을 고한다는 것을 예언적으로 믿었지만, 대학들은 여전히 이전과 같이 남아 있다.

대학들은 예외적으로 안정적인 기업이고 지속적으로 적응할 수 있다. 대학들은 연이은 각 세대에 걸쳐 제시된 도전을 맞기 위해 스스로 수정하고 재정비하지만, 결코 비판자들을 만족시키기에 충분할 만큼 빨리 변하지 않고, 실제로 주변 상황에 의해 요구되는 것에 비해 빨리 변하지도 않는다. 시간이 지나면서, 대학들은 새로운 성향, 목적, 그리고 새로운 고객들을 얻고 어떤 것은 버린다. 이 변화들은 거의 한꺼번에 격변적인 파괴 속에서 일어나기보다는, 점진적으로, 독특하게, 그리고 예측 불가능하게 일어난다. 그런 것이 이 놀랄 만한 기관들의 역사였고, 그리고 그것은 상당 시간 같은 유형으로 계속될 것이다.

세상과 대학을 둘러싸고 있는 이웃 사회에 대한 이 상대적으로 느린 적응은 다른 시간에 대학 환경의 각각 다른 요소들에 초점을 맞추는 개인들, 기관들, 그리고 대학 구성원들의 행동으로부터 온다. 우리는 몇몇 변화의 동인을 확인할 수 있고, 현재 대학의 다양한 반응들을 봄으로써 아마도 미래 변환에 대한 어떤 조망을 해 볼 수 있을 것이다.

기술

기술이 세상의 모든 비즈니스에 미치는 영향은 침투적이고, 상당하고, 많은 경우에 혁명적이었다. 인터넷, 컴퓨터화된 제조업, 로봇공학, 대규모 비즈니스 경영, 세련된 재무적 수단,

휴대전화, 컴퓨터 장비의 끝없는 다양성, 그리고 기술확장의 더 많은 등장이 여러 사회적, 정치적, 그리고 상업적 활동들의 규모와 조직 복잡성을 수정해 왔다. 이 변환들이 한때 지역적이었던 것을 글로벌화하고, 노동의 가치를 변환시키면서, 상업의 성격에 영향을 미쳐 왔다. 최소 수준을 요구하는 기능과 고급 수준을 요구하는 기능 간 수준의 괴리가 전 세계적으로 소득분배의 점진적 불평등에 기여했다.

가장 영향을 많이 받는 기업들은 거래의 규모와 속도로부터 혜택을 받는 기업들이고, 가장 영향을 적게 받는 기업들은 다소간의 개별화된 개인적 상호작용(individualized personal interaction)을 통해 가치를 제공하는 서비스산업이다. 이것이 세계경제 내 다른 곳들에서 매우 큰 영향을 미쳤던 변환에 대해 고등교육이 왜 광범위하게 다른 반응을 보였는가를 설명하는 데 도움을 준다.

대학들은, 전통적이고 엘리트적인 형태에서 큰 가치로 인식되는 고접촉 개인적 상호작용(high-touch personal interactions)을 달성하기 위해, 선생들과 학생들을 작은 수로 서로 연결시키는 개인화된 거래의 한 특수 범주를 대표한다. 이 형식은 확장이 잘 되지 않고, 대학들이 규모(size)와 범위(scope)에서 성장해 감에 따라, 대학의 고객들이 소중히 여기는 개인화된 거래의 가치를 흔히 잃게 된다. 이런 이유로, 전통적인 대학들이 등록학생 4만–5만 명을 넘어서 성장하는 것은 아주 드물고, 만약 그 이상이 되면 다시 소단위들로 나누고 이들을 분리해서 운영하고 관리한다.

컴퓨터와 기술혁신이 오늘날 모든 대학들의 공통적인 부분이지만, 아직까지 대학들은 이를 체계적 형태로 변화시키기보다는, 거의 대부분 개인화된 상호작용을 강화하고 수정하며 개선해 왔다. 어떤 형태의 컴퓨터-보조(computer-assisted)된 교육이 초급 쓰기, 일부 수학 교육(instruction), 그리고 이와 유사한 초급 수준의 티칭 등과 연관된 교수와 학생들의 판에 박힌 작업을 덜어 주었다. 그러나 컴퓨터 주도의 중등 이후 교육의 성공은 비표준, 비엘리트 교육 환경에서 가장 분명하게 나타났다.

원거리(또는 원격) 교육(거리가 컴퓨터-중개 교육에서 요구되지 않기 때문에 잘못된 명칭)은 고접촉 전통적 구조에서는 할 수 없거나 또는 흥미를 보이지 않는 많은 학생들에게 고등교육 콘텐트에 접근할 기회를 제공한다. 원격교육은 직장 업무로 인해 실시간으로 수업에 정규 출석이 허용되지 않는 학생들, 고등교육과의 상호작용이 일시적이고(episodic) 매 학기마다 변하는 상황에 의존할 수밖에 없는 학생들, 장소-제한적인 위치에 있어 캠퍼스 기반 수업에 참여할 수 없는 학생들에게 다가간다. 이와 비슷한 조건의 개인들은 지난 10년간 점진적으로 세련되게 성장한 컴퓨터-중개 교육을 이용할 수 있었다.

전통적 대학들이 이러한 모험에 참여하지만, 그들은 한계 상황에서 새로운 시장을 찾고, 접근하기 어려운 학생들에 도움을 주며, 비즈니스 또는 산업의 엘리트 고수입 생산 고객들과 연결하거나, 또는 캠퍼스-기반의 교육프로그램을 증대시키기 위해 그렇게 하는 경향이 있다. 현재, 이 환경은 상당히 유동적이다.

기술과 전달 시스템이 개발되고 성숙되면서, 더 많은 잠재적 학생시장이 가능한 것으로 보인다. 그러나, 원격교육의 재무구조는 언제나 현저한 이익을 생산하지 못하거나 또는 초기 투자나 운영비용조차 감당하지 못한다. 질은 고등교육의 다른 모든 곳에서는 물론 여기서도 비싸고, 고품질 자료와 지원을 생산하기 위해서는 상당한 투자가 필요하다. 지난 여러 해에 걸쳐, 일부 대학들이 아주 성공적이고 이익이 되는 원격교육 운영을 개발해 왔고, 기술이 표준화되고 질과 효과성을 보장하는 기법이 더 잘 개발됨에 따라 이러한 대학들이 더 많이 나타날 것이라 기대할 수 있을 것이다.

이러한 시스템들은 많은 학생들에게 거의 동질의 좋은 고등교육을 더 낮은 비용과 더 큰 편리함으로 제공할 수 있을 것이다. 어떤 사람들은 이것을 전통적 캠퍼스-기반형 교육에 대한 주요 위협이라고 보기도 하지만, 그 위협은 개입된 고등교육의 분야에 달려 있다. 컴퓨터-중재, 비캠퍼스-기반 고등교육의 영향은 매우 선택적인 엘리트 대학들보다 덜 권위 있는 대학들에서 훨씬 더 클 것이다. 톱 수준 선택력(selectivity)을 가진 대학들 바로 아래에 있는 대학들은 학생들을 잘 돕는 기능적이고 효과적인 교육을 제공한다. 전통적 대학들의 비싼 고접촉 스타일은 특히 고등교육의 비용이 계속 오르고, 덜 비싼 c

러닝 옵션의 매력이 증가하면서 덜 중요해질 것이다.

중위권 대학들은 온캠퍼스 교육과 원격 또는 e-러닝 교육 둘 다에 참여할 것으로 보이고, (중요한 브랜드 강화 가치를 갖는) 전통적 모델의 콘텍스트를 지속시키며, 동시에 점진적으로 세련되어 가는 컴퓨터-중재 교육을 통해 생존과 번영에 필요한 시장에 접근함으로써 균형을 창출해 갈 것으로 보인다. 모든 대학의 교육프로그램과 브랜드를 유지하기 위해 원격교육 플랫폼을 설치하고 운영하는 전문화된 서비스 기관의 등장이 고품질 인터넷-가능 교육으로의 진입장벽을 낮추게 될 것이다. 영리 기업가들 또한 이 양상이 효과적인 것을 발견했는데, 주로 비영리대학들이 아직은 같은 공간에서 활발하게 경쟁하지 않기 때문이다. 일단 그들이 경쟁한다면, 영리기업들이 이 시장으로부터 자기 투자자들을 만족시킬 만한 프리미엄을 뽑을 수 있을지 분명하지 않다.

엘리트 대학들도 새로운 시장에 참여하려 시도하고 혁신적 테크닉을 가지고 실험을 하기도 한다. 어떤 대학들은 그들의 교육 프로그램의 요소들을 무료로 온라인에 게시하고, 자료와 다양한 형태의 교육을 무료 또는 최소 비용으로 제공한다. 어떤 실험은 자동화된 성적평가와 (아직은 학위가 아닌) 수료증서의 형태를 가지고 과목과 유사한(course-like) 과정을 개입시킨다. 권위 있는 대학들이 (마치 권위 있는 신문들이 기사 내용을 온라인상에서 무료로 제공하고, 그들의 브랜드와 생산품의 상업적 가치를 잡아내기 위해 유료서비스pay walls를 만든 것처럼) 궁극적으로는 이것을 수익성 있는 온라인 생산물이라 판단하게 될지는 두고 봐야 할 것이다.

추가적인 실험으로, 미국 대학들이 상당한 이익이 가능한 것으로 보이는 유명 브랜드(name-brand) 지점을 외국 현지에 만듦으로써, 외국학생 모집에서 미국 대학들의 전통적 참여를 새로운 수준으로 높이려 시도한다. 이것은 고위험 벤처사업이지만, 성공적인 추진에 대해 큰 보상을 약속하기도 한다.

이 활동의 상당 부분은 아직 초보 단계에 있고, 주로 상당한 경제적 자원을 가진 권위 있는 대학들이 여기에 참여한다. 그러나 그것은 또한 미국 고등교육의 모든 수준에서 규모를 확장하고 글로벌 경쟁에서 유리한 위치를 차지하는 데 대한 관심을 보여 주는 것이라 할 수 있다. 모든 새 벤처사업에서와 같이, 많은 사업이 실패할 것이나 일부는 성공해서 다른 벤처들이 그 과정을 흉내 내도록 이끌 것이다.

기술혁명이 아직은 자연적 경과를 거치지 못했거나, 또는 안정된 형태로 제도화되지 못했으며, 우리는 지속적인 실험, 확장, 그리고 실패를 예상할 수 있다. 과거의 사례로부터 얻은 한 교훈은, 이러한 종류의 혁신은 돈을 잃어도 될 만한 여유 자원을 가진 조직이나 대학에서 가장 잘 검증될 수 있다는 것이다. 일단 기술혁신이 검증되어 안정적이고 비용효율적이 된다면, 덜 부유한 대학들도 그 가치를 가져갈 수 있을 것이다. 시장 선점의 중요성은 고등교육에서는 상대적으로 낮다.

열정적인 이사가 총장에게 말한다. "나는 우리가 이전만큼 잘

가고 있지 못하다고 우려됩니다."

총장은 들어오는 호된 꾸지람 소리를 인식하면서 묻는다. "어느 면에서 그렇습니까?"

이사가 말한다. "글쎄요, 제가 빅데이터의 영향, 크라우드 소싱(crowd sourcing)의 중요성, 클라우드(cloud) 안에서 러닝 수행, 대량 공개 온라인공동체(massive Open Online Communities: MOOCs), 대규모 e-러닝 플랫폼, 그리고 디지털 문서보관소에 관해 읽어 왔습니다. 제가 이해하기로는 대학들이 역동적인 파괴적 변화의 시기에 있는데, 우리가 이렇듯 임계점(tipping point)에서 준비가 안 된 채 있기를 원하지 않습니다."

총장이 사용하는 일련의 전문 용어와 유행 용어에 동요하면서 시간을 벌기 위해 다음과 같이 말한다. "그것들은 물론 중요한 이슈들이지요. 이사님은 우리가 무엇을 해야 한다고 생각하십니까?"

이사가 말한다. "선두 대학들과 함께 가려면 우리가 혁신 프로그램들을 가지고 새로운 이니셔티브를 만들어야 합니다."

총장이 다음과 같이 생각은 하나 말하지는 않는다. "이건 미쳤어요. 우리는 우리의 사명과 자원 안에서 우리를 더 낫게 만들고 더 경쟁적인 것을 함으로써 진전을 이루어 왔지요. 그런데 이러한 추세적 아이디어를 쫓아가는 것은 비용이 많이 들기도 하고 거의 전부 잘 되지도 않을 텐데, 우리의 경쟁적 위치를 개선하는 것으로부터 돈을 빼앗아 갈 텐데…"

총장은 그 대신 이사가 가진 전문 문구에 대한 열정을 생각하면서 이렇게 말한다. "이사님, 이것들은 매우 중요한 테마이고, 우리에게 닥쳐오는 최악의 복합위기(perfect storm)를 이용하기 위한 최선의 방법을 검토하기 위해 TF팀을 만들 것입니다."

총장의 위기에 대한 의식을 확인한 후, 이사는 미식축구 시즌에 대한 화제로 대화를 이어 갔다.

인구통계

전 세계 상업 및 산업의 경제적 재구조화가 미국 인구통계학에 큰 변화를 가져 왔다. 전 세계적으로 많은 인구통계학적 변화들이 있으나, 여기서의 관심은 미국 대학과 관련된 것이다. 우리는 빠르게 성장하는 대학과 인구를 가진 나라가 아니다. 대학진학을 위해 준비된 고교 졸업생들은 빠르게 확장하는 그룹이 아니고, 어떤 지역들에서는 그 수가 줄어든다. 그와 동시에, 대학 학위가 중산층 진입에 본질적으로 중요한 자격증명서라고 믿는 인구의 비율은 계속 증가한다.

이 중 어떤 것은 기술과 역외 제조업이 좋은 일자리를 줄여온 산업에서 좋은 중간소득 일자리의 하락에 대한 합리적 반응이다. 금융위기 이후 2008-2012 경제불황과 더딘 회복이 특별한 기능이 없는 사람들을 위한 취업시장을 잠식해 왔다.

이러한 경제적 변화들이 다양한 종류의 고등교육에 대한 수요를 증가시켰고, 커뮤니티대학들, 비엘리트 대학들, 중간수준의 주립대학들, 영리대학들에게 가장 큰 영향을 미쳤다. 이 대학들은 언제나 대학 학위가 일자리 자격증명서가 되는 학생들에 집중해 왔음에도, 더 나은 일자리를 위한 자격을 갖춰 주는 훈련을 찾는 학생들로 인해 많은 경우 난처해지곤 했다. 이 수준의 잠재적 학생들 중 일부는 표준 이하의 중등교육 준비를 가지고 대학에 옴으로써, 성공에 필요한 교정학업(remedial work)을 늘리고, 때로는 대학 수준의 학업을 시도한 학생들의 실패율을 증가시켰다.

권위 있고 매우 선택적 형태의 대학들에서, 이러한 일자리 힘이 엘리트 고접촉 교육의 가치를 재강조한다. 중상위층과 그 상위에 있는 사람들은 미국에서 소득의 괴리가 다음 세대가 괜찮은 중산층(middle-class) 라이프 스타일을 지속하기 위해서는 적어도 중상위층(upper-middle class) 소득 수준에는 확고하게 있어야 함을 강조한다고 인식하면서, 전례 없이 공격적으로 권위 있는 대학에 입학하기를 추구한다. 이것이 매우 선택적인 대학에 입학하기 위한 치열한 경쟁을 만든다.

엘리트 대학 입학을 위한 경쟁이 커뮤니티 및 기술 대학들과 주립대학들의 학생등록 성장에서와 같이 노동시장의 여러 글로벌 변화들에 반응하는 것인 반면, 두 그룹의 대학들이 추구하는 교육 목적은 다르다. 엘리트 대학들은 학생들을 주로 전통적인 일반교양(liberal arts) 양식에서 훈련시키고(비즈니스, 의학과 법률 분야의 전문적 훈련에 의해 보강되지만), 졸업생들은 흔히 전문학위와 높은 가치의 전문직 경력을 갖기 위해 대학원 공부를 찾는다. 반면, 고급 전문적 또는 학술적 훈련을 추구하지 않기로 선택한 사람들에게는 졸업 시 취업이 엘리트 대학교육이 기대하는 결과이다: 그러나 그것이 통상적으로 엘리트 학부교육의 주된 목적은 아니다.

엘리트 대학들의 특별한 가치는 고접촉 개인화된 교육 양식에 있다. 대규모 공립대학들에서도, 상급 학년에서 대학 내 우등생과 기타 전문 소그룹을 대상으로 하는 개인화된 교육이 이러한 가치를 제공한다. 일부 엘리트 대학들이 원격교육과 다수의 다른 대규모 상호교류 기업들(interaction enterprises, 예를 들어 인터넷 무료 강의)을 가지고 실험하지만, 어디까지나 안전한 엘리트 기반으로부터 그렇게 한다, 기본적으로, 그 대학들은 그들의 명성을 대안 시장 안으로 상업화해 들어가기 위해서 대학 브랜드의 높은 가치를 이용한다.

국제 경쟁

상업, 산업, 기술 및 과학이 세계 상품 환경 안으로 확장해 들어가면서, 엘리트 고등교육의 역할, 특히 연구-주도의 대학 발전의 역할이 전례없이 확대되어 왔다. 지역마다 나라마다 고 강도의 대학 연구개발을 통한 경제적 상업적 이득을 추구함에 따라, 우수 교수진을 위한 경쟁과 연구역량에 대한 투자가 현저하게 확대되었다.

그 현상의 일부를 여러 국가들에서 국제적으로 경쟁력 있는 연구중심대학을 발전시키거나 또는 구별하기 위해 디자인된 랭킹 설계의 확산을 통해 볼 수 있다. 이 경쟁은 미국의 연구중심대학 발전 모델의 영향으로부터 많은 영감을 얻는다. 각 국가마다 국제적 연구 역량을 확인하고 증진하기 위한 자신의 전통과 수단을 갖고 있지만, 결정적인 요소는 무엇이 질과 성과를 구성하는지에 대한 일반적 합의이다. 과학 분야 업적(science merit)의 출판이 국제 연구시장의 화폐(coin)이고, 그 화폐가 주로 영어로 표시되어 있는데, 이는 고품질 과학연구시장의 조건과 구조를 설정하는 데서 미국과 유럽 대학들이 지배하고 있음을 말해 준다.

비즈니스, 국제경쟁의 기술적, 그리고 산업적 기준선(baseline)과 같이, 연구도 점점 더 연구의 문화적 콘텍스트를 벗기려는 경향을 보인다. 마치 컴퓨팅 파워는 어디서든 컴퓨팅 파워인 것과 같이, 과학은 어디에 있든 과학이다. 동료-평가되는 학술지에 출판되는 과학적 결과는 국가의 기원과 콘텍스트에 관계 없이 대학에서 검증되고 응용되며 개발되고 확장된다. 국제적 대학들의 성공은 전 세계 관중을 찾는 연구생산물의 성공에 달려 있다.

우리 휴머니스트들은 고등교육기관의 탈문화화(deculturation)를 후회할지 모르지만, 미국이 갖는 혜택은 대부분의 국제 경쟁자들이 추종하는 모델이 연구중심대학 운영의 미국 모델이라는 점이다. 이는 최고의 미국 대학들이 경쟁을 위해 잘 개발되고 진전된 플랫폼을 갖고 있다는 것을 의미하지만, 그것은 또한 그들의 국제 경쟁자들이 더 효과적으로 경쟁하기 위해 미국 모델을 더 개선시키는 방법을 끊임 없이 찾고 있다는 것을 의미한다.

세계 상업과 무역의 현대판을 진전시키는 데 있어 과학과 기술의 중요성이 인식되는 가운데, 최고의 미국 연구중심대학들이 시장에서 계속 성공적으로 경쟁할 것이다. 또한, 최고 수준 바로 아래 있는 대학들이 세계시장에 뛰어나게 경쟁하는 데 필요한 투자를 지속하기는 어려울 것으로 보인다.

재무구조

이러한 모든 것을 고려할 때 중요한 것은 돈이다. 돈은 어떤 종류의 교육을 누구에게 어떤 상황하에서 제공할 것인가를 결정한다. 미국에서 공공부문의 재무적 도전을 생각한다면, 주 정부가 주요 연구중심대학들을 현존하는 수준과 수에서 계속 지원할 능력은 줄어들 것으로 보인다. 연구경쟁에서 최고 수준 또는 바로 그 아래 수준에 있는 공공 참가자들 중 상당수는 경쟁력에서 서서히 하락할 것으로 보인다.

이것이 다른 기관들이 그 자리를 대체할 것을 의미하지는 않는다. 그 대신, 진정으로 국제경쟁력이 있는 미국 연구중심대학들과 단지 좋은 대학들 간의 간격은 현저하게 벌어질 것이다. 연구중심대학 환경의 극적인 변환은 없을 것이다. 최고의 생산자들은 자기 자리에 그대로 있을 것이나, 그 아래 층에 있는 생산자들은 최고의 연구성과를 지속시키는 데 필요한 지속적 투자를 만들지 못함에 따라 점진적으로 하락할 것이다.

사립 엘리트 연구중심대학들은 다수의 공립 엘리트 대학들보다 이 변환을 더 잘 극복할 것이다. 일부는 그들의 재무구조가 잘 분산되어 있기 때문이고, 다른 일부는 사립대학들이 일반적으로 보다 효율적이고, 더 엄격하게 집중되어 있으며, 공립대학들에 비해 급격한 변화를 이룰 능력이 크기 때문이다. 공립대학들은 소속된 주의 정치적 문화와 대형 학생인구에 대한 지속적 의무에 의해 제약을 받으면서 많은 경우에 경쟁에서 고전할 것이다.

고등교육의 비엘리트 부문들은 형태, 교육 특징, 기술 및 시장 틈새에 의해 계속 다양화될 것이다. 특정 직업과 관련된 교육에 대한 수요가 이 부문에서 증가할 것이고, 공공적 책무를 위해 부과된 표준은 낮아질 것이지만 보다 구체적이 될 것이고, 자금조달을 위한 경쟁은 계속 심화될 것이다.

이런 맥락에서, 가장 큰 도전에 직면한 대학은 비엘리트 사립 교양학부대학 또는 학생 수 5천 명 이하의 소형 공립대학들일 것이다. 이 대학들은 효과적인 운영을 지속하기 위한 충분한 학생 수를 유지하기 어려울 것이고, 제한적 규모와 연관된 비용을 지급하기 위해 높은 가격을 부과하기도 어려울 것이다.

콘텐트와 콘텍스트의 분리

우리가 고등교육 시장에서 많이 보게 되는 도전은 정보, 배움, 교육(instruction)의 콘텍스트로부터 콘텐트가 급격히 분리되는 현상이다. 고전적 교양학부대학 모델에서 콘텐트와 콘텍스트는 같이 단단히 묶여져서 서로 다른 것의 가치를 지원하고 강화한다. 학생들은 생활하고, 사교적 활동을 하며, 먹고, 자며, 공부하고, 쓰고, 읽고, 토의하며, 수업에 출석하고, 이 모든 활동들을 조심스럽게 구조된 환경, 즉 대학교육의 질에 본질적인 지적, 사회적, 경험적 환경 안에서 한다.

교육 경험의 이 분명한(coherent) 사명과 나란히, 우리는 항상 인구학적으로 또는 지리적으로 다르게 정의된 그룹을 겨냥한 평생교육과 원격교육 프로그램들을 운영해 왔다. 이 프로그램들은 대학의 학술적 전문지식 콘텐트를 대학의 콘텍스트 밖에서, 다시 말해서 대학의 생활과 문화를 직접 체험함이 없이, 전달해 왔다. 기술의 성장과 고등교육의 수요 증가와 함께, e-러닝 플랫폼이 필요한 때와 장소에서 최소한의 콘텍스트를 가지고 콘텐트를 전달하도록 맞춰진 콘텐트-위주(content-specific) 교육의 접근(reach)을 더 정제하고 확장시켜 왔다. e-러닝 시스템이 더 세련될수록 실시간 콘텍스트는 덜 필요해 보였다. 어떤 대학들은 현 교수진과 다른 교육 인재들의 힘을 확장시킬 기회를 인식하고, e-러닝 플랫폼과 테크닉을 사용하여 콘텐트의 일부를 직접 기숙 학생들에게 전달하기 시작했다.

학생들과 고등교육 서비스의 다른 소비자들은 또한 콘텐트에 참여해야 하는 어떤 요구조건 없이 콘텍스트의 요소들을 구입하는 것이 가능하다는 것을 발견했다. 록뮤직과 컨트리뮤직에서 오페라와 발레로 이어지는 다양한 콘서트의 온캠퍼스 오락(entertainment) 개최지들이 대학의 콘텐트와 연관됨이 없이 관중들에게 접근 가능해졌다. 정교한 스포츠 개최지들과 행사들이 대학 콘텍스트로 가득 찼으나 어떤 학술적 콘텐트 없는 학생 주도 이벤트를 즐길 수 있게 다양한 소비자들을 직접 또는 TV를 통해 끌어들였다. 사실상, 대학 간 스포츠는 모든 수준에서 대학과 연관이 없거나 또는 단지 부분적으로만 연관이 있는 관중에게 파는 콘텐트 없는 대학 콘텍스트(content-free collegiate context)의 아마도 가장 좋은 예일 것이다.

이러한 콘텍스트로부터 콘텐트 분리의 다른 요소들은 증서(certificate)-기반 프로그램의 개발과 확장, 시장에서 가치 있고 구체적 일자리와 연관된 기능의 확실한 습득에 집중하는 콘텐트 활동들에서 온다. 이런 프로그램들은 온라인이나 온사이트 어디서 제공되든, 최소한의 콘텍스트와 최대한의 콘텐트를 가지고 존재한다. 이러한 프로그램들은 본질적인 트레이닝을 제공하고 가능한 최소한의 시간 내에 자격증서(certificate of competence)를 정당화하도록 디자인된다. 이러한 프로그램들은 기숙형 대학의 사회적 콘텍스트에 크게 가치를 두지 않는 성인들, 또는 학사학위(baccalaureate degree)가 자격증서보다 덜 바람직한 학생들을 겨냥하면서 증식되고 중요한 시장으로 자리 잡았다.

다수의 덜 선택적인 대학들(공립 및 사립)은 일부 고객들을 위해 온캠퍼스 대학 콘텍스트를 지속시키는 혼합형으로 운영한다. 이 대학들은 미래에 광범위하게 다른 요구조건을 가진 관중에게 e-러닝과 교육의 다른 양상을 통해 콘텍스트 없는 콘텐트(context-free content)를 제공함으로써 생기는 수입에 많이 의존할 것으로 보인다. 이 고객들의 일부는 전통적 대학 학위를 추구할 것이지만, 점점 더 많은 사람들이 자격증명서(certificate of competence)가 개인적 경력 기회 강화에 가치를 더하는 기능을 찾을 것이다.

매우 선택적인 대학들은, 즉 콘텍스트가 주된 특징이며 구성원들에게 높은 가치의 생산물이 되는 대학들은 일종의 도전적 위치에 있는 자신들을 발견한다. 그들은 콘텐트를 콘텍스트로부터 분리(unbundle)할 수 있는 접근이 가능한 시장을 알아차리고, 정보와 트레이닝을 큰 관중에게 파는데, 많은 대학들이 외국에서 팔기도 한다. 그들은 또한 그들의 고접촉 브랜드를 콘텍스트 없는 트레이닝(context-free training)과 연관시켜 상품화(merchandising)하는 것이 그들의 핵심 운영의 빛나는 권위를 녹슬게 하는 잠재력을 가졌다는 것을 알게 된다. 어떤 대학은 캠퍼스를 넘어 도달하지만, 먼 거리에 있더라도 캠퍼스의 질과 결과를 제공한다는 입장을 자발적으로 택함으로써, 아주 조심스럽게 디자인된 프로그램들을 가지고 실험을 한다. 다른 대학들은 강의 수강, 동시적 비디오-강화된 토론(synchronous video-enhanced discussions)과 다른 준라이브(quasi-live) 강화책들을 통해 가능한 한 많이 컴퓨터-중개된 콘텍스트로 짜 맞추어 넣는 프로그램들을 제공한다.

어떤 권위 있는 대학들은 그들의 콘텐트를 콘텍스트와 함께, 그러나 대학의 브랜드를 생산물과 연관시키지 않고, 파트너 참여자의 질에 대한 책임을 떠맡지 않고, 단순히 콘텐트 접근 창구만을 제공한다. 다른 대학들은 새로 지어진 이름을 지니는 협업기업(collaborative enterprises)에 가입하고 그들의 지적 콘텐트를 제공하지만, 그들의 브랜드를 새로운 협업적 콘텍스트 없는 생산물과 직접적으로 연관시키지 않는다.

이 전략들은, 대부분 아직 실험적 단계에 있지만, 기숙형 물리적 장소에 의해 제공되는 배타적 콘텍스트의 고비용과 고가치를 보존하려 하고, 그 반면 콘텍스트 없는 온라인 세계와 연관되는 약간의 새로운 수입과 점진적 혁신의 기운을 잡아낸다.

비록 아직 이러한 실험들이 어떻게 발전할지, 또는 고등교육 콘텐트와 콘텍스트를 위한 안정적이고 재구성된 시장이 어떤 모습을 보일지 명확하지 않으나, 콘텍스트 없이 개별화된 교육 제공자들은 계속 성장하고 그 시장은 확장될 것으로 보이며, 그들이 세련된 품질 관리 방법을 개발함에 따라 그들의 증명과정(certification process)의 가치는 증가할 것이다.

미래를 예측하는 것보다 더 보람있는 일은 없는데, 어떤 미래 사실도 예측과 모순되지 않기 때문이다. 이러한 변환들 중 어떤 것들은 고등교육산업의 어떤 부분에 매우 파괴적 영향을 미칠 수 있고, 그것들은 또한 다른 것들을 보강할 수 있을지 모른다. 모두가 위에서 확인된 것들, 그리고 아마도 놓친 많은 것들에 대처해 나가야 하지만, 엘리트 연구중심대학들의 적응은 다른 대학들에 요구되는 것들과는 많이 다를 것이다.

요점

- "우리가 알고 있는 대학"은 종말을 고할 것인가? 그렇다면, 우리는 이에 어떻게 대처해야 할 것인가? 이런 질문들이 대학들과 대학의 구성원들이 갖는 우려이고 책임이다. 그러나 한편으로는, 대학들에 도전을 주었던 과거의 많은 경험을 통해 볼 때, 이 시점이 이전의 위기보다 더 혁명적이고 파괴적일 것이라는 가정은 과장된 것일지 모른다. 대학의 변환은 격변적인 파괴 안에서 일어나기보다는 점진적으로, 독특하게, 예측 불가능하게 일어날 것이다.
- 그 우려의 원인은, 새로운 하이테크의 등장, 대학에 다니는 인구의 특징과 열망의 변화, 대학 연구개발의 확장을 위한 우수 교수진을 위한 전례없는 국제 경쟁, 이를 지원하기 위해 필요한 자원 확보의 감소 전망이다. 그리고 e-러닝 플랫폼이 대학의 학습과 교육을 콘텍스트로부터 컨텐츠를 급격하게 분리시키는 것을 들 수 있다. 콘텍스트 없는 콘텐트 교육은 주로 온라인으로, 학위가 아닌 수료증서의 형태로 제공되며, 이는 고등교육의 새로운 시장이 될 것이다.
- 하이테크 측면에서는, 인터넷, 로봇공학, 대규모 기업 경영, 세련된 재무적 수단, 휴대전화, 컴퓨터 장비의 다양성 등이 사회적, 정치적, 상업적 활동들의 기능과 복잡성

을 수정해 왔고, 한때 지역적이던 것을 글로벌화하고 노동의 가치를 변화시켜 왔으며, 기능 간 기술 수준의 조정을 가져왔다. 이러한 보편적 변환에 대해 고등교육은 다소 느린 반을을 보여 왔는데, 이는 대학들이 이를 체계적 형태로 대처하기보다는 대학이 강조해 온 전통적 고접촉 직접적 상호작용을 개선하고 수정하는 방향으로 대처해 왔기 때문이다.

• 컴퓨터-보조 중등교육 이후의 교육의 성공은 오히려 비표준, 비엘리트 교육에서 나타나 왔다. 원격교육이 그 좋은 예이다. 그러나 원격교육은 현저한 이익을 생산하지 못하고 질을 높이기 위해서는 싱당한 투자가 필요하다.

• 역시 중요한 것은 돈이다. 그러나 이런 파괴적 변화의 시대에 경쟁력 있는 엘리트 연구중심대학의 환경은 극적으로 변하지 않을 것이고, 그 아래에 있는 단지 좋은 대학과의 차이는 점점 더 벌어질 것이다.

16장

사람들

대학은 대부분의 다른 고등교육기관과 같이 사람 기업(people enterprise)이다. 미국 연구중심대학 모델의 강력한 구조는 학술조직과 경영조직, 돈의 요구, 예산의 본질적 구조, 길드의 세밀한 관리와 함께 하나의 주된 기능, 즉 양질의 사람 획득, 관리, 지원 및 유지라는 기능을 수행한다.

영구적인 건물, 큰 도서관, 복잡한 과학 설비, 훌륭한 스포츠 스타디움, 그리고 세련된 학생 레크리에이션 센터를 가진 아름다운 운동장은 방문객들을 감동시키지만, 눈에 잘 띄지 않더라도 훨씬 더 중요한 대학 자산은 사람들이다. 대학은 다수의 비학술 직원들을 고용하고, 그들은 경영조직을 관리하며, 급료의 지급, 회계 및 다른 인사 과제들을 수행하고, 설비 장비들을 관리하며, 재단과 동문회 사무실을 운영하고, 학생 모집부터 학술상담, 상담과 학생활동 프로그램 운영에 이르는 광범위한 학생서비스를 관리하는 등 중요한 요구사항들을 수행한다. 이 서비스는 모두 학생들과 교수진을 유인하고 유지하는 데서 연구중심대학의 성공을 위한 콘텍스트를 창출한다.

미국 대학은 대학을 진전시키는 질 엔진을 운영하고 질 엔진에 연료를 공급하기 위해 양질의 사람들에 의존한다. 대학의 물리적 설비가 영원과 안정의 상징으로 서 있지만, 대학의 성공을 실제로 결정하는 것은 지속되는 인력이다. 부유한 대학들은 우수한 학생들을 포함하여 그들의 모든 기능에 우수한 사람들을 끌어들일 수 있다. 그러나 대학들은 최고의 사람들이 항상 올 것이라고 가정할 수는 결코 없다.

대학은 매년 한계(margin)에서 약간만 변화하는 안정적 기업이 되도록 디자인되기 때문에, 오늘날의 우수한 사람들이 내일도 여기 있을 것이라 믿으며, 때로는 안정이라는 가짜 느낌 속으로 속아 넘어갈 수 있다. 거의 모든 대학들, 특히 연구중심대학들의 이직률이 어떤 표준으로도 낮기 때문에 그렇게 생각되기도 할 것이다.

학생들이 가장 많이 학교를 떠난다. 매년 약 1/4은 졸업하고 중도 탈락하거나 전학한다. 학생의 질은 효과적인 선발과 유지 프로그램을 가지고 학생 인구의 특징을 2–3년 내에 실질적으로 변화시킬 수 있기 때문에 대학의 다른 그룹들보다 시간이 지나면서 가장 변화하기 쉽다.

전문직 직원들, 즉 회계, 재무, 그리고 인적 자원과 관련된 전문 영역에서 일하는 사람들과 물리적 설비, 운동장, 그리고 음식 서비스 등의 서비스 영역에서 일하는 사람들은 대학에 오랜 기간 동안 머무는 경향이 있다. 많은 공립 및 일부 사립 대학들은 장기근속하면 부여되는 매우 매력적인 은퇴 패키지를 갖고 있다. 따라서 대학 사람들 중 이 그룹 사람들의 구성 변화는 서서히 일어나고, 은퇴 주기와 크게 연결되어 있다.

교수진 역시 오랜 대학시민인 경향이 있다. 경력의 초기에 교수가 정년보장을 받지 못하거나 또는 다른 대학으로 옮겨가면서 다소의 이동이 일어나기는 하지만, 교수들은 정년보장 시간과 특히 정교수 승진의 시간까지 약간의 중요한 예외를 제외하면 오래 머문다. 그러나 매우 생산적인 연구교수진은 이동이 심하고, 이 개인들은 국내적 국제적 명성이 그들에게 외부적 가치를 부여함에 따라 다른 기관에서 대안적 기회를 찾을 수 있다. 이러한 스타 교수들을 유지하는 것은 학과장, 학장, 부총장과 기타 대학 관계자들에게 상당한 시간을 소비하게 만든다. 비록 스타의 이직이 실망스러운 사건이기는 하지만, 그것은 흔히 다른 대학의 스타를 초빙하는 것으로 균형이 맞추어지기도 한다.

교수진의 질에서 중요한 개선 또는 하락은, 예산이 안정적이라면, 그런 스타 교수의 이직 또는 초빙보다는 퇴임과 교체 주기의 결과이다. 이 과정이 (정년보장 과정과 같이) 대학의 지속적 성공을 결정한다. 꽤 오래전에는 신임 교수의 초빙이 선임 교수진, 우수 경영자들과 대학총장 고유 권한으로 일류 졸업생들을 높은 학위를 주고 생산하는 타 대학 동료 교수들과의 비공식적 네트워크를 통해 최우수(the best and brightest) 교수를 찾기도 하고, 또는 옮길 준비가 되어 있는 중간급 교수를 일찍 찾기도 했다. 이 시스템이 질을 확인하는 데는 효과적이지만 심각한 결점을 가졌었다. 즉, 이 시스템은 양질의 여성과 소수민 지원자들을 흔히 무시하고 영향력과 관계 중심의 OB(old boy) 네트워크에 의존하는 경향이 있었다. 또한, 이 네트워크들은 지원자들의 학술적 잠재력과 상관이 없는 인종, 계급, 종교, 가정, 라이프스타일 등과 같은 개인적 특징의 토론에 상당히 의존하는 경향이 있었다.

오늘날 교수 초빙은 좀더 질서 있고 설득력 있게 공공적이다. 초빙 공고(job opening posting)의 공식화된 요구조건들이 인적 결정의 적절한 요소들에 관해 분명한 가이드라인을 제시한다. 이 시스템이 자격 있는 후보들의 범위를 개선했더라도, 중립적 비차별적 필드를 확보하기에는 아직 달릴 거리가 남아 있다. 퇴임 교수의 대체를 선택하는 것이 가장 중요한 인적 결정이기 때문에, 양질 후보의 풀을 제한하는 어떤 차별적 영향력도 대학이 최고의 후보를 찾는 기회에 제약을 가한다.

대학 교수진은 자체 영구적인(self-perpetuating) 공동체를 구성한다. 그들이 동료들과 후계자들을 선택한다. 대학의 지속적 질은 교수진이 국가적으로 경쟁력이 있는 동료, 흔히 학과의 기존 교수진보다 일반적으로 나아야 하는 한 세대 젊은 동료를 찾고 초빙하는 데 달려 있다. 최고의 연구중심대학들에는 이 쇄신 과정을 이해하고 은퇴 동료를 대체할 최고 인물을, 기존 교수들을 빛 바래게 할지 모를 인물을, 단호하게 찾는 교수진이 있다. 학장과 부총장은 이 과정을 추적할 수 있고 자격미달로 보이는 선택에 의문을 제기할 수 있지만, 최종적으로 초빙을 결정하는 것은 길드(학과)이다. 후보들이 일류이면 그들에게는 다른 기회가 주어질 것이고, 최고를 위한 경쟁은 최고라 여겨지는 후보의 수가 신규 채용 수보다 작기 때문에 매우 치열하다.

대학의 도전은, 이 교수진 교체의 과정이 수년에 걸쳐 여러 다른 학술 단위들에서 실행되는 한, 소규모 소매업 운영과 같다는 것이다. 즉, 한 화학자 여기, 한 역사학자 저기, 한 경제학자 여기 한 생물학자 저기 등. 10년 또는 15년의 과정에 걸쳐 체계적으로 잘못된 결정이 대학을 훨씬 덜 경쟁적으로 만들 것이다. 체계적인 좋은 결정은 대학을 경쟁에서 더 높은 순위로 옮겨 놓을 것이다. 양질의 교수진 교체를 지속시키는 것이 모든 대학에게 가장 어려운 도전이다. 압박감은 크다.

예산과 아마도 등록 이슈로 도전받는 대학들은 모든 학과에게 모든 퇴임에 대한 교체의 권한을 자동적으로 주지 않을 것이다. 한 학과의 질은 대학의 질과 같이 대부분 대학이 초빙할 수 있는 양질의 교수의 수에 달려 있다. 만약 은퇴자의 대체 인물을 초빙할 수 없다면, 학술적 위치를 유지하거나 개선하는 기회를 가질 수 없다. 이를 인식하고, 교수 자리를 얻은 학과는 그 해에 이 자리를 채우지 못하면 다음 해에는 예산 위기나 재분배로 인해 이 자리가 없어질 수 있다고 우려할지 모른다. 이것이 학과 교수진에게 누군가를 일류는 아닐지라도 다음 해까지 채용하게 만드는 큰 압력을 주게 된다. 학장은 이 문제를 피하기 위하여 최고를 계속 찾을 것을 권장하면서 수년 동안 자리를 보장하기도 한다. 그러나 자리를 잃을 것이라는 우려가 너무 강해서 많은 학과들이 조금 덜한 쪽으로 결정을 한다.

학과 회의가 시작되면서 학장이 라틴아메리카 역사의 교수초빙위원 간사인 고메즈 교수에게 보고하라고 말한다.

고메즈 교수가 말한다. "동료 교수님들, 우리가 지금 지원자에 대한 정보를 수집했고, 10명을 인터뷰했으며, 세 명을 캠퍼스 방문으로 초빙했습니다. 이 세 사람들 중에서 최종 결정을 내려야 할 때입니다. 초빙위원회는 세 지원자들이 각각 다른 강점을 가진 자격 있는 지원자들이라고 했습니다."

샘스 부교수가 묻는다. "이 분야가 제 분야는 아니지만 이 사람들 정말 최선입니까? 나에게는 그냥 괜찮은 정도로 보이는데요."

친(Chin) 조교수가 말한다. "그런데 만약 우리가 이 중 한 사람을 임용하지 않으면, 학장이 이 자리를 정치학과에 준다고 들었습니다. 정치학과가 학장 소속 학과입니다."

학과장이 단호하게 말한다. "제가 학장하고 이야기했는데, 우리가 내년까지 가지고 갈 수 있다고 했습니다."

산체스 교수가 말한다. "그럴지 모르지요. 그러나 만약 우리가 이 세 사람 중 한 사람을 뽑지 않고 지원자들 풀이 금년과 같이 좋지 않다면, 우리는 운이 없는 겁니다. 여하튼, 학장이 내년에 은퇴한다고 들었는데 학장의 약속은 별 가치가 없습니다."

제이콥스 교수가 가로챈다. "제가 이 세 후보자들의 강의와 인터뷰에 모두 참여했는데, 적어도 두 사람은 꽤 좋습니다, 아마도 톱은 아닐지 모르나 꽤 좋습니다. 저는 마리아 가르시아에게 첫 오퍼를 하고, 만약 그가 받아들이지 않는다면 페드로 살리나스에게 오퍼할 것을 제안합니다."

루카스 교수가 동의하고, 임용안은 통과되었다.

학과가 최고 인재를 초빙하고 유지할 것을 장려하기 위한 다른 하나의 기법은 정년보장 주기에 집중하는 것이다. 최양질의 연구중심대학들에서는 학과가 정년직 교수들 중 한 사람의 정년보장을 거부하면 대체 자리를 보장할 것이다. 이것은 정년보장 거부가 학과의 교수 자리를 잃게 만들 것이라는 우려를 없애기 위해 디자인된 것이다. 그렇지 않으면 학과가 자리를 잃는 것보다 한계선에 있는 교수를 유지하는 것이 낫다는 생각에서, 정년보장 경우에 낮은 기준을 적용할 것을 선택할지 모른다.

미시정치

수천 명의 고용인들, 천 명이 넘는 교수진, 이에 더하여 큰 학생 수를 가진 대학들은 상상할 수 있는 모든 종류의 인사 이슈들에 지속적으로 연루된다. 큰 인사 사고는 신문에 나기도

하고, 학과장으로부터 이사들에게까지 대학 리더들은 끊임없이 사람 이슈를 해결하는 데 시간을 보낸다. 잠재적인 영주권 취득자들을 많이 가진 오랜 공동체로서 대학은 끊임없이 정치적이다. 다양한 그룹들이 협상하고, 음모를 꾸미고(scheme, 계획을 세우며), 로비하고, 시위하며, 아니면 선호(preference), 인정(recognition), 영향력(influence), 그리고 보상(compensation)을 위한 경쟁에 참여한다. 대학의 미시정치*는 항상 복잡하고 다면적이지만, 대학의 전통, 상황 및 조직에 따라 그 스타일이 다르다.

강한 노동조합을 가진 대학들은 노동 관계에서 고도로 개발된 전문성을 갖고 있고, 내부 이슈들을 감당하기 위해서 외부 자원과 정치적 압력을 불러들일 수 있기 때문에, 과도하게 그리고 직접적으로 훨씬 더 정치적인 경향을 보인다. 노동조합이 갖는 전통의 한 부분은 경영진과 근로자 간 적대적 관계이며, 대학 노동조합은 그들이 대표하는 어떤 그룹과 경영책임자들 간에 내리는 결정에 긴장과 적대심을 더하기 위해 끊임없이 일을 도모한다. 어떤 일에 대한 실제적 결정이 입법부 또는 다른 외부 권위 단체와 잘 맞을 때조차, 노동조합은 갈등의 조장으로 노동조합 리더십이 자기네 권위에 집중하도록 만들고, 경영진을 노동조합으로부터 차별화하기 위해 적대감과 긴

* 미시정치는 첫째, 개인들과 그룹들이 공식적 비공식적 힘을 이용하여 조직 내에서 목적을 달성하는 것으로 거시정치(macropolitics)의 반대, 둘째, 소규모의 집단 또는 공동체, 개인의 이해와 관련한 정치를 말한다.(옮긴이)

장감의 최적 수준을 유지한다. 대학은 산업 일터보다 더 복잡하고, 교수진도 더 높은 봉급을 위해 시위하는 열정적 조합원이 될 수 있는 반면, 그들은 또한 동료들, 학술적 자유, 연구기회, 그리고 교육과 표준과 관련되어 교수의 권위에 책임을 갖는 길드 회원이기도 하다.

미시정치가 대학경영의 모든 수준에서 영향을 미친다. 학과장, 학장, 부총장, 그리고 물론 총장에게도 확인과 선택을 위한 과정은 비록 그들이 주로 능력, 경험, 적합성, 그리고 효과성과 같은 이슈에 초점을 맞춘다 하더라도, 성격상 모두 매우 정치적이다. 경영직 임용을 위한 임용위원회는 모든 계파들이 목소리를 낼 수 있도록 보장하기 위해 정치적으로 균형잡혀 있고, 이 임용 과정에서 로비는 항시적이고 흔히 치열하다.

고도로 정치화된 스타일이 대학생활의 부주제(subtheme)로 존재하지만, 그것이 대학행동의 주된 추진 요소는 아니다. 대학 리더들이 상당한 시간과 에너지를 대학생활의 정치적 배후의미(subtext)*를 관리하는 데 사용하는 반면, 대부분의 사람들은 이 활동이 필요한 경영 심부름일 뿐 주된 학술활동이 아니라고 간주한다. 그러나, 대학이 정치를 더 많이 관리하면 할수록, 성공을 생산하는 경쟁적 행동에 필요한 에너지와 집중력은 더 적게 남겨진다.

---

* 서브텍스트(subtext)는 문학작품의 배후적 의미를 말한다.(옮긴이)

학생들도 중요한 정치적 관점, 즉 진보, 보수, 급진(radical) 또는 무관심의 관점을 가지고 대학에 온다. 어떤 학생들은 학생회가 그들의 정치적 재능 발휘를 위한 만족스러운 출구라 생각하고, 학생회 사무실을 위한 세련된 캠페인을 개최하며, 그리고 학생활동에 기여하는 큰 예산을 운영한다. 캠퍼스에 있는 남성우애회와 여성우애회가 학생과 대학 생활에서 큰 역할을 수행하는데, 거의 모두 긍정적이나 때로는 나쁜 행동의 장소가 되어 법적 경영적 위험을 초래하는 결과를 낳기도 한다.

학생들은 그들의 외부 정치적 활동을 대학 안으로 가져오기도 하는데, 환경, 사회적 경제적 평등과 관련된 소명을 지원하기 위해서, 또는 국제적 사건과 연관된 사건들을 위해서 행동한다. 그들은 조직하고, 시위하며, 지지한다. 그들은 영리하고 잘 교육되고 효과적이면서, 어떤 그룹을 동원하여 대학이 그들 관심사와 연관된 어떤 행동을 하도록 대학에 압력을 가한다든가, 또는 대학을 그들의 관심사를 보다 더 큰 무대에 올려놓기 위한 플랫폼으로 사용하기도 한다. 학생들은 언론에 동정적인 교수들을 조정하는 데 능숙하나 흔히 대학을 그들이 참여하는 관심사에서 파트너가 되도록 시도한다. 학생들의 목소리가 여럿이고 다양하기 때문에 그 목소리가 논쟁과 활동을 생산한다. 대부분의 대학들은 학생 참여를 권장하는 반면, 지금은 잘 알려진 학생활동의 스타일을 다루는 효과적인 기법을 개발했다. 그렇다 해도, 때로는 행동이 통제에서 벗어나고 그로 인해 더 직접적인 행동을 요구하게 된다.

학생들, 때로는 교수진과 직원의 비학술적 활동을 다루는 데 있어서, 대학들은 모든 사람들의 소리를 들을 권리와 말할 권리를 보호하고, 동시에 캠퍼스의 청렴(integrity)과 안전을 지키는 뚜렷하고 확실한 정책과 과정을 요구한다. 행동주의(activism)의 목적은 이런저런 주장(cause)을 지원하는 데 있어 대학을 이 방향 저 방향으로 움직이는 것이고, 흔히 한 그룹이 요청하는 행동을 다른 그룹은 반대한다.

대학들은 본원적 기능인 교육과 연구를 통하지 않고는 사회적 정치적 변화의 대리인으로 일할 권한이 주어져 있지 않다. 뚜렷하고 확실한 정책들은 모든 사람이 모든 것에 적용하는 범위와 한계를 이해하도록 만들고, 대학은 대학의 정책과 과정이 의미하는 것을 반드시 해야 한다. 학생, 교수 또는 직원 참여의 어떤 형태는 그 목적으로서 높은 수준의 충돌 가능성을 보유한다. 그러나 대학은 이런 것들을, 그 수사(rhetoric)와 시위가 시끄럽고 창의적이라 하더라도, 일상적이고 예측 가능한 형태로 다룰 때 가장 잘 운영된다. 행동에 대한 일상적이고 비편파적인 반응이, 정치적 내용에 상관없이, 때때로 일어나는 활발한 행동주의를 관리하는 최선의 접근 방법이다. 대다수의 학생, 교수진과 직원은 이러한 활동에 참여하지 않지만, 그들은 대학이 이러한 이슈들을 대할 때 공정하고 효과적이고 비편파적으로 운영하는 것을 보기 원한다.

리더십

대학에서 리더십은 복잡한 개념이다. 모든 사람들이 리더십이 무엇을 의미하는지 이해한다고 생각하지만, 실제로 리더십의 운영은 광범위하게 다르다. 학술조직과 경영조직 내 대학 구조의 각 부분은 대학 생활을 조직하고, 지시하며, 설득하고, 추진하는 능력을 요구하는 리더의 영역을 갖는다. 대학은 변화하는 데 느린 안정적이고 지속적인 기관이기 때문에, 대학의 리더십은 항상 점진적 수정(gradual modification)의 상황에 있다.

학과장, 학장, 부총장, 기타 학교 최고경영자들은 겹치는 주기에서 오고 가고 한다. 최고경영자들보다는 학과장에게 더 보편적이기는 하지만, 누구는 교수에서 왔다가 교수로 돌아간다. 학장은 자주 학과장 급에서 오고 흔히 경영직으로 옮겨가며, 그 후 또 다른 학장직, 부총장직, 부총장 담당업무, 그리고 궁극적으로는 총장직으로 옮겨가게 된다.

대학들은 보통 질서 있는 승계 계획을 갖고 있지 않고, 학과장이나 학장의 전직 시 그것이 마치 완전히 뜻밖의 일인 것처럼 대체 인물을 서둘러 찾게 된다. 이 리더들의 임기가 누구에게나 보통 5년, 길게는 10년으로 상대적으로 짧지만, 그럼에도 불구하고 승계자 인재의 개발은 빈약하게 정의된 과정이다. 많은 대학들의 미시정치는 리더들의 교체를 대학 과제를 어떤 방법으로 초기 상태로 되돌리는(reset) 기회로 본다. 때로는 그 목적이 이전 리더십에 의해 무시되었다고 느끼는 계파에게 혜택을 주는 것이 된다. 가능한 한, 그 목적이 리더십을 어떤 질서 있는 모양으로 순환시키고, 대학의 다양한 소그룹에게 과제를 추진할 기회를 주는 것이 된다. 때로는, 리더십 교체가 다른 대학, 보통 더 낫다고 알려진 대학으로부터 단위에 집중이나 강조 면에서 변화를 가져올 수 있는 외부 인재를 확인하는 기회가 된다.

역사학과장 조가 정치학과장인 친구 수전에게 묻는다. "웡 학장이 사퇴한다고 들었어요. 누가 다음 학장이 될까요?

수전이 답한다. "물론 누군가 되겠지만 웡 학장이 화학과이고, 그 선임자가 비교문학과였기 때문에 다음 학장은 사회과학에서 될 것이라고 생각해요."

조가 답한다. "맞아요. 내가 그걸 잊었네요. 내가 당신을 추천할까요?"

수전이 즉시 반응한다. "오, 아니에요! 저는 아마도 뽑히지 못할 거예요. 정말로 학장이 되고 싶어 하는 사람은 뽑히지 않을 거예요. 우리 동료 교수들이 어떤지 알잖아요."

조가 웃는다. "네, 당신은 주저해야 해요. 그래도 난 당신을 추천할 거고요."

리더십은 대학들에서 실제로 중요하지만 대학마다 다른 방식으로 중요하다. 대학이 강하고 실제로 경쟁에서 높은 수준의 성공을 이룰 때는, 어떤 한 리더의 어떤 특정한 질이 보통 결정적인 문제가 되지 않는다. 학장이 비효과적이라 판명되더라도, 교수진, 직원 및 학생들이 일류인 양질의 대학들은 계속 일류일 것이고, 적절한 시간 안에 리더십 변화를 도울 것이다. 특히 대학의 연구 과제와 관련해서, 경쟁은 대학 밖에서 다른 주요 대학들과 있게 될 것이고, 따라서 내부 미시정치는 상상하는 것보다 영향력을 덜 가진다. 그러나, 만약 비효과적인 리더십이 규범적인 것이 된다면, 단위는 결국 교수진, 직원들과 학생들이 부실한 경영에 반응하면서 퇴보할 것이다. 고성과 대학들은 이런 결과를 피하는데, 그것이 대학들이 높은 성과로 남는 이유이다.

총장, 부총장, 기타 기관장 수준에 있는 대학 선임 리더십은 약간 다른 관점을 제공한다. 비록 대학경영의 신화가 총장 리더십에 큰 강조점을 두지만, 실제는 총장의 중요성에서 광범위한 차이를 보인다. 중간급 대학들, 즉 좋지만 톱 수준이 아닌 교수진을 가진 대학들, 또는 좋지만 최고 수준이 아닌 연구 성과 기록을 가진 대학들, 그리고 랭킹에서 최고 순위로 진입하기 위해 지속적인 개선을 추구하는 대학들은, 최고 순위의 연구중심대학들과는 많이 다른 리더십을 요구한다. 좋은 리더십은 항상 나쁜 리더십보다 낫지만, 비효과적인 총장로부터 오는 손실은 좋은(good) 대학들보다는 아주 좋은(great) 대학들에서 더 크다.

고등교육 리더십 세미나에서 한 대학원생이 묻는다. "총장 리더십의 영향력은 무엇입니까?"

교수는 복잡한 구조를 짧은 답으로 대답한다. "대학이 연구랭킹에서 2위인데, 그리 좋지 않은 총장을 초빙한다면, 5년 후 대학은 여전히 2위일 것이요. 대학이 연구순위에서 150위이고 별로 안 좋은 총장을 모신다면, 5년 후 대학은 200위일 거예요."

학생이 말한다. "오, 그렇다면 총장은 최고 순위 대학에서보다 야심 찬 대학에서 더 큰 차이를 만든다는 말씀이군요."

교수가 말한다. "야심 있는 대학의 총장은 대학에 탁월함을 가져오지요. 아주 좋은 대학은 총장의 명성을 강화하지요."

효과적 총장으로 가게 만드는 특징은 대학의 상황에 크게 의존한다. 교수진은 학술적 배경, 권위 있는 대학에서 티칭과 연구 성과에서 견고한 학자적 이력서, 그리고 약간의 대학경영 경험을 가진 사람을 선호한다. 이사들은 비즈니스 배경이나 과학, 의학, 엔지니어링, 비즈니스, 또는 전문 분야에서 일한 사람을 선호하는 경향이 있다. 그들은 재무적 경험, 상당한 경영 경험, 그리고 자신들의 배경을 닮은 프로필을 찾는다. 학생들은 공감능력, 학생 지배구조에 대한 책임, 학생들 이슈에 친근감을 가진 리더를 원한다. 그들은 여유있어 보이는(easy-going) 매력과 카리스마적 스타일에 의해 설득당한다.

실제로, 성공적 대학 총장은 모든 자격요건의 결합이다. 만약 대학들이 전문가들과 부총장 등 경험 많은 경영책임자들을 갖고 있고, 강한 재무적 발판을 갖고 있으며, 양질의 효과적 교수진과 좋은 학생들을 가진 확장적 환경에서 운영된다면, 총장은 대학의 운영적 이슈들에 대해 상대적으로 덜 관여하고, 모금 및 입법부 의원들과의 관계를 개발하고, 지역 비즈니스계와 같이 일하며, 보통 대학의 질, 개선, 혁신, 혁신의 복음을 모든 관중에게 설교하는 데 시간을 보낼 수 있다. 총장은 외부총장(outside president)으로서 역할에 집중하고, 전문 직원들이 대학을 잘 운영할 것이라는 인식 속에서 안정감을 갖고, 대학을 발전시키는 데서 총장의 실행 불가능한 약속을 설명하는 방법을 찾을 것이다.

그러나, 대학이 쉽게 변하는 질을 가진 경영지원 그룹, 분열되고 흔히 따지기 좋아하는 교수진, 특별하고(ad-hoc) 연약한 재무적 예산 상황, 그리고 하락하는 학생 등록을 가지고 있을 때는 위기 속에 있을 것이다. 이 대학은 총장을 위한 내부 운영자, 즉 운영 이슈에 정통한 사람, 요구되는 변화와 개선을 위해 방향과 권위를 제공하며 능력과 경험에 기반하여 내부 구성원을 참여시킬 수 있는 사람을 필요로 할 것이다.

만약 외부총장이 위기 속에서 대학을 이끈다면, 결과는 별로 좋지 않을 것이다. 만약 내부총장(inside president)이 상당히 능력 있는 대학 리더십을 사후적으로 비판하고(second-guess) 사사건건 다 챙기려(micromanage) 시도한다면, 대학의 효과성은 하락할 것이다.

대학 이사회의 질과 응집력이 또한 대학 총장의 성공에 영향을 준다. 만약 이사회가 대학의 개선에 집중한다면, 이사들은 대학운영에 대해 공통된 기대를 공유할 것이고, 총장과 이사들은 대학 목적에 대해 같은 이해를 공유할 것이며, 리더십은 효과적이 될 것이다. 그러나, 특히 공립대학들에서, 더 큰 정치적 과정이 대학의 방향에 대한 처음 합의를 현저하게 손상시킬 것이다. 흔히, 이사회에 의해 큰 기대를 가지고 초빙된 총장은 1–2년 내에 주지사와 입법부 리더십의 변화가 이사회 구성, 응집력, 그리고 기대에 변화를 가져올 수 있다는 것을 발견할 수 있다. 한 정치적 의제가 다른 것으로 빨리 바뀔 수 있고, 첫 번째 그룹의 목적을 달성하기 위해 초빙된 총장이 새 집행부(regime)의 기대를 달성하는 데 맞지 않는 성향을 가질 수 있다.

대학 리더십을 실패하게 만드는 또 다른 도전들은 대학에 영향을 미치는 지속적인 위기들인데, 어떤 것은 자체–부과된(self-inflicted) 것이고, 다른 것은 외부적(external)인 것이다. 자체–부과된 위기는 유명 체육인들을 잘못 관리하는 데서, 인사 이동을 할 때나 학생 이슈들을 다룰 때 적절한 절차를 지키지 않은 데서, 또는 다양한 형태의 잘못된 재무관리를 하는 데서 온다. 결과로 나타난 위기들은 대학의 관계자들과 리더십을 사로잡고, 대중의 신뢰를 깎아 먹으며, 이사들과 다른 사람들이 현 리더십 가운데서 희생양을 찾도록 만든다. 때로는 위기들이 바른 목표 지점을 때리지만, 흔히 외부 지지자들을 달래기 위해 가까이 있는 사람을 희생시킨다. 만약 위기가 경영개선으로 이어지지 못한다면, 그 시나리오는 5-10년 내에 반복될 것이다.

외부 위기가 또한 대학 리더십을 손상시킨다. 가장 흔한 위기는 국가경제 하락에 의한 재무적 도전, 공립대학들에 영향을 주는 주 정부의 재무적 손실, 시립대학의 경우 주식시장 하락, 또는 등록과 출석 수입을 줄이는 학생 선호도의 변화로부터 발생한다. 흔히 대학들은 재무적 이슈를 구멍 메우기(stopgap, 임시변통)로 다루고, 수입에 맞추기 위해 예산을 초기화(reset)하는 근본적 재수정을 하는 데 실패한다. 리더십이 재무적 문제의 성격에 대해 분명히 알지 못하고, 해결책을 위장하며, 구조적 문제들을 일회용 방편으로 때우고 장기적 결정을 회피한다면, 리더십의 효력은 급속히 붕괴될 것이다. 9장에서 논의한 것처럼, 5년 예산에 수반되는 공개적이고 가시적이며 분명한 재무적 데이터가 필요한 재조정을 훨씬 쉽게 만드는데, 그 이유는 중요한 변화를 일으키는 데 필요한 지원을 해치는 편집병(偏執病, paranoia)과 의심을 줄일 수 있기 때문이다.

다른 위기들은 대학의 물질적 위상을 위협하고 사람들을 위험에 빠뜨리는 자연재해, 지진, 홍수, 허리케인, 토네이도로부터 온다. 이런 종류의 사건들에 대한 대응이 대학의 리더십을 시험한다. 그런 것들은 대학을 대응능력에서 더 강하고 지신 있게 만들 수 있고, 아니면 이 사건들을 강점(strength)과 개방성(openness), 그리고 효과적 행동으로 다루는 데 실패함으로써 더 약하게 만들 수 있다.

그러나, 결국은 리더십의 예찬(cult)이 대학 생활을 관찰하는 사람들 중 많은 추종자를 만들 수 있는 반면, 리더십은 결코 교수진, 직원, 학생들, 이사들, 졸업생들, 그리고 기타 대학 행동가들의 총합적 질과 경험보다 더 중요할 수 없다. 국가적 표준에 견주어 측정된 성과에 대한 대학의 의욕이 모든 수준에서 효과적 리더십을 위한 콘텍스트를 창출한다. 이러한 열심이 없다면 대학은 개선하기 어렵고 경쟁자들 속에서 자리를 지키려는 도전이 힘들다는 것을 발견할 것이다

대학 생활에서 하나의 상수는 사람이다. 우리가 예산과 재무에 대해 걱정하고, 건물과 운동장을 관리 유지하느라 애쓰며, 교과과정과 학술적 사명을 가지고 협상하고, 지배구조를 조직하고 재조직하지만, 대학들은 결코 그 기업(enterprises)의 목적에 눈멀 수는 없다. 대학, 특히 연구중심대학들은 놀랄 만한 질 엔진으로서 그들의 경계 안에서 가능한 최고 품질을 가진 교수들과 학생들을 축적하기 위해 대학을 운영한다. 그렇게 함으로써, 이 대학들은 미국과 세계의 최고 대학들과 경쟁할 수 있다.

요점

- 대학의 가장 중요한 자산은 사람들이다. 대학이라는 질 엔진에 연료를 공급하는 사람들이기 때문이다. 따라서 양질의 교수진, 최고의 학생들과 스태프를 끌어들이고 유지하는 것이 무엇보다 중요하다. 교수진은 거의 정년까지 머무는 영주권자이기 때문에 스타 교수의 초빙도 중요하지만 정년보장과 은퇴의 주기에 집중하는 것이 필요하다.
- 대학은 다양하고 많은 수의 고용인을 갖고 있으므로 인력선발은 능력, 경험, 적합성 등 객관적 요소에 맞춘다 하여도 성격상 정치적이다. 학생들과 스태프도 비학술활동에서 미시정치에 개입되기 쉬우므로 대힉은 말하고 듣을 권리를 보장하되 캠퍼스의 안전과 청렴을지키기 위한 확실한 정책과 과정을 만들어야 한다.
- 대학 리더십은 중요하지만 대학마다 상당한 차이를 보인다. 톱 수준이 아닌 중간급 대학들은 톱 랭크 대학들과는 다른 리더십을 요구할 것이다. 유능하지 못한 총장으로부터 오는 손실은 아주 좋은 대학들보다는 좋은 대학들에서 더 크다. 야심 있는 대학의 총장은 탁월함을 추구하고, 톱 랭크 대학의 총장은 자기 명성을 높인다.
- 총장 리더십의 성공에 영향을 주는 것은 이사회의 질과 응집력이고, 손실을 입히는 요인으로는 인력관리의 실패, 재무관리에서의 부정 등 내부에서 자체-부과된 요인들을 들이며, 외부적 요인으로는 정부의 재정 손실, 인구 또는 학생선호도 변화로 인한 등록생 감소 등 주로 재무적 이슈들이므로 리더십이 재무적 문제의 성격을 분명히 알고 재수정을 시도하는 것은 필요 불가결하다.
- 그러나 리더십은 교수진, 직원들, 학생들, 이사들 졸업생들의 총합적 질과 경험보다 더 중요할 수는 없다.

추가 문헌
– 선집(sampler)

미국 생활에서 대학의 중요성에 대한 표시는 고등교육의 상상할 수 있는 모든 면을 분석하고, 비판하며, 묘사하고, 주의를 끄는 출판물의 끊임 없는 흐름에서 나타난다. 이 저작의 홍수는 인기 언론, 학문 저널, 그리고 전문가들과 일반인들을 위해 출판되는 책들에서 나타난다. 정부기관, 입법기관, 교육협회들, 그리고 특별 이해관계자 그룹들 모두가 보고서, 분석자료, 데이터 및 기타 자료들을 출판한다. 여기에 열거된 항목들은 놀랄 만큼 많이 쏟아져 나오는 이 평론과 분석의 깊이와 넓이를 보여주는 다소 폭넓은(eclectic) 표본이다. 이 항목들의 일부는 이 분야에서 고전적인 것들이고, 반면에 다른 항목들은 일시적 가치를 갖는 것들이다. 그러나 이 둘이 합쳐지면, 그 전체 출판물들은 고등교육 연구와 저작의 규모, 범위 및 스타일에 대해 상당한 조망을 제공한다. 고등교육의 역동적 세계를 뒤쳐지지 않고 따라가는 데 관심을 가진 사람들은 그 분야를 매일 뉴스와 평론으로 다루는 두 개의 주요 매체를 보아야 한다. 〈고등교육연대기(The Chronicle of Higher Education)〉(프린트와 온라인 형태로 chronicle.com에서 구독 예약 가능)와 〈고등교육 안에서는(Inside Higher Ed)〉(www.insidehighered.com에서 온라인 무료 구독 가능)이 미국 고등교육의 모든 면들에 관한 뉴스, 평론, 분석과 데이터를 제공한다. 또한, 이 신문이 제공하는 많은 유용한 기능 중 하나는 주요 관심사가 되는 새로운 출판물을 자주 소개하는 것이다.

....

2012 Giving USA: Annual Report on Philanthropy for the Year 2011. Chicago: Giving USA Foundation, 2012. [2011년도 자선에 대한 연 보고서]

Adelman, Clifford. "War and Peace among the Words: Rhetoric, Style, and Propaganda in Response to National Reports." *Journal of Higher Education* 58, no. 4 (1987): 371–403. [언어 가운데의 전쟁과 평화—국가 보고서에 대한 반응에서의 수사, 스타일과 선전]

American Association of University Professors. *1940 Statement of Principles on Academic Freedom and Tenure: With 1970 Interpretive Comments.* Washington, DC: Association of University Professors, 2006. [학문의 자유와 정년보장 원리에 대한 1940년 선언문—1970년 해설과 함께]

Anderson, Eugene L. *The New Professoriate: Characteristics, Contributions, and Compensation.* Washington, DC: American Council on Education, 2002. [새로운 교수다움—특징, 공헌 및 보상]

Astin, Alexander W. *What Matters in College? Four Critical Years Revisited.* San Francisco: Jossey-Bass, 1993. [대학에서 무엇이 중요한가? 결정적 4년의 재고]

Astin, Alexander W., and Anthony Lising Antonio. *Assessment for Excellence: The Philosophy and Practice of Assessment and Evaluation in Higher Education. American Council on Education Series on Higher Education.* 2nd ed. Lanham, MD: Rowman and Littlefield, 2012.

[탁월성 평가—고등교육에서 평가의 철학과 실행]

Baumol, William J., with contributions by Monte Malach, Ariel Pablos-Mendez, and Lilian Gomory Wu. *The Cost Disease: Why Computers Get Cheaper and Health Care Doesn't.* New Heaven, CT: Yale University Press, 2012. [비용질병—왜 컴퓨터는 싸지고 헬스케어는 싸지지 않는가?]

Bess, James L. *College and University Organization: Insights from the Behavioral Sciences.* New York: New York University Press, 1984. [대학조직—행동과학으로부터의 통찰력]

Birnbaum, Robert. *Management Fads in Higher Education: Where They Come from, What They Do, Why They Fail.* San Francisco: Jossey-Bass, 2000. [고등교육의 경영 유행—어디서 오고, 무엇을 하며, 왜 실패하는가?]

Bloom, Allan David. *The Closing of the American Mind: How Higher Education Has Failed Democracy and Impoverished the Souls of Today's Students.* New York: Simon and Schuster, 1987. [미국적 사고의 마감—어떻게 고등교육이 민주주의를 파괴시키고 오늘날 학생들의 영혼을 메마르게 했는가?]

Bok, Derek Curtis. *The Cost of Talent.* New York: Free Press, 1993. [인재의 비용]

Bowen, William G., and Derek Curtis Bok. *The Shape of the River: Long-Term Consequences of Considering Race in College and University Admissions.* Princeton, NJ: Princeton University Press, 1998. [강의 모양새—대학 입학에서 인종 고려의 장기적 결과]

Bowen, William G., and Neil Rudenstine. *In Pursuit of the Ph.D.*

Princeton, NJ: Princeton University Press, 1992. [박사의 추구에서]

Boyer, Ernest L. *Scholarship Reconsidered: Priorities of the Professoriate.* Princeton, NJ: Carnegie Foundation for the Advancement of Teaching. 1990. [장학금 재고—교수다움의 우선순위]

Bradburd, Ralph M., and Duncan P. Mann. "Wealth in Higher Education Institutions." *Journal of Higher Education* 64, no. 4 (1993): 472–493. [고등교육기관들의 부]

Capaldi, Elizabeth. "Intellectual Transformation and Budgetary Savings through Academic Reorganization." *Change* 41, no. 4 (2009): 18–27. [대학 재조직을 통한 지적 전환과 예산절약]

Capaldi, Elizabeth D., and Craig W. Abbey. "Performance and Costs in Higher Education: A Proposal for Better Data." *Change* 43, no 2 (2012): 8–15. [고등교육에서의 성과와 비용—더 나은 데이터를 위한 제안]

Capaldi, Elizabeth D., John V. Lombardi, Craig W. Abbey, and Diane D. Craig. "In Pursuit of Number ONE." In *Top American Research Universities.* Tempe: The Center for Measuring University Performance, Arizona State University, 2010. [넘버원의 추구]

Capaldi, Elizabeth, John V. Lombardi, and Victor Yellen. "Improving Graduate Rates: A Simple Method That Works." *Change* 38, no. 4 (2006): 44–50. [졸업률 개선하기—도움이 되는 간단한 방법]

Carlson, Scott, and Goldie Blumenstyk. "For Whom is College Being Reinvented? 'Disruptions' Have the Buzz but May Put Higher Education Out of Reach for Those Students Likely to Benefit the Most." *Chronicle of Higher Education.* December 17, 2012. [누구를

위해 대학은 재 발명되고 있는가? '파괴'가 소란을 떨고 있지만, 가장 큰 혜택을 받을 학생들을 고등교육에 접근하지 못하게 만들지 모름]

Carnevale, Anthony P., Tamara Jayasundera, and Ban Cheah. *The College Advantage: Weathering the Economic Storm.* Washington, DC: Georgetown University, 2012. [대학의 이점—경제적 역경을 뚫고 나아가기]

Clotfelter, Charles T., ed. *Context for Success: Measuring Colleges' Impact.* Washington, DC: HCM Strategists, 2012. www.hcmstrategists.com/ contextforsuccess/papers.html. [성공을 위한 콘텍스트—대학 영향력의 측정]

Cohen, Arthur M., and Carrie B. Kisker. *The Shaping of American Higher Education: Emergence and Growth of the Contemporary System.* San Francisco: Jossey-Bass, 2010. [미국 고등교육의 형성—근대 시스템의 출현과 성장]

Cohen, Arthur M., and Florence B. Brawer. *The American Community College.* San Francisco: Jossey-Bass, 2003. [미국 커뮤니티대학]

College and University Rankings. *University of Illinois at Urbana-Champaign Library, 2012.* Last modified 8/13/12, www.library.illinois.edu/ sshel/specialcollection/ rankings/index.html. [일리노이대학 어바나샴페인 도서관 2012]

Committee on Research Universities. *Research Universities and the Future of America: Ten Breakthrough Actions Vital to Our Nation's Prosperity and Security. National Research Council, Board on Higher Education and Workforce.* Washington, DC: National Academies Press, 2012. [연구

중심대학과 미국의 미래—국가의 번영과 안보를 위해 필수적인 10개의 돌파 행동]

Craig Diane D., and John V. Lombardi. "Moving Up: The Marketplace for Federal Research in America." In *Top American Research Universities.* Tempe: The Center for Measuring University Performance, Arizona State University, 2012. [상승—미국 내 연방 연구 시장]

Crowley, Joseph N. *In The Arena: The NCAA's First Century, Digital Edition.* Indianapolis, IN: NCAA, 2006: Last accessed December 2012, www.ncaapublications.com/productdownloads/AB06.pdf. [경기장에서—전미대학체육협회 NCAA의 첫 한 세기]

Cummings, Anthony M., Marcia L. Witte, William G. Bowen, Laura O. Lazarus, and Richard H. Ekman. *University Libraries and Scholarly Communication: A Study Prepared for the Andrew W. Mellon Foundation.* Washington, DC: Association of Research Libraries, 1992. [대학 도서관과 학문적 소통—앤드루 멜런 재단을 위해 준비한 연구]

Cunningham, Brendan M., and Carlena K. Cochi-Ficano. "The Determinants of Donative Revenue Flows from Alumni of Higher Education: An Empirical Inquiry." *Journal of Human Resources* 37, no 3 (2002): 540–569. [고등교육 동문으로부터의 기부금 수입흐름 결정요인—실증 연구]

Desrochers, Donna M., and Rita J. Kirshstein. *College Spending in a Turbulent Decade: Findings from the Delta Cost Project. A Delta Data Update, 2000-2010.* Washington DC: American Institutes for Research, 2012. [혼란스러운 10년 동안의 대학 지출—델타 비용 프로젝트로부터의 발견. 델타 데이터 업데이트, 2000–2010]

Dickerson, Robert C. *Prioritizing Academic Programs and Services: Reallocating Resources to Achieve Strategic Balance.* San Francisco: Jossey-Bass, 2010. [학술 프로그램과 서비스의 우선순위 매기기—전략적 균형 달성을 위한 자원의 재배분]

Duderstadt, James J. *Intercollegiate Athletics and the American University: A University President's Perspective.* Ann Arbor: University of Michigan Press, 2007. [대학 간 운동경기와 미국 대학—한 대학 총장의 조망]

Duderstadt, James J. *The View from the Helm: Leading the American University during an Era of Change.* Ann Arbor: University of Michigan Press, 2000. [지도적 위치에서 본 관점—미국 대학을 변화의 시기 동안 리드하기]

Eide, Eric, Dominic J. Brewer, and Ronald G. Ehrenberg. "Does It Pay to Attend an Elite Private College? Evidence on the Effects of Undergraduate College Quality on Graduate School Attendance." *Economics of Education Review* 17, no. 4 (1998): 371–376. [엘리트 사립대학에 다니는 것은 가치가 있는가? 학부대학 질이 대학원 재학에 미치는 영향에 대한 증거]

Emens, Stephanie C. "The Methodology and Manipulation of the U.S. News Law School Rankings." *Journal of the Legal Profession* 3 (Fall 2009): 197–209. [US News의 로스쿨 랭킹의 방법과 조작]

Fairweather, James S. "Beyond the Rhetoric: Trends in the Relative Value of Teaching and Research in Faculty Salaries." *Journal of Higher Education* 76, no. 4 (2005): 401–422. [수사를 넘어—교수진 보수결정에서 티칭과 연구 간 상대적 가치의 추세]

Fairweather, James S. "Myths and Realities of Academic Labor Markets."

Economics of Education Review 14, no 2. (1995): 179–192. [학술 노동 시장의 신화와 현실]

Feller, Irwin. "The Determinants of Research Competiveness among Universities." In Albert H. Teich, ed. *Competitiveness in Academic Research*. Washington, DC: Committee on Science, Engineering, and Public Policy, American Association for the Advancement of Science, 1996, pp. 35–72. [대학 간 연구경쟁력의 결정요인]

Fitzpatrick, Maria D., and Damon Jones. *Higher Education, Merit-Based Scholarships and Post-Baccalaureate Migration*. Cambridge, MS: National Bureau of Economic Research, 2003. [고등교육, 성적–기반 장학금과 학사학위 후 이동]

Fogel, Daniel Mark, and Elizabeth Malson-Huddle. *Precipice or Crossroads? Where America's Great Public Universities Stand and Where They Are Going Midway through Their Second Century*. Albany: State University of New York Press, 2012. [벼랑 끝 또는 갈림길? 미국의 위대한 공립대학들은 어디에 위치하고 두 번째 세기 중간쯤을 지나 어디로 향하고 있는가?]

Global Research Benchmarking System. Last updated 2011, www.researchbenchmarking.org. [글로벌 연구 벤치마킹 시스템]

Golden, Daniel. *The Price of Admission: How America's Ruling Class Buys Its Way into Elite Colleges—and Who Gets Left Outside the Gates*. New York: Crown Publishers, 2006. [입학 가격—어떻게 미국의 지배층이 엘리트 대학을 지배해 들어가는가–그리고 누가 문 밖에 남겨져 있는가?]

Goldstein, Larry. A. *Guide to College and University Budgeting: Foundations for Institutional Effectiveness.* 4th ed. Washington, DC: National Association of College and University Business Officers, 2012. [대학 예산편성에 대한 안내—기관 효율성의 기초]

Greco, Albert N., and Robert M. Wharton. "The Market Demand for University Press Books, 2008–15." *Journal of Scholarly Publishing* (October 2010): 1–15. [대학출판사 도서의 시장 수요]

Guide to R&D Funding Data. *American Association for the Advancement of Science.* Last updated 2009, www.aaas.org/spp/rd/guide.htm. [연구개발자금 조달에 대한 안내]

Halffman, Willem, and Loet Leydesdorff. "Is Inequality among Universities Increasing? Gini Coefficients and the Elusive Rise of Elite Universities." *Minerva* 48, no.1 (2010): 55–72. [대학 간 불평등은 증가하고 있는가? 지니계수와 엘리트 대학의 알기 어려운 상승 기조]

Hutchins, Robert Maynard. *The Higher Learning in America.* New Haven, CT: Yale University Press, 1936. [미국에서의 고등교육]

Jefferson, Thomas. *Report of the Commissioners for the University of Virginia.* A machine-readable transcription from the Electronic Text Center, University of Virginia Library, 1995. http://etext.lib.virginia.edu/toc/modeng/Public/JefRock.html. [버지니아대학 감독관 보고서]

Karabel, Jerome. *The Chosen: The Hidden History of Admission and Exclusion at Harvard, Yale, and Princeton.* Boston, MA: Houghton Mifflin, 2005. [선택받은 자들—하버드, 예일 및 프린스턴에서 입학과 배제의 숨은 역사]

Kaufman, Roger A. *Mega Planning: Practical Tools for Organizational*

Success. Thousand Oaks, CA: Sage Publications, 2000. [메가 계획—조직의 성공을 위한 실천적 수단들]

Kerr, Clark. *The Uses of the University*. 5th ed. Cambridge, MA: Harvard University Press, 2001. [대학의 용도]

Knapp, Laura G., Janice E. Kelly-Reid, and Scott A. Ginder. *Enrollment in Postsecondary Institutions, Fall 2011; Financial Statistics, Fiscal Year 2011; and Graduation Rates, Selected Cohorts, 2003-2008: First Look (Preliminary Data)*. Washington, DC: National Center for Education Statistics, 2012. [고등교육기관 학생 등록, 2011 가을; 재무통계 2011 회계연도; 졸업률, 선택된 동 세대 집단, 2003–2008—첫 검토 (예비 데이터)]

Knapp, Laura G., Janice E. Kelly–Reid, and Scott A. Ginder. *Postsecondary Institutions and Price of Attendance in 2011-12, Degrees and Other Awards Conferred: 2010-11, and 12-Month Enrollment: 2010-11: First Look (Preliminary Data)*. Washington, DC: National Center for Education Statistics, 2012. [고등교육기관과 출석의 가격 2011–2012, 학위와 수상 2010–11, 그리고 12개월 학생 등록 2010–11—첫 검토 (예비 데이터)]

Kuh, George D. "How Are We Doing? Tracking the Quality of the Undergraduate Experience, 1960s to the Present." *Review of Higher Education* 22, no. 2 (1999): 99–119. [우리가 잘 하고 있나? 학부 경험의 질을 추적하기, 1960년대부터 현재까지]

Lane, Jason E. "The Spider Web of Oversight: An Analysis of External Oversight of Higher Education" *The Journal of Higher Education* 78, no. 6 (2007): 615–644. [감시의 거미줄—고등교육의 외부 감시에

대한 분석]

Liu, Xiangmin, Scott Thomas, and Liang Zhang. "College Quality, Earnings, and Job Satisfaction: Evidence from Recent College Graduates." *Journal of Labor Research* 31, no. 2 (2010): 183–201. [대학의 질, 수입, 그리고 일 만족도—최근 대학졸업생으로부터 얻은 증거]

Lombardi, John V. *Perspectives on the Community College: Essays.* Edited by Arthur M. Cohen. Washington, DC: American Association of Community and Junior Colleges and the American Council on Education, 1992. [커뮤니티대학에 대한 조망—소론]

Lombardi, John V., Diane D. Craig, Elizabeth Capaldi, Denise S. Gater. "University Organization, Governance, and Competitiveness." In *Top American Research Universities.* Gainesville: University of Florida, 2002. [대학 조직, 지배구조와 경쟁력]

Lombardi, John V., Diane D. Craig, Elizabeth D. Capaldi, Denise S. Gater, and Sarah L. Mendonça. "Quality Engines: The Competitive Context for Research Universities." In *Top American Research Universities.* Gainesville: University of Florida, 2001. [질 엔진—연구중심대학의 경쟁적 콘텍스트]

Lombardi, John V., Elizabeth D. Capaldi, and Craig W. Abbey. "Rankings, Competiveness, and the Evolving American University." In *Top American Research Universities.* Tempe: The Center for Measuring University Performance, Arizona State University, 2007. [랭킹, 경쟁력, 그리고 진화하는 미국대학]

Lombardi, John V., Elizabeth Capaldi, Kristy R. Reeves, Diane D

Craig, Denise S. Gater, and Dominic Rivers. "The Sports Imperative in America's Research Universities." In *Top American Research Universities.* Gainesville: University of Florida, 2003. [미국 연구중심 대학에서 스포츠 필연성]

Lowry, Charles B. "Year 2 of the 'Great Recession': Surviving the Present by Building the Future." *Journal of Library Administration* 51, no. 1 (2010): 37–53. ['대불경기'의 둘째 해—미래를 건설함으로 현재를 살아 넘기]

Massy, William F. "Academic Values in the Marketplace." *Higher Education Management and Policy* 21, no. 3 (2009): 1–16. [시장에서의 학술 가치]

McPherson, Michael S., and Morton Owen Schapiro. "Expenditures and Resources in American Higher Education." *The Williams Project on the Economics of Higher Education.* DP–27, September 1994. [미국 고등교육에서의 지출과 자원]

Middaugh, Michael F. *Planning and Assessment in Higher Education: Demonstrating Institutional Effectiveness.* San Francisco: Jossey-Bass, 2010. [고등교육에서의 계획과 평가—기관 효과성의 증명]

Monks, James. "The Returns to Individual and College Characteristics: Evidence from the National Longitudinal Survey of Youth." *Economics of Education Review* 10, vol. 3 (2000): 279–289. [개인에 대한 수익과 대학 특징—청년의 전국 추적설문조사로부터 얻은 증거]

National Academy of Sciences, National Academy of Engineering, and Institute of Medicine. *Rising above the Gathering Storm.* Revisited: Rapidly Approaching Category 5. Washington, DC: National

Academies Press, 2010. [기세의 폭풍 위를 넘기에 대한 재고—카테고리 5로의 갑작스런 접근]

Pascarella, Ernest T., and Patrick T. Terenzini. *How College Affects Students: A Third Decade of Research.* San Francisco: Jossey-Bass, 2005. [어떻게 대학이 학생들에 영향을 미치는가—연구의 세 번째 10년]

Portal: Libraries and the Academy. Baltimore, MD: Johns Hopkins University Press, 2000. [포탈—도서관 및 아카데미]

Pullaro, Natalie. *NACUBO Tuition Discounting Study, 2011.* Washing, DC: National Association of College and University Business Officers(NACUBO), 2012. [2011년 NACUBO 등록금 할인 연구]

Redefining the Academic Library: Managing the Migration to Digital Information Services. Washington, DC: The Advisory Board Company, 2011. [학술 도서관의 재정의—디지털정보 서비스로의 이동을 관리하기]

Renn, Kristen A., and Robert Dean Reason. *College Students in the United States: Characteristics, Experiences, and Outcomes.* San Francisco: Jossey-Bass, 2012. [미국 대학생들—특징, 경험 및 결과]

연구중심대학 미래 컨소시엄. *Research Universities Futures Consortium. The Current Health and Future Well-Being of the American Research University.* Amsterdam: Elsevier, 2012. [미국 연구중심대학의 현재 건강과 미래 복지]

Richman, Barry, and Richard N. Farmer. *Leadership, Goals, and Power in Higher Education.* San Francisco: Jossey-Bass, 1974. [고등교육에서의 리더십, 목적과 힘]

Riesman, David, and Reuel Denney. "Football in America: A Study in

Culture Diffusion." *American Quarterly* 3, no 4 (1951): 309–325. [미국에서의 풋볼—문화 확산 안에서의 연구]

Rothblatt, Sheldon. "Global Branding and the Celebrity University." *Liberal Education* 94, no. 4 (2008): 26–33. [글로벌 브랜드화와 유명 대학]

Rudolph, Frederick. *Curriculum: A History of American Undergraduate Course of Study since 1636.* Carnegie Council on Policy Studies in Higher Education. San Francisco: Jossey-Bass, 1977. [교과과정—1636년 이후 미국 학부 과정의 역사]

Savage, Howard J., Harold Woodmansee Bentley, John T. McGovern, and Dean Franklin Smiley. *American College Athletics.* New York: Carnegie Foundation for the Advancement of Teaching, 1929. [미국 대학 운동경기]

Schuster, Jack H., and Martin J. Finkelstein. *The American Faculty: The Restructuring of Academic Work and Careers.* Baltimore, MD: Johns Hopkins University Press, 2001. [미국 교수진—학술적 일과 경력의 재구성]

Scott, John C. "The Mission of the University: Medieval to Postmodern Transformations." *Journal of Higher Education* 77, no. 1 (2006): 1–39. [대학의 사명—중세기에서 포스트모던시대로의 전환]

Shulman, James Lawrence, and William G. Bowen. *The Game of Life: College Sports and Educational Values.* Princeton, NJ: Princeton University Press, 2001. [인생 게임—대학 스포츠와 교육적 가치]

Smith, Ronald A. *Pay for Play: A History of Big-Time College Athletic Reform.* Urbana: University of Illinois Press, 2011. [경기 플레이에 대

한 보수—최고 대학 스포츠 개혁의 역사]

Smith, Ronald A. *Sports and Freedom: The Rise of Big-Time College Athletics.* New York: Oxford University Press, 1988. [스포츠와 자유—최고 대학스포츠의 상승]

Snyder, Thomas D., and Sally A. Dillow. *Digest of Education, Statistics, 2010.* Washington, DC: National Center for Education Statistics, 2011. [교육통계 다이제스트]

Strauss, Jon C., and John R. Curry. *Responsibility Center Management: Lessons from 2 Years of Decentralized Management.* Washington, DC: National Association of College and University Business Officers, 2002. [책임센터경영—분산화 경영 2년으로부터의 교훈]

Sullivan, Teresa A. *Improving Measurement of Productivity in Higher Education.* Washington, DC: National Academies Press, 2012. [고등교육에서 생산성 측정의 개선]

Sykes, Charles J. *Profscam: Professors and the Demise of Higher Education.* Washington, DC: Regnery Gateway, 1988. [교수사기—교수들과 고등교육의 소멸]

Tahey, Phil, Ron Salluzzo, Fred Prager, Lou Mezzina, and Chris Cowen. *Strategic Financial Analysis for Higher Education: Identifying, Measuring and Reporting Financial Risks.* 7th ed. San Francisco Praeger, KPMG, and Attain, 2010. [고등교육을 위한 전략적 재무분석—재무위험의 확인, 측정 및 보고]

Thelin, John R. *A History of American Higher Education.* Baltimore, MD: Johns Hopkins University Press, 2004. [미국 고등교육의 역사]

Top American Research Universities Annual Report. The Center for

Measuring University Performance, Gainesville, University of Florida, 2000–2005: Tempe: Arizona State University, 2006–2011. [미국 최고 연구중심대학 연 보고서]

Trachtenberg, Stephen Joel, with Tansy Howard Blumer. *Big Man on Campus: A University President Speaks out on Higher Education.* New York: Simon and Schuster, 2008. [캠퍼스 내 빅맨—한 대학총장이 고등교육에 대해 말하다]

Veblen, Thorstein. *The Higher Learning in America: A Memorandum on the Conduct of Universities by Business Men (1918).* New York: Sagamore Press, 1957. [미국 내 고등교육—비즈니스맨들에 의한 대학 행동에 대한 비망록 (1918)]

Veysey, Laurence R. *The Emergence of the American University.* Chicago, IL: University of Chicago Press, 1965. [미국 대학의 출현]

Weerts, David J., and Justin M. Ronca. "Examining Differences in State Support for Higher Education: A Comparative Study of State Appropriations for Research Universities." *Journal of Higher Education* 77, no. 6 (2006): 935–967. [주 정부의 고등교육 지원의 차이에 대한 검토—연구중심대학에 대한 주 특별지출금의 비교 연구]

Whalen, Edward L. *Responsibility Center Budgeting: An Approach to Decentralized Management for Institutions of Higher Education.* Bloomington: Indiana University Press, 1991. [책임센터 예산편성—고등교육기관 분권화 경영으로의 접근방법]

Winston, Gordon C. "College Costs: Subsidies, Intuition, and Policy." *The Williams Project on the Economics of Higher Education.* DP–45, November 1997. [대학 비용, 보조금, 직관 및 정책]

Wong, Glenn M. *Essentials of Sports Law.* 4th ed. Santa Barbara, CA: Praeger, 2010. [필수 스포츠법률]

Zemsky, Robert. *Making Reform Work: The Case for Transforming American Higher Education.* New Brunswick, NJ: Rutgers University Press, 2009. [개혁 성공시키기—미국 고등교육을 변환시키기 위한 사례]

Zimbalist, Andrew S. *Unpaid Professionals: Commercialization and Conflict in Big-time College Sports.* Princeton, NJ: Princeton University Press, 1999. [무보수 프로페셔널—최고 대학 스포츠 내 상업화와 갈등]

부록 1 미국 대학의 수입 원천 분류, 2009

원천	수입종류	받는 형태	4년 공립	4년 사립
학생	등록금 및 수수료*	고객 부담	**20.1%**	**77.8%**
	(*비학술활동, 실험실사용, 건강보험 등)		(19.2%)	(40.2%)
정부				
연방정부	보조금(grants)과 계약(contracts)	경쟁과정(공 사립 차별 무)	15.0%	30.6%
주정부	보조금과 계약		26.9%	2.6%
시정부 등	보조금과 계약	경쟁과정	4.5%	0.8%
특별지출금(appropriation)		입법과정, 교부금(subsidy)	2.3%	-
정부 소계			**48.7%**	**34.0%**
			(46.5%)	(17.6%)
민간				
개인	기여(contributions)	기부금(gifts)		
	기여서비스	임금, 부가혜택 보조금(subsidy)		
기업·재단	기여	기부금		
	보조금(grants)과 계약	경쟁과정		
	기여서비스	기타수입(티칭 등) 보조금		
기부금(gifts)				
민간 소계			**4.2%**	**25.7%**
			(4.0%)	(13.3%)

판매 및 서비스	보조기업(기숙사및식당, 서점, 주차 등)	고객 부담	9.0%	19.7%
	병원(외래진료, 건강상담 클리닉 등)	고객 부담	12.6%	21.6%
	소계		**21.6%**	**41.3%**
			(20.6%)	(21.3%)
기타	면허 사용료(Royalties)	계약 지급		
	교육활동(실험, 비정규과정, 호텔, 극장 등)	고객 지급		
	소계		**10.1%**	**14.7%**
			(9.7%)	(7.6%)
총소계			**104.6%**	**193.5%**
(투자 이익/손실 제외)			(100.0%)	(100.0%)
투자 이익/손실	기본소득(endowment income)	장기공동자금 투자이익		
	투자소득(investment income)	유휴현금잔고 투자이익		
	소계		**-4.6%**	**-93.5%**
총수입			**100.0%**	**100.0%**

주요 내용

1. 큰 비율의 투자손실은 2008년 이후 글로벌 금융위기의 결과인 것으로 보임.
2. 투자손실을 제외하면, 총수입에서 등록금과 수수료, 정부 지급)의 보조금 및 특별지출금이 차지하는 비율은 4년제 공립과 사립 대학에서 각각 66%와 58%임.
3. 기숙사, 서점, 식당 운영 등 비학술 상품과 서비스의 판매수입과 소속 병원을 가진 대학에서 병원서비스 판매수입은 총수입에서 20%와 21%를 차지함.
4. 민간으로부터의 기부금과 스폰서 연구기금은 사립대학이 전체수입의 약 13%로 공립대학에 비해 3배 이상 큼.

* 오른쪽 두 개 열의 괄호 안 숫자는 총수입에서 투자 이익/손실을 제외한 총수입 소계에 대한 비율임.

** Larry Goldstein, *A Guide to College & University Budgeting* (1950; 2005) 참고.

부록 2 미국 대학의 비용 분류(2009)

운영비용		4년 공립	4년 사립
교육	티칭과 연관된 보수, 여행경비, 공급물자	25.4%	32.9%
연구	내부 조달 및 스폰서 연구	11.8%	10.3%
공공서비스	컨퍼런스, 임원교육, 상담서비스, 공개서비스 등	4.7%	1.6%
학술지원	도서관, 박물관, 시청각서비스 등	6.8%	8.9%
학생서비스	학생상담, 장학및학적, 동아리, 문화이벤트, 학생신문 등	3.8%	7.8%
기관지원	일반관리비, 발전계획, 회계, 법률, 구매, PR, 모금 등	7.3%	13.7%
플랜트의 관리 유지	광열, 수리, 그라운드 유지보수	5.2%	-
감가상각		3.2%	-
장학금 및 펠로십		3.2%	0.5%
보조기업	서점, 식당, 주차, 학생건강, 소매점	8.1%	9.7%
병원	의대 재정지원	11.5%	8.5%
기타 운영비용		1.9%	-
비운영비용			
이자	고정자산 관련 장기부채서비스	1.0%	-
기타 비운영비용	자산매각손실	3.1%	-

기타비용	3.0%	6.1%%
	100%	**100%**

주요 내용

1. 대학의 비용은 크게 두가지 분류, 즉 기능적 분류와 자연적 분류로 나뉘어진다. 기능적 분류는 교육과 연구의 핵심 활동과 그와 관련된 공공서비스, 학술지원, 학생서비스, 플랜트의 유지보수, 장학금 등의 활동들로 구성되어 있음. 반면, 자연적 분류는 기능적 분류 안에서의 비용의 종류, 예를 들어 교육과 관련되어서 보수, 여행경비, 전기통신비 등을 말함.
2. 공립 및 사립 대학을 막론하고 교육과 연구의 핵심 사명에는 전 자금의 약 40%가 지급되고, 약 55%가 관련된 지원사업에 사용됨.
3. 사립대학의 경우, 기타 운영 관련 비용은 맨 아래 기타비용에 포함됨.

* Larry Goldstein, *A Guide to College & University Budgeting* (1950; 2005) 참고.

참고 문헌*

■ 외국(출판 연도 순)

Newman, J. H. *The Idea of a University*. Notre Dame University Press, First Published 1852(1982). [대학의 이념]

Eliot, Charles W. "The New Education." *The Atlantic*, February Issue 1869. [새로운 교육]

Geiger, Roger L. *To Advance Knowledge: The Growth of American Research Universities, 1900-1940.* Oxford University Press, 1986. [지식의 진전—미국 연구중심대학의 성장, 1900–1940]

Birnbaum, Robert. *How Colleges Work – The Cybernetics of Academic Organization and Leadership. National Center for Postsecondary Governance and Finance.* San Francisco: Jossey-Bass, 1988. [대학은 어떻게 작동하는가—학술 조직과 리더십의 인공두뇌학. 국가 대학 지배구조 및 재무 센터]

Rosovsky, H. *The University, an Owner's Manual.* New York, NY: W. W. Norton & Company, Inc., 1990. [《대학 갈등과 선택》. 이형행 옮김. 삼성경제연구소, 1996]

* 고등 교육 일반에 관한 참고 문헌으로서, 옮긴이가 따로 작성한 것이다. 저자의 〈추가 문헌〉과 일부 중복되는 문헌들도 있다.

Taylor, Mark C. "Useful DEVILS." *Educause Review*, July/Aug 2000. [유용한 악마들]

Kerr, Clark. *The Uses of the University.* Cambridge, MA: Harvard University Press, 2001. (First published 1963). [대학의 용도]

Rhodes, H. T. *The Creation of the Future: The Role of American University.* Cornell University Press, 2001. [미래의 창조—미국 대학의 역할]

Duderstadt, James J. *A University for the 21st Century.* University of Michigan. 2003. [《대학혁명》. 이철우 · 이규태 · 양인 옮김. 성균관대학 출판부, 2004]

Keller, George. *Transforming a College: The Story of a Little-Known College's Strategic Climb to National Distinction.* The Johns Hopkins University Press, 2004. [《미국 최고의 대학은 어떻게 만들어지는가? 작지만 강한 대학 만들기 프로젝트》. 박중서 옮김. 뜨인돌, 2006]

OECD. "Planning, Designing and Managing Higher Education Institutions." 2005/15. [고등교육제도의 입안, 디자인, 경영]

Washburn, Jennifer. *University Inc – Corporate Corruption of Higher Education.* Basic Books, 2005. [《대학주식회사》. 김주연 옮김. 후마니타스, 2011]

Lambert, Richard and Nick Butler. "The Future of European Universities." Center for European Reforms, 2006. [유럽 대학의 미래]

Kroneman, Anthony T. *Education's End. Why Have our Colleges and Universities Given Up on the Meaning of Life?* Yale University Press. 2007. [교육의 끝. 왜 우리 대학들은 삶의 의미에 대해 포기했는가?]

Lewis, Harry R. *Excellence Without a Soul - Does Liberal Education Have a Future?* New York: Public Affairs, 2007. [영혼 없는 탁월성—인문 교육은 미래가 있는가?]

Marginson, Simon. "Clark Kerr and the Uses of the University." Center for the Study of Higher Education, University of Melbourne, December 15, 2008. [클라크 커와 대학의 용도]

Carey, Kevin. "What Colleges Should Learn from Newspapers' Decline." *The Chronicle of Higher Education*, April 3, 2009. [대학이 신문의 내리막으로부터 배워야 하는 것]

Goldin, Claudia and Lawrence F. Katz. *The Race Between Education and Technology.* Harvard University Press, 2009. [교육과 기술 간 경주]

Massy, William. "Objectives and Success Measures for Higher Education." Forum for the Future of Higher Education. 2009. [고등교육의 목적과 성공 측정치들]

Soar, Swvira. "What Higher Education Can Learn from the Case of Singapore." Forum for the Future of Higher Education, 2009. [고등교육이 싱가포르의 사례에서 배울 수 있는 것]

Wissema, J. G. *Towards the Third Generation University: Managing the University in Transition.* Edward Elgar, 2009. [제3세대 대학을 향하여—전환기에 대학을 경영하기]

Christensen, Clayton. "How to Manage the Disruption of Higher Education," Forum for the Future of Higher Education, 2010. [어떻게 고등교육의 파괴를 경영할 것인가]

Palmer, Parker J. and Arthur Zajonc. *The Heart of Higher Education: A Call To Renewal.* San Francisco: Jossey-Bass, 2010. [《대학의 영혼—

대학은 어떻게 더 나은 인간을 만드는가》. 이재석 옮김. 마음친구, 2018]

Taylor, Mark C. *Crisis on Campus: A Bold Plan for Reforming Our Colleges.* Alfred Knopf, 2010. [캠퍼스 위기—우리 대학을 개혁하기 위한 과감한 계획]

Arum, R. and J. Roksa. *Academically Adrift; Limited Learning on College Campuses.* The University of Chicago Press, 2011. [학문적으로 표류하여—대학 캠퍼스 안 제한된 배움]

Christensen, M. and H. J. Eyring. *The Innovative University: Changing the DNA of Higher Education from the Inside Out.* San Francisco: Jossey-Bass, 2011. [혁신 대학—고등교육의 DNA를 안팎으로 변화시키기]

Cole, Jonathan. "The Great American University." *Bulletin of American Academy*, Spring 2011. [탁월한 미국의 대학]

Hacker, A. and C. Dreifus. *Higher Education? How Colleges Are Wasting Our Money and Failing Our Kids – And What We Can Do About It.* St. Martin's Griffin, 2011. [고등교육? 대학이 어떻게 우리 돈을 허비하며 우리 아이들을 실패하게 만드는가—그리고 우리는 그것에 대해 무엇을 할 수 있는가]

Luchinskaya, Daria. "Russia: Modernizing the Higher Education." 2011. [러시아—고등교육의 근대화]

Bain, Ken. *What the Best College Students Do.* Belknap Press, 2012. [《최고의 공부》. 이영아 옮김. 와이즈베리, 2012]

Cole, Jonathan. *The Great American University: Its Rise to Preeminance, Its Indispensible National Role, Why It Must Be Protected.* Public Affairs,

2012. [위대한 미국대학—탁월함에로 오름, 필요불가결한 국가적 역할, 왜 대학이 보호되어야 하는가]

Goldstein, Larry. *A Guide to College and University Budgeting: Foundations for Institutional Effectiveness.* 4th ed. Washington, DC: National Association of College and University Business Officers (NACUBO), 2012. Revised edition of College & University Budgeting. 2005. [대학 예산편성 안내—기관 효율성의 기초]

Kirschner, Ann. "Innovations in Higher Education? Hah!" *The Chronicle of Higher Education, the Chronicle Review*, April 8, 2012.

Little, Arthur D. "The future of higher education: Transforming the students of tomorrow." 2012. [고등교육의 미래—내일의 학생들을 변환시키기]

Luchinskaya, Daria. "Reforms in Russian Higher Education and Economic Crisis." St. Anne's College, University of Oxford, 2012. [러시아 고등교육의 개혁과 경제 위기]

Rosen, Andrew. "Inside the For-Profit Sector in Higher Education." Forum for the Future of Higher Education, 2012. [고등교육의 영리 분야 내에서]

Bennett, William and David Weilzol. *Is College Worth It?* 2013. [《대학은 가치가 있는가》. 이순영 옮김. 문예출판사, 2014]

Blumenstyk, Goldie. "Academic Calendar Enter a Season of Change." *The Chronicle of Higher Education*, Sept. 30, 2013. [학사 달력이 변화의 계절로 들어가다]

Carey, Kevin. *The End of College: Creating the Future of Learning and the University of Everywhere.* Riverhead Books, 2013. [《대학의 미래—어

디서나 닿을 수 있는 열린 교육의 탄생》. 공지민 옮김. 한국방송통신대학 출판문화원, 2016]

Lombardi, John V. *How University Work.* Johns Hopkins University Press, 2013. [대학은 어떻게 운영되는가?]

Selingo, Jeffrey. *College (Un)Bound - The Future of Higher Education and What it Means for Students.* Houghton Mifflin Harcourt, NY. 2013. [대학 (안)가는 길—고등교육의 미래와 그것이 학생들에게 의미하는 것]

Zemsky, Robert. *Checklist for Change – Making American Higher Education a Sustainable Enterprise.* Rutgers University Press. 2013. [변화를 위한 점검표—미국 고등교육을 지속가능한 기업으로 만들기]

Delbanco, Andrew. *College, What It Was, Is, and Should Be.* Princeton University Press, updated version 2014. [《왜 대학에 가는가—대학은 우리에게 무엇이었고, 무엇이며, 무엇이어야 하는가》. 이재희 옮김. 문학동네, 2016.

Elliott, Robert W. "An Effective Leader in Higher Education: Charles William Eliot," *Journal of International Education and Leadership* Vol. 4 Issue 2 Fall, 2014. [찰스 엘리엇—고등교육에서의 효과적 리더]

Featherman, Sandra. *Higher Education at Risk: Strategies to improve Outcomes, Reduce Tuition, and Stay Competitive in a Disruptive Environment.* Stylus, 2014. [위기의 고등교육—결과를 개선하고, 등록금을 줄이며, 파괴적 환경에서 경쟁적으로 남기 위한 전략]

Craig, Ryan. *College Disrupted: the Great Unbundling of Higher Education.* Palgrave McMillan, 2015. [대학 파괴되다—고등교육의 가격 세분화]

Crow, Michael M. and W. B. Dabars. *Designing the New American University.* Johns Hopkins University Press, 2015. [《새로운 미국 대학 설계: 성공적인 대학 개혁 모델》. 한석수 외 옮김. 아르케, 2017]

McGee, Jon. *Breakpoint: the Changing Marketplace for Higher Education.* Johns Hopkins University Press, 2015. [중지점—고등교육의 변화하는 시장]

Axtell, James. *Wisdom's Workshop: the Rise of the Modern University.* Princeton University Press, 2016. [지혜의 실험실—근대 대학의 상승]

Massy, William. *Reengineering the University: How to be Mission Centered, Market Smart, and Margin Conscious.* Johns Hopkins University Press. 2016. [대학의 재설계—어떻게 미션 중심적이고 시장 스마트하며 마진 민감하게 만들 것인가]

Anders, George. *You Can Do Anything: The Surprising Power of a "Useless" Liberal Arts Education.* George Anders, 2017. [《왜 인문학적 감각인가》. 김미선 옮김. 사이, 2018]

Aoun, Joseph. *Robot-Proof: Higher Education in the Age of Artificial Intelligence.* 2017. The MIT Press. 2017. [《AI시대의 고등교육》. 김홍옥 옮김. 에코리브르, 2019]

Collini, Stefan. *Speaking of Universities*. Verso, 2017. [대학에 대하여 말하다]

Davidson, Cathy N. *The New Education.* Basic Books, 2017. [새로운 교육]

Mullen, C. A. *Creativity and education in China*. Routledge, 2017. [중국의 창의성과 교육]

Tapscott, Don. "The Blockchain Revolution & Higher Education." *Educause Review* March/April, 2017. [블록체인 혁명과 고등교육]

Ernst & Young. "University of the Future: A thousand-year-old industry on the cusp of profound change - Over the next 10-15 years, the current public university model in Australia will prove unavailable in all but a few cases." 2018. [미래의 대학—천년 된 산업이 심오한 변화의 꼭지점에 있다-향후 10-15년, 오스트레일리아의 현재 공립대학의 모델은 수년 내에 모두 사용 불가로 증명될 것이다]

Ahlquist, Josie. *Digital Leadership in Higher Education: Purposeful Social Media in a Connected World.* Stylus, 2020. [고등교육에서의 디지털 리더십—연결된 세상에서 목적 있는 소셜 미디어]

KPMG International. "The future of higher education in a disruptive world." 2020. [파멸의 세상에서 고등교육의 미래]

Darden, Mary Landon. *Enterpreneuring the Future of Higher Education: Radical Transformation in Times of Profound Change.* Rowman & Littlefield, 2021. [고등교육의 미래—깊은 변화의 시간에서의 급진적 변화]

Levine, Arthur and Scott Van Pelt. *The Great Upheaval: Higher Education's Past, Present, and Uncertain Future.* Johns Hopkins University Press, 2021. [대격변—고등교육의 과거, 현재와 불확실한 미래]

■ 국내(출판 연도 순)

이동규. 《사립대학의 경영과 회계》. 선학사, 2001.

권태준. 《한국의 대학—도전과 변화》. 나남, 2011

에하라 다케카즈. 《21세기 일본의 대학경영》. 유택림 · 정승운 옮김.

타인기획, 2012.
길용수. 《대학경영 어떻게 할 것인가?》. 알렙, 2013.
박용부. 《위기의 대학, 삼성식 대학 경영》. 문, 2013.
요시미 순야. 《대학이란 무엇인가—대학이라는 '미디어'의 역사 그리고 재탄생》. 서재길 옮김. 글항아리, 2014.
야마시타 유미. 《2023년 생존가능한 대학—일본 간사이지방의 무명 사립대 긴키대학이 어떻게 대학입학 지원자수 1위를 차지했나?》. 배일현 · 요시모토 코지 옮김. 도서출판 청람, 2015.
유키 마코토. 《헌법과 사학교육—사학의 자유과 사학조성》. 권희재 옮김. 교학사, 2015.
이상훈. 《대학의 메타모포시스—한국대학의 구조개혁과 특성화》. 지식공간, 2015.
이현청. 《왜 대학은 사라지는가, 대학교육 10대 트렌드—대학의 10가지 생존전략》. 카모마일북스, 2015.
서거석. 《위기의 대학, 길을 묻다》. 전북대학원 출판문화원. 2016.
설성인. 《4차 산업혁명은 어떤 인재를 원하는가?》. 다산북스, 2017.
이광주. 《대학의 역사》. 살림, 2018.
김정인. 《대학과 권력》. 휴머니스트, 2018.

찾아보기

ㅈ

ㅊ

대학은 어떻게 운영되는가

초판 발행 1쇄 2022년 9월 5일

지은이 존 V. 롬바르디
옮긴이 윤영섭
펴낸곳 고려대학교출판문화원
www.kupress.com
kupress@korea.ac.kr
(02841) 서울특별시 성북구 안암로 145
Tel 02-3290-4230, 4232
Fax 02-923-6311
찍은곳 한국컴퓨터인쇄정보

ISBN 979-11-91161-92-2 03320

값 20,000원